हिन्दी विज्ञापन : संरचना और प्रभाव

हिन्दी विज्ञापन : संरचना और प्रभाव

डॉ. सुमित मोहन

वाणी प्रकाशन

वाणी प्रकाशन
4695, 21-ए, दरियागंज, नयी दिल्ली 110 002

शाखा

अशोक राजपथ, पटना 800 004

फ़ोन : +91 11 23273167 फ़ैक्स : +91 11 23275710

www.vaniprakashan.in
vaniprakashan@gmail.com
sales@vaniprakashan.in

HINDI VIGYAPAN : SANRACHANA AUR PRABHAV
by Dr. Sumit Mohan

ISBN : 978-93-5229-735-1
Journalism/Media

प्रथम संस्करण
मूल्य : ₹ 450

सिटी प्रेस, दिल्ली-110 095 में मुद्रित

वाणी प्रकाशन का लोगो मक़बूल फ़िदा हुसेन की कूची से

चि. अनन्त

एवं

चि. आदित्य को

दो शब्द

यह पुस्तक मूलतः मेरे पी-एच.डी. शोध प्रबन्ध का परिनिष्ठित रूप है, जिस पर मुझे महात्मा ज्योतिबा फुले रुहेलखण्ड विश्वविद्यालय की ओर से सन् 2008 में पीएच.डी. उपाधि प्रदान की गयी थी। मेरी अभिरुचि मीडिया में है। मैं लम्बे समय तक **'टोटल टीवी'** (दिल्ली) तथा **'बीएजी-स्टार'** (दिल्ली) टेलीविज़न चैनल्स से जुड़ा रहा हूँ। साथ ही पत्र-पत्रिकाओं में थोड़ा—बहुत लेखन कार्य भी करता रहा हूँ। मल्टीमीडिया का एकवर्षीय कम्प्यूटर पाठ्यक्रम पूरा करते समय मैंने ग्राफ़िक डिज़ाइनिंग तथा मल्टीमीडिया में भी कार्य किया है। संयोग से मुझे हिन्दी साहित्य में एम.ए. उपाधि के लिए अध्ययन के दौरान विश्वविद्यालय अनुदान आयोग (यू.जी.सी.) का नया पाठ्यक्रम पढ़ने को मिला। इसमें प्रयोजनमूलक हिन्दी (Functional Hindi) का भी एक अनिवार्य प्रश्नपत्र था। एम.ए. प्रथम वर्ष में जब मैंने 68 प्रतिशत अंक अर्जित किये, तब मुझे एम.ए. उत्तरार्द्ध की परीक्षा के लिए लघु शोधप्रबन्ध तैयार करने का विकल्प मिला। उसके लिए मैंने हिन्दी विज्ञापनों पर ही लघु शोधप्रबन्ध तैयार किया। इसके विशेषज्ञ परीक्ष महोदय ने इसकी प्रशंसा कर मेरा उत्साहवर्द्धन किया। इसलिए मेरा विचार इसी कार्य को आगे बढ़ाने का बन गया।

मेरे हर्ष की सीमा नहीं रही, जब मैंने महात्मा ज्योतिबा फुले रुहेलखण्ड विश्वविद्यालय, बरेली में शोधकार्य के लिए पंजीकरण कराते समय यह विषय चुना। मुझे अपने शोध-निर्देशक जानेमाने मीडिया विशेषज्ञ प्रो. सुधीश पचौरी (दिल्ली विश्वविद्यालय-बाह्य निर्देशक) तथा डॉ. रामशरण मिश्र (आन्तरिक निर्देशक)—द्वारा अपने मनपसन्द विषय **"हिन्दी विज्ञापन : संरचना और प्रभाव"** पर कार्य करने की अनुमति प्रदान कर दी। निश्चय ही प्रयोजनमूलक हिन्दी से जुड़ा यह एक नया और चुनौती-भरा काम था। मैंने इस चुनौती को स्वीकार किया। सौभाग्य से इसी मध्य हिन्दी के ख्यातिलब्ध प्रकाशक **वाणी प्रकाशन, नयी दिल्ली**—द्वारा मेरी लिखी पुस्तक **'मीडिया लेखन'**,भी प्रकाशित हो गयी। जिसका हिन्दी जगत् ने आशातीत स्वागत किया। इसके मूल में पूज्य पापा प्रो. हरिमोहन जी की प्रेरणा एवं आशीर्वाद तथा वाणी प्रकाशन के स्वत्वाधिकारी श्री अरुण माहेश्वरी जी का स्नेह ही है। मैं इनका कृतज्ञ हूँ।

'विज्ञापन' (advertisement) अथवा इसके संक्षिप्त रूप 'ऐड' ("ad") शब्द का उच्चारण करते ही हमारे मानव पटल पर आकर्षक चित्र और ध्वनियाँ उभरने लगती हैं। ऐसा प्रतीत होने लगता है कि किसी वस्तु, विचार या किसी सेवा या सूचना को सुव्यवस्थित ढंग से हमें लुभाने के लिए सामने लाया जा रहा है। कोई ऐसी जादुई दुनिया सक्रिय है, जो हमें अपने मोहपाश में बाँध रही है। सच तो यह है कि हमारे जीवन में तमाम चीजें सिर्फ़ विज्ञापन की बदौलत बढ़ती चली जा रही हैं। यह कहना अतिशयोक्ति नहीं होगी कि आज मनुष्य ऐसा जीवन जी रहा है कि विज्ञापन से ही उसका हर कार्य सम्पन्न होना सम्भव हो पा रहा है। हमारे सामाजिक, आर्थिक एवं व्यक्तिगत जीवन से विज्ञापन

इतनी घनिष्ठता से जुड़ चुका है, कि इसके बिना रहना अधूरा-सा जान पड़ता है। विज्ञापन का क्षेत्र अत्यन्त व्यापक हैं वह इतना प्रभावी हो गया है कि—व्यक्तिगत जीवन हो, स्वास्थ्य और सौन्दर्य हो या खाने-पीने से सम्बन्धित कार्य हो या घर को व्यवस्थित करने जैसे काम हों या ऑफिस की व्यवस्था हो, हर कार्य में विज्ञापन का सहारा लिया जा रहा है। और तो और आजकल शादी के लिए जोड़े भी विज्ञापन द्वारा बनाये जा रहे हैं। शादी के अवसर से लेकर शादी के बाद तक के हर कार्य में विज्ञापन का हस्तक्षेप है। कहें कि जन्म से मृत्युपर्यन्त विज्ञापन हम से, हमारे जीवन से जुड़ा हुआ है।

विज्ञापन के अच्छे तथा बुरे दोनों प्रकार के प्रभाव पड़ते हैं। इसीलिए विज्ञापन को 'हथियार' भी कहा जाता है, क्योंकि हथियार अपने-आप में अच्छा या बुरा नहीं होता है। यह तो उसके प्रयोक्ता पर निर्भर करता है। प्रायः देखने में यह आ रहा है कि आज विज्ञापन हमारे समाज में 'सुप्रभाव' के स्थान पर 'कुप्रभाव' ज़्यादा छोड़ रहा है। बेशक इसमें सच्चाई का अंश कम है। फिर भी हमें यह सोचना तो पड़ेगा ही कि विज्ञापनों के इस 'दुरूपयोग' के पीछे कहीं न कहीं किन्हीं शक्तियों का स्वार्थ विद्यमान रहता है। और वह स्वार्थ है, बिक्री में अधिक-से-अधिक वृद्धि करना। उपभोक्ताओं को लुभाकर उनसे अधिक से अधिक धन अर्जित करना। मानव जीवन को श्रेष्ठ बनाना शायद ही उसका लक्ष्य हो। भूमण्डलीकरण और उत्तर-आधुनिकता के इस दौर में विज्ञापनों तथा 'अर्थ' ने मनुष्य और उसके जीवन की अपनी गिरफ़्त में लेकर हर वस्तु को क्रय-विक्रय की 'चीज' बना दिया है। 'माल' या 'जिन्स' में तब्दील कर दिया है। यहाँ तक कि मनुष्य मात्र को भी! समाजविज्ञानियों, मीडियाकर्मियों आदि की चिन्ता भी यही है।

विज्ञापन के इस स्वरूप को बदलकर सार्वजनिक हित के रूप में इसके ढाँचे को बदलना होगा। साथ ही इसे मानव-कल्याण की भावना से भी प्रेरित करना होगा। आज विज्ञापन जनसंचार के माध्यमों में विशेष स्थान रखता है। जनसंचार के माध्यम हैं—समाचार-पत्र, पत्र-पत्रिकाएँ, रेडियो, टेलीविजन तथा फ़िल्म आदि। अब इन माध्यमों में 'इंटरनेट' भी जुड़ गया है। इन सभी माध्यमों में समाचार-पत्र पत्रिकाएँ एक ऐसा साधन हैं, जिसमें विज्ञापन मुद्रित रूप में प्रकाशित होते हैं। जबकि आकाशवाणी, टेलीविज़न और फ़िल्म आदि में क्रमशः श्रव्य और दृश्य-श्रव्य रूप में प्रसारित होते हैं। जो क्षणिक होते हैं। इंटरनेट की माया ही दूसरी है। यहाँ भी बिम्ब हैं। लेकिन दृश्य—श्रव्य (audio-visual) विज्ञापन अन्य माध्यमों के विज्ञापन से अधिक आकर्षक होते हैं। वे गहरा प्रभाव छोड़ते हैं और उपभोक्ता को प्रेरित करते हैं कि वह विज्ञापित वस्तु को खरीदे। समाचार पत्र में इनको अधिक आकर्षक बनाने के लिए भाषा तथा चित्रों का अच्छा संयोजना करना पड़ता हैं जिससे पाठक स्वयं ही आकर्षित होकर उस विज्ञापन को पढ़े और साथ ही उसे खरीदना भी चाहे। इसी में विज्ञापन की सफलता है। बाहर से बेशक दिखायी न दे, लेकिन इस तन्त्र के जानकार जानते हैं कि यह एक सुनियोजित व्यवसाय है तथा इस व्यवसाय के पीछे एक पूरा तन्त्र सक्रिय है यह कला या विज्ञान बाद में है। कह लें कि विज्ञापन के निर्माण तथा प्रदर्शन होने तक यह व्यापार ही व्यापार है। युद्ध-स्तर पर। इस क्षेत्र में लगभग एक गलाकाट प्रतियोगिता दिखायी देती है।

मेरी इस पुस्तक में हिन्दी के प्रमुख पत्र-पत्रिकाओं में प्रकाशित तथा रेडियो एवं टेलीविज़न चैनलों में एवं इंटरनेट पर दिखाये जाने वाले विभिन्न प्रकार के विज्ञापनों की संरचना और उनके प्रभाव का विश्लेषणात्मक अध्ययन प्रस्तुत कर यह अन्वेषित करने का प्रयास किया गया है कि ये विज्ञापन अपने व्यावसायिक उद्देश्य की पूर्ति करने के साथ किस सीमा तक समाज के हित का भी ध्यान रखते हैं। इस सन्दर्भ में हमने समाज के विभिन्न वर्गों पर विज्ञापनों के पड़ने वाले प्रभाव का भी अध्ययन

किया है। हमारा उद्देश्य भारतीय परिवेश पर विज्ञापनों के प्रभाव को रेखांकित करना भी है। विश्वास है हमारा यह अध्ययन हिन्दी विज्ञापनों के अध्ययन की नयी खिड़की खोलेगा।

अपने शोध कार्य के दौरान हमने विभिन्न प्रकार के विज्ञापनों के नमूने एकत्र किये। ये विज्ञापन विभिन्न हिन्दी पत्र-पत्रिकाओं में प्रकाशित होते रहे हैं। साथ ही रेडियो तथा टेलीविज़न चैनलों एवं इंटरनेट पर प्रसारित किये जाने/दर्शाये जाने वाले कुछ आदर्श विज्ञापनों का भी संकलन किया है। संकलित विज्ञापनों की संरचना (दृश्य-श्रव्य, आंगिक भाषा, रंग-भाषा एवं लिखित एवं मौखिक भाषा) और इनके प्रभाव का विश्लेषण करते हुए हमने उनके सकल प्रभाव की समीक्षा की है। इसके लिए हमने मुख्यतः शोध की विश्लेषणात्मक तथा सामाजिक-आर्थिक पद्धतियों को अपनाया है। साथ ही साक्षात्कार विधि का भी आश्रय ग्रहण किया है। इसमें सभी वर्गों के 'उपभोक्ताओं' को सम्मिलित करने की चेष्टा की गयी है। परिशिष्ट में विज्ञापनों की आचार संहिता पर दृष्टिपात किया गया है। विश्वास है कि हमारा यह प्रयास विद्वज्जनों को, विशेष रूप से प्रयोजनमूलक हिन्दी के अध्येताओं को कुछ नयी जानकारी दे सकेगा।

मैं प्रो. सुधीश पचौरी जी (दिल्ली विश्वविद्यालय) तथा डॉ. रामशरण मिश्र का हार्दिक आभारी हूँ, जिनके कुशल निर्देशन में मेरा शोध कार्य सम्पन्न हुआ था। इसी क्रम में मैं अपने मम्मी-पापा जी डॉ. (श्रीमती) आशा मोहन (डी.लिट्.) एवं प्रो. हरिमोहन जी का कृतज्ञ हूँ। और यह शोधपरक पुस्तक उन्हें ही समर्पित है। मेरे लघु भ्राता परमप्रिय अमित मोहन का सहयोग मुझे बराबर मिलता रहा है। मेरा उसे अमित स्नेह और आशीर्वाद। साथ ही स्नेह अपनी सहधर्मिणी किरण शर्मा को जिसकी प्रेरणा मुझे निरन्तर आगे बढ़ने की ऊर्जा देती है। मैंने जिन विद्वानों की पुस्तकों से सन्दर्भ ग्रहण किये हैं उनके विद्वान् लेखकों, विज्ञापन जगत् के रचनाकर्मियों तथा अपने चैनल्स से जुड़े सभी मित्रों को भी मैं इस अवसर पर धन्यवाद देना चाहूँगा।

–सुमित मोहन

अनुक्रमणिका

अध्याय-1

विज्ञापन का स्वरूप, उद्देश्य एवं महत्त्व

1.1 पृष्ठभूमि

विज्ञापन व्यापार की आत्मा है। उत्पादक और उपभोक्ता दोनों के लिए यह समान रूप से लाभकर है। ऐसा इसलिए कि विज्ञापन किसी भी उत्पाद और विचार को अधिक से अधिक लोगों के बीच फैलाने, लोकप्रिय बनाने और उसे बाज़ार दिलाने का माध्यम है। आज व्यापार का युग है। 'विश्व बाज़ार' की अवधारणा इस बाज़ार के प्रसार और फैलाव का ही परिणाम है। सामान्यतया विज्ञापन का सम्बन्ध व्यवसाय से ही जुड़ा हुआ है। विज्ञापन की सबसे बड़ी भूमिका होती है—उत्पाद की बिक्री बढ़ना। आज अधिकांश उपभोक्ता प्रायः विज्ञापन देखकर ही उत्पाद का चुनाव करते हैं। इसलिए विज्ञापन प्रचार का एक ऐसा सशक्त माध्यम बन चुका है जो व्यावसायिक एवं औद्योगिक क्षेत्र में उत्पाद की निरन्तरता, माँग, वृद्धि तथा नये उत्पाद को उपभोक्ता से परिचित कराता है। साथ ही वह किसी भी प्रतिष्ठान के प्रति उपभोक्ताओं की रुचि एवं विश्वास पैदा करने में सहायक होता है। यही नहीं यह हमारी समूची जीवन-शैली को प्रभावित करता है। इस सन्दर्भ में हम प्रसिद्ध मीडिया विशेषज्ञ *सुधीश पचौरी*-द्वारा प्रस्तुत यह व्यंग्यात्मक बिम्ब पढ़ने का आग्रह करेंगे—

"सबसे पहले ड्राइंग रूम को सजायें। यहाँ सिलोनियम का फर्श, उस पर मोदी का कारपेट, कारपेट पर ब्लैक वुड का फर्नीचर, उस कोने में ओनिडा का पड़ोसियों का ईर्ष्यालु बनाने वाला टीवी और अकाई बुश का हाई-फाई म्यूज़िक सिस्टम, दूसरे कोने में गोदरेज केल्विनेटर का फ्रिज तो ज़रूरी है ही। अब जरा खाने की मेज पर देखें : कबर्ड में मेल्मोबेयर क्राकरी पास ही मैगी सॉस की बोटल, रसना की शीशी, किसान आरेंज का स्क्वैश, अमूल मक्खन, ब्रिटेनिया का केक, ब्रेड, बिस्कुट, वगैरह-वगैरह।

चौके में निकीताशा का कुकिंग रेन्ज, ब्रुक बान्ड के मसाले और ताजमहल चाय, हॉकिन्स का बेखतरनाक कुकर, फ्राइपेन वगैरह। हाँ, चौके में किटप्लाई की नयनाभिराम ड्राअर्स ज़रूरी हैं।

आप क्या पहनेंगे और पहनेंगी? विमल की, दिनेश की सूटिंग्स और वरली की साड़ियाँ, ब्लयू चिप के मोज़े और जोढियक की टाइयाँ, हजामत के लिए ओल्ड स्पाइस, दाँतों के लिए कोलगेट, बिनाका, प्रोमिस, गालों पर क्रीम लगायेंगे तो पौंड्स की। बच्चे के लिए अलग चीजें बनायी हैं जॉन्सन एण्ड जॉन्सन ने, उसके खिलौने लियो के होंगे, टोबू की साइकिल होगी। आपके सैर-सपाटे के लिए लोहिया मशीन की वेस्पा, हीरो होंडा और मारुति-फियेट बेहतर है।

खाने-पीने में बदहजमी हो जाये तो हाजमोला लीजिए। गले में खराश हो तो विक्स। मोच आये तो अमृतांजन—आयोडैक्स। दर्द, सर्दी-जुकाम हो तो कोल्डरिन, एस्प्रो वगैरह सब हाजिर हैं।

और अपना बाथरूम? गन्दे कपड़ों को निरमा, विमल, गोदरेज सर्फ से धो डालिए : नहाने के लिए लक्स से लेकर अरामस्क तक एक से एक सौन्दर्य साबुन इस्तेमाल कर सकते हैं।"[1]

कुछ भी हो। वर्तमान समय में हम जिस तरह के विज्ञापन देख रहे हैं, वे रोचक, कलात्मक, रचनात्मक भी हैं और कहीं-कहीं वे नैतिकता का अतिक्रमण करते हैं। हमारे मनोविज्ञान, अर्थतन्त्र, सोच-विचार, रहन-सहन, जीवन-जगत के प्रति दृष्टिकोण सब को प्रभावित करते हैं। उनका वास्तविक स्वरूप कैसा है तथा समाज पर इनका कैसा प्रभाव पड़ रहा है? इसे समझने के लिए सबसे पहले हम विज्ञापन से जुड़े आधारभूत तथ्यों को जान लें, तो उचित रहेगा। संसार की पूँजीवादी, साम्यवादी अथवा मिश्रित किसी भी तरह की अर्थव्यवस्था क्यों न हो, विज्ञापन की शक्ति का हर व्यवस्था में दोहन किया जा रहा है।

यही कारण है कि आज के युग का यह जाना-माना 'हथियार' बन चुका है। जैसा कि प्रो. *हरिमोहन* ने कहा है–

> "आधुनिक जगत् में विज्ञापन एक आकर्षक कारोबार है, जिसकी धुरी मुख्य रूप से पैसा है। मज़े की बात तो यह है कि इस कारोबार में कोई घाटे में नहीं रहता। आप किसी भी भूमिका में क्यों न हों, विज्ञापन आपको लाभ ही देगा!... यह एक 'कुबेरी' और 'कलात्मक' व्यवसाय है। विज्ञान के इसे गति प्रदान की है। कला और सूचना प्रौद्योगिकी के इस नये गठजोड़ ने दुनिया की अर्थव्यवस्था को इतनी तेजी से प्रभावित किया है, जितना कभी विज्ञापन के आविष्कर्त्ताओं ने सोचा भी न होगा।"[2]

एक सर्वेक्षण के अनुसार जनता के सामने अपने उत्पाद और उसके कार्यों की कहानी पेश करने के लिए विज्ञापन पर प्रतिवर्ष 20 खरब डालर से अधिक का व्यय किया जाता है। इससे यह भी प्रमाणित होता है कि आधुनिक विज्ञान एवं प्रौद्योगिकी विश्व पूँजीवादी के विस्तार का ही परिणाम है।

निश्चय ही विज्ञापन अपने व्यवसायिक प्रतिद्वन्द्वी को परास्त करने का सबसे विश्वसनीय, सबसे बड़ा, सबसे कारगर, प्रभावपूर्ण और शक्तिशाली हथियार है। उत्पाद की स्तरीयता का प्रतिमान है।

1.2 विज्ञापन का अर्थ

जैसा कि सब जानते हैं, विज्ञापन को अंग्रेजी में 'एडवरटाइज़मेन्ट' (advertisement) कहते हैं। यह शब्द लैटिन भाषा के शब्द "एडवर्टर" से विकसित हुआ है। अंग्रेजी में "ऐड" का अर्थ होता है "की ओर" और "वर्टर" का अर्थ है मोड़ना। 'टू टर्न टू' (किसी ओर मोड़ना) अर्थात् दूसरे शब्दों में हम कह सकते हैं कि उपभोक्ता को दूसरे उत्पाद से अपने उत्पाद की ओर मोड़ना ही 'विज्ञापन' है। इसी तरह लैटिन भाषा में 'advertise' का अर्थ मिलता है–'पलटना' अथवा 'जनता को सूचित करना'। इस प्रकार विज्ञापन का शाब्दिक अर्थ हुआ–'जनता को सूचित करना'।

हिन्दी में भी विज्ञापन शब्द को दो भागों में बांट कर उसका अर्थ निकाला गया है–वि + ज्ञापन = विज्ञापन। विशेष + ज्ञान कराना = सार्वजनिक सूचना देना, सूचना या घोषणा।

वस्तुतः विज्ञापन का मुख्य अर्थ होता है–'उपभोक्ता को विशेष रूप से सूचना या जानकारी देना'। विज्ञापन द्वारा उपभोक्ता को अपनी वस्तु या सेवा की गुणवत्ता एवं मूल्य की सूचना देकर

---

1. सुधीश पचौरी, *मीडिया और साहित्य*, दिल्ली, राजसूर्य प्रकाशन, संस्करण 2000, पृ. 31
2. प्रो. हरिमोहन *सूचना क्रान्ति और विश्वभाषा हिन्दी*, नयी दिल्ली, तक्षशिला प्रकाशन, संस्करण 2004, पृ. 86

अपनी वस्तु को बाज़ार में अधिक से अधिक क्रय करने के लिए प्रोत्साहित करना। अर्थात् विज्ञापन एक ऐसी कला है, जो किसी वस्तु या सेवा की उपयोगिता के जनता के ऊपर प्रभाव डालने से सम्बन्ध रखती है।

व्यवसायिक क्षेत्र में विज्ञापन का मूल लक्ष्य अपने उत्पाद के लिए विशेष बाज़ार और उपभोक्ताओं की खोज करना है। दूसरी ओर उपभोक्ता के लिए विज्ञापन एक मार्गदर्शक का काम करता है। वह यह बताता है कि अमुक उत्पाद क्रय करना बेहतर है। इससे ये-ये लाभ हैं। हमें यह अवश्य ले-लेना चाहिए। यही क्यों, वह यह भी बताने की चेष्टा करता है कि यह वस्तु दूसरी से किन-किन बातों में अलग और लाभदायक है, इसलिए उसे छोड़कर आप इसे खरीदें। वह हमारी रुचि को बदलता है। हमारे लिए 'उपयोगी' का 'चयन' करने में हस्तक्षेप करता है। बाज़ार में ब्राण्ड का निर्माण करता है।

1.3 परिभाषाएँ

सामान्यतः विज्ञापन को 'मुद्रण के रूप में विक्रय कला' कहा गया है। लेकिन यह उन दिनों की बात है जब जनमाध्यम के रूप में मुद्रण माध्यम (समाचार-पत्र, पत्रिकाएँ, पम्फलेट्स आदि) ही प्रचलित थे। रेडियो और टेलीविज़न का तब प्रचलन नहीं हुआ था। मोबाइल फोन और 'इंटरनेट' की तो कल्पना ही नहीं की गयी थी! इसके बाद तो यह पूरा व्यावसायिक ढाँचा ही बन गया, जिसका विस्तार निरन्तर होता चला गया।

यों त्रो विज्ञापन की अनेक परिभाषाएँ मिलती हैं, किन्तु हमारे विचार से सर्वाधिक उपयुक्त परिभाषा हमें यह प्रतीत होती है कि—

> "विज्ञापन उन क्रियाकलापों को समाहित किये हुए है, जिसके द्वारा दृष्टिगत अथवा मौखिक सूचनाओं को आधार बनाकर जनता को उद्‌देश्यपूर्ण अथवा सूचित करने तक प्रभावित करने की दृष्टि से चयन किया जाता है, जिससे वे उत्पादित वस्तु खरीदें या काम करें अथवा विचारों, व्यक्तियों, व्यापार चिह्नों या संस्थाओं के प्रति सहमति रखें।"[3]

यह एक व्यापक परिभाषा है, जिसमें न केवल उत्पाद के विक्रय को समेटा गया है, बल्कि विचारो और नीतियों के प्रसारण को भी समाहित कर लिया गया है। किन्तु इस परिभाषा में कुछ अस्पष्टता भी है।

अतः इसी क्रम में विज्ञापन की कुछ और परिभाषाएँ पठनीय हैं।

1. राष्ट्रीय विज्ञापनदाता एवं प्रकाशक सूचना संघ के अनुसार, "विज्ञापन उत्पाद या सेवा की सीधी बिक्री से आगे के उद्देश्य पूर्ति—हेतु किये गये समवेत वैयक्तिक प्रयासों पर आधारित हैं।" (Advertising devoted primarily to selling the corporate personality with its first objective going beyond the direct sale of a single product or service).

इस संक्षिप्त परिभाषा में केवल विक्रय को दृष्टिपथ में रखा गया है। 'विचार' जैसी अवधारणा पर ध्यान नहीं दिया गया। एक तरह से विज्ञापन का आधार रेखांकित किया गया है।

2. अमेरिकन मार्केटिंग एसोसिएशन के अनुसार—"विज्ञापन एक सुपरिचित विज्ञापक द्वारा अपने विचारों, वस्तुओं या सेवाओं को निर्वैयक्तिक रूप में प्रस्तुत करने तथा सम्वर्धन करने का भुगतानित

---

3. नील एच. बोर्डन एवं मार्टिन वी. मार्शल, *एडवरटाइजिंग मैनेजमेंट*, भारतीय संस्करण, मुम्बई, तारापोरवला संस एण्ड कम्पनी, संस्करण 1970

प्रकार है।" (Advertising is any paid form of non-personal presentations and promotions of ideas goods services by an identified advertiser).

इस परिभाषा में विचार, वस्तु और सेवा का तो समायोजन है, किन्तु विज्ञापन को मूलतः भुगतान का एक प्रकार बताया गया है।

3. विज्ञापन की संक्षिप्त परिभाषा देते हुए फ्रैंक प्रेस्बी ने कहा है कि–"विज्ञापन मुद्रित, लिखित, उच्चरित अथवा चित्रित बिक्रय कला है।" (Printed, Writeen, Spoken or graphic salesmanship is advertising)।

यहाँ भी स्वतः स्पष्ट है कि विज्ञापन को बिक्रय कला तक सीमित रखा गया है।

4. केनन एवं विचर्ट के अनुसार–"विज्ञापन में वे सभी दृश्य एवं मौखिक सन्देश सम्मिलित हैं जो पत्र-पत्रिकाओं, चलचित्रों, पत्रों, रेडियो एवं दूरदर्शन, यात्रा वाहनों तथा मार्ग पर लगे दृश्य पटलों पर विज्ञापक द्वारा भुगतान करके प्रदर्शित किये जाते हैं तथा जिनका उद्देश्य उपभोक्ताओं के क्रय एवं आचरण को प्रभावित करना है।"

इस परिभाषा में अपेक्षाकृत अधिक स्पष्टता है। किन्तु विज्ञापन के साधनों को प्रमुखता दे दी गयी है।

5. शेल्डन के अनुसार, "विज्ञापन वह व्यावसायिक शक्ति है, जिसमें मुद्रित शब्दों द्वारा बिक्रय वृद्धि में सहायता मिलती है तथा ख्याति निर्माण होता है। विज्ञापन से साख बढ़ती है।"

इस परिभाषा में विज्ञापन के लाभ गिना दिये गये हैं। साथ ही यह परिभाषा दृश्य एवं दृश्य–श्रव्य माध्यमों को नहीं समेटती और न इलेक्ट्रॉनिक माध्यमों को। केवल मुद्रित माध्यम तक ही सीमित है।

6. लस्कर के अनुसार, "विज्ञापन मुद्रित बिक्रय क्षमता है।" (Advertisement is salesmanship in print).

निश्चय ही यह परिभाषा भी एकांगी है।

7. इसी तरह स्टार्च कहते हैं, "विज्ञापन मुद्रित माध्यमों का प्रयोग करते हुए किसी विचार की जनप्रस्तुति है, जिसके द्वारा वे विज्ञापनकर्त्ता के मन्तव्य के अनुसार ढल जाते हैं।" (Advertising may be defined as the presentation of a proposition usually in print to the people in such a way that they be introduced to act upon it).

इस परिभाषा में मुद्रित माध्यम को प्रमुखता दी गयी है और विज्ञापन के प्रभाव का उल्लेख मुख्यतः किया गया है।

8. सी.एस. बोलिंग के मतानुसार, "विज्ञापन वस्तु एवं सेवा की माँग उत्पन्न करने की कला को कहते हैं।"

इस संक्षिप्त-सी परिभाषा में विज्ञापन का समूचा स्वरूप सम्मिलित नहीं है। साथ ही यह परिभाषा एक तरह से विज्ञापन का अर्थशास्त्रीय पक्ष ही सामने लाती है।

9. 'अमेरिकन जर्नल एडवरटाइज़िंग एज' के अनुसार, "विज्ञापन किसी विचार (idea) सेवा (Service) या उत्पाद (Product) से सम्बन्धित सूचना (information) का विस्तार है, जो विज्ञापक के हितों की रक्षा करता है।"

इस परिभाषा में भी लगभग वही सब कुछ है, जो स्टार्च की परिभाषा में है।

10. नाइस्ट्रोम के शब्दों में, "विज्ञापन वह वाहक अथवा माध्यम है, जिसके द्वारा विज्ञापित सन्देश

एक व्यक्ति या समुदाय को प्रभावित करने की दृष्टि से पहुँचाया जाता है।" (An advertising media is a vehicle, carrier or means through which an advertisement or advertising message is conveyed to the individuals or groups which he hoped to influence).

इस परिभाषा में विज्ञापन को किसी 'सन्देश' का वाहक अथवा माध्यम बताया गया है। यह यह निश्चय ही विज्ञापन का एक सीमित स्वरूप है।

11. Encyclopaedia Britannica के अनुसार, "विज्ञापन विज्ञापक द्वारा इच्छित भुगतान प्रदत्त वह घोषणा है, जो किसी वस्तु या सेवा के बिक्री-प्रोत्साहन, किसी विचार के विकास अथवा कोई अन्य प्रभाव उत्पन्न करने के उद्देश्य से की गयी हो।" (A form of paid announcement to promote the sale of a commodity or service to advance an idea or to bring out other effect desired by the advertiser).

यह परिभाषा विज्ञापन को सही अर्थों में परिभाषित करती दिखायी देती है।

इस प्रकार हम पाते हैं कि विज्ञापन की अनगिनत परिभाषाएँ हैं। इसकी एक निश्चित सर्वसम्मत परिभाषा निर्धारित करना कठिन है। ये सारी परिभाषाएँ विज्ञापन के स्वरूप उसकी रचना-प्रक्रिया, इसके मूल तत्त्व तथा उद्देश्य आदि को समाने लाती है।

उपर्युक्त परिभाषाओं के आधार पर हम कह सकते हैं कि—

1. विज्ञापन बिक्रय कला है।
2. यह शब्दों, दृश्यों, चित्रों, चिह्नों हृका माध्यम है, जो किसी उत्पाद के बिक्रय में वृद्धि करता है।
3. यह मुद्रित, लिखित, उच्चरित शब्दों रंगों, ध्वनियों और दृश्यों की बिक्रय कला है।
4. विज्ञापन केवल किसी उत्पाद की बिक्री बढ़ाने तक ही सीमित नहीं, किसी विचार, अभिमत तथा सेवा के प्रचार-प्रसार का भी साधन है।
5. विज्ञापन द्वारा जनमत तैयार किया जाता है और जनसमूह को प्रेरित-प्रभावित भी किया जाता है।
6. विज्ञापन किसी संस्था, उद्योग, प्रतिष्ठान, सरकार आदि की प्रतिष्ठा एवं साख में वृद्धि करने का भी साधन है।
7. विज्ञापन किसी वस्तु, विचार, सेवा, प्रतिष्ठान, सरकार आदि के प्रभाव-हेतु वातावरण तैयार करने में सहायक है।
8. जब कोई विज्ञापन जनहित के प्रोत्साहन के लिए किया जाता है, तब वह 'लोकसेवा' के अन्तर्गत आता है।
9. विज्ञापन नये उत्पादों, विचारों, अवधारणाओं को सामने लाता है। इस तरह यह समाज में सूचना-संचार का प्रमुख साधन बन जाता है।
10. यह नये उत्पादों की बिक्री बढ़ाने-हेतु जनसमूह को अपने पक्ष में मोड़ता है। समाज को प्रभावित करता है, उसमें लालसा पैदा करता है।
11. लगता यह है कि विज्ञापन ऐसी जादुई कला है जो उपभोक्ता को अपने मोहपाश में बाँधकर उत्पाद की ओर खींच लाती है। इसी में विज्ञापनकर्त्ता की सफलता निहित है।

हम जहाँ तक समझ सके हैं, उसके आधार पर कह सकते हैं कि *"विज्ञापन ऐसा समूल्य प्रयास है, जो लिखित अथवा मौखिक शब्दों, चिह्नों, छबियों, ध्वनियों, रंगों में बँधे विचार और सन्देश को*

अधिक से अधिक लोगों तक पहुँचाने की कला से परिपूर्ण रहता है। जिसकी सफलता इस बात में निहित है कि वह अधिक से अधिक लोगों को अपने प्रभाव में ले सके। अपने पक्ष में उनकी इच्छाओं को मोड़ सके, इच्छित उत्पाद को देखने एवं खरीदने के लिए प्रेरित कर सके।"

1.4 विज्ञापन के उद्देश्य

विज्ञापन औद्योगिक विकास का सबसे महत्त्वपूर्ण माध्यम है। कोई भी निर्माता अपने उत्पाद को व्यापक समाज तक पहुँचाने के लिए विज्ञापन का सहारा लेता है। आर्थिक प्रगति तथा सामाजिक विकास में भी विज्ञापन महत्वपूर्ण भूमिका निभाता है। इसका कारण यह है कि कोई भी विज्ञापन उपभोक्ता समाज की ज़रूरतों एवं इच्छाओं की पूर्ति में सामाजिक स्पर्धा जगाने का काम करता है। यह सन्देश को अधिकाधिक पाठकों, दर्शकों या श्रोताओं तक आकर्षक एवं त्वरित गति से पहुँचाता है। विज्ञापन के प्रभाव-क्षेत्र में सभी वर्गों के उपभोक्ता आ जाते हैं। ये विज्ञापन के 'लक्षित समूह' (Target Group) हैं। इससे भी आगे यह कि, कोई भी विज्ञापन सरकार, राज्य, प्रतिष्ठान या संस्था की रीति-नीति, उद्देश्य, विचारधारा, जनता के कल्याण कार्यों, कार्यक्रमों आदि की सूचना देने का भी प्रभावशाली माध्यम है।

विज्ञापन एक ओर व्यावसायिक क्षेत्र में उत्पाद की बिक्री का महत्त्वपूर्ण साधन है, तो दूसरी ओर पत्र-पत्रिकाओं की वृद्धि तथा उनके प्रसार का भी मुख्य स्रोत है। व्यावसायिक क्षेत्र में विज्ञापन अपने विज्ञापन दाता के उत्पादों की खपत बढ़ाता है और नये-नये उत्पादों से उपभोक्ताओं को परिचत करता है। वह उत्पादों के गुणों को प्रभावपूर्ण ढंग से बताकर उपभोक्ताओं को प्रभावित करता है तथा अपने पक्ष में समर्थन जुटाना है। दूसरी तरफ़ यही विज्ञापन पत्र-पत्रिकाओं के लिए आय का सबसे बड़ा स्रोत है। यह सर्व विदित है कि विज्ञापन के मूल प्रेरक तत्त्वों में उत्पाद को उपभोक्ता तक पहुँचाने की चिन्ता मुख्य है। लेकिन दूसरा सच यह भी है कि संचार-माध्यमों के लिए भी आर्थिक आधार सुदृढ़ करने का सबसे बड़ा स्रोत भी विज्ञापन ही है।

इस प्रकार हम कह सकते हैं कि व्यावसायिक क्षेत्र में विज्ञापन का मुख्य उद्देश्य उत्पादित वस्तु तथा जनमत निर्माण की प्रक्रिया को तीव्रता प्रदान करना है। संक्षेप में विज्ञापन के उद्देश्य निम्नलिखित हैं—

अ. नये-नये उत्पादों, कार्यक्रमों, विचारों तथा सेवाओं का परिचय देना।

ब. उपभोक्ता के मन में विज्ञापित वस्तु के प्रति विश्वसनीयता पैदा करना।

स. नये उत्पादों एवं स्वपक्ष के प्रति लक्षित समूह का ध्यान आकर्षित करना।

द. बिक्रय में वृद्धि करना।

य. विज्ञापित वस्तु अथवा सेवा प्रदाता की छवि का निर्माण करना।

र. विज्ञापित वस्तु को अधिक से अधिक क्रय करने के लिए उपभोक्ता को विश्वसनीय ढंग से प्रेरित करना।

कहा जा सकता है कि विज्ञापन का मुख्य उद्देश्य उत्पाद का प्रचार करना, नीतियों का परिचय देना तथा 'लक्षित समूह' (Target Group) में स्वपक्ष की साख एवं छवि का निर्माण करना है। जैसा कि हमने पीछे कहा, इससे भी आगे यह कि, कोई भी विज्ञापन सरकार, राज्य, प्रतिष्ठान या संस्था की रीति-नीति, उद्देश्य, विचारधारा, जनता के कल्याण कार्यों, कार्यक्रमों आदि की सूचना देने का भी प्रभावशाली माध्यम है। इस विचार से यह जनसम्पर्क का सर्वश्रेष्ठ साधन है। विशेष रूप से

व्यावसायिक क्षेत्र में विज्ञापन एक अभियान है, जो किसी उत्पाद की लोकप्रियता बढ़ाते हुए उसके विक्रय में तीव्रता लाता है।

उपर्युक्त उद्देश्यों की अभिपूर्ति के लिए एक अच्छे विज्ञापन में अपने उद्देश्य के अनुरूप इन बातों पर ध्यान दिया जाता है–

1. वह उपभोक्ताओं को आकर्षित कर सके, उन्हें प्रभावित कर सके और उन्हें किसी तरह अपने पक्ष में ले आये।
2. जनमानस में अपने 'ब्राण्ड नेम' की छाप बना सके। लोकप्रियता पा सके। लम्बे समय तक उत्पाद का नाम समाज को याद रह सके। अर्थात् विज्ञापित उत्पाद का नाम चल पड़े और चलता रहे।
3. वह स्पष्ट हो और अधिक से अधिक सूचनाप्रद हो।
4. वह विश्वास पैदा करने में समर्थ हो।
5. वह उपभोक्ता को यह समझाने में सफल रहे कि इस उत्पाद को खरीदने में ही समझदारी और लाभ है।

1.5 विज्ञापन की उपयोगिता एवं महत्त्व

आज के युग में मानव जीवन के साथ विज्ञापन का घनिष्ठ सम्बन्ध स्थापित हो गया है। यही सम्बन्ध विज्ञापन के महत्त्व को दर्शाता है। महत्त्व बढ़ने से विज्ञापन का हर क्षेत्र में उपयोग भी बढ़ गया है। विज्ञापन के महत्त्व पर प्रकाश डालते हुए इंग्लैण्ड के प्रधानमन्त्री विलयम ग्लेडस्टोन ने कहा था कि *"व्यवसाय के लिए विज्ञापन का वही महत्त्व है, जो उद्योग में वाष्प शक्ति का है।"*

विन्सडन चर्चिल ने इसकी आर्थिक उपयोगिता को स्पष्ट करते हुए कहा है कि *"टकसाल के अतिरिक्त कोई भी बिना विज्ञापन के मुद्रा उत्पन्न नहीं कर सकता।"*

संक्षेप में विज्ञापन का महत्त्व चार बिन्दुओं में सहेजा जा सकता है–

1. विज्ञापन दाता को लाभ।
2. उपभोक्ता को लाभ।
3. विक्रयकर्ता को लाभ।
4. समाज एवं राष्ट्र को लाभ।

आइए हम इन चार बिन्दुओं पर चर्चा करें।

1.5.1 विज्ञापनदाता को लाभ

विज्ञापन दाता के सामने सबसे बड़ी चुनौती होती है, अपने क्षेत्र के अन्य प्रतिस्पर्धियों को पछाड़कर आगे बढ़ना। एक विज्ञापन बाज़ार की इस प्रतियोगिता में विजयी होने के लिए बहुत बड़ी भूमिका निभाता है। विज्ञापन की संक्षिप्त प्रक्रिया यह है कि विज्ञापन से माँग में वृद्धि होती है जिससे उत्पादन को प्रोत्साहन मिलता है। लोकप्रिय पत्र-पत्रिकाओं में विज्ञापन दिये जाने से उत्पादक की ख्याति बढ़ती है। विज्ञापन के माध्यम से उत्पादन में सुधार की सूचनाएँ भी समय-समय पर दी जा सकती हैं। एक बड़ा लाभ विज्ञापन से यह है कि विज्ञापन द्वारा वस्तुओं की माँग में वृद्धि होने से विक्रेता वर्ग स्वयं ही उत्पादक से संपर्क करता है, जिससे उत्पादक की विक्रय के कई झंझटों में मुक्ति मिल जाती है।

बरटन के अनुसार *"विज्ञापन सतत माँग का सृजन करता है"*। 'विज्ञापन' माँग को जन्म ही नहीं देता, बल्कि माँग को स्थिर भी रखता है। वह उत्पादन में वृद्धि की सम्भावना एवं नये बाज़ारों के सृजन में वृद्धि करता है। इस प्रकार विज्ञापन विज्ञापनदाता के लिए बहुत लाभप्रद सिद्ध होता है।

1.5.2 उपभोक्ता को लाभ

विज्ञापन का लाभ केवल विज्ञापनदाता को ही नहीं होता, बल्कि उपभोक्ता भी इससे लाभान्वित होता है। उपभोक्ता विज्ञापन के माध्यम से वस्तु अथवा सेवाओं के बारे में जानकारियाँ प्राप्त कर लेता है। वह उनके गुणों एवं विशेषताओं को भी परख लेता हैं और इनके उपयोग के तरीके भी जाने लेता है। उसे विज्ञापित वस्तु के विक्रय केन्द्र की जानकारी भी विज्ञापन के माध्यम से मिल जाती है। यही नहीं बल्कि विज्ञापनों के माध्यम से वस्तुओं अथवा सेवाओं का तुलनात्मक अध्ययन करना भी आसान हो जाता है। इस तरह एक उपभोक्ता समझ-सोचकर अपने धन का उपयोग कर पाता है। वह बाज़ार में मिलने वाली अपनी ज़रूरत की चीजों में से अच्छी से अच्छी चीज का चुनाव कर पाता है।

विन्सटन चर्चिल का कहना था कि *"विज्ञापन अच्छे जीवनस्तर के लिए माँग उत्पन्न करता है"*। हम यह भी पाते हैं कि कोई भी अच्छा विज्ञापन नयी-नयी सूचनाएँ देकर उपभोक्ताओं का ज्ञानवर्धन करता है तथा उसकी शंकाओं का समाधान करता है।

1.5.3 विक्रयकर्ता को लाभ

आज के व्यावसायिक युग में विक्रेताओं को विज्ञापन से बहुत बड़ा लाभ है। उनके लिए न केवल विक्रय कार्य सरल हो जाता है। बल्कि विक्रय में वृद्धि होने से लाभ की मात्रा भी बढ़ जाती है। वे वस्तुओं की बिक्री का अनुमान लगाकर उन वस्तुओं का आवश्यकतानुसार अधिक उत्पादन कर सकते हैं। विज्ञापन द्वारा प्रचार करने से उस वस्तु की माँग बढ़ जाती है और माँग के निरन्तर बने रहने से मूल्यों में स्थिरता आ जाती है। इस प्रकार उसका व्यवसाय तेजी से फलता-फूलता है। विज्ञापन से विज्ञापनकर्ताओं का मूल्यों पर नियन्त्रण रहता है, और समय-समय पर विज्ञापनों के साथ उनका प्रकाशन भी होता रहता हैं इसलिए बाज़ार में अस्वस्थ प्रतियोगिता को पनपने नहीं दिया जाता। कुल मिलाकर एक स्वस्थ प्रतिस्पर्धा बनी रहती है, जिसमें सभी को समृद्धि का अवसर मिल जाता है।

पश्चिमी व्यंग्यकार तथा समाजशास्त्री *ब्रिट* ने व्यापार और विज्ञापन के अनिवार्य गठबन्धन पर व्यंग्य करते हुए लिखा है कि, *"बिना विज्ञापन किये व्यापार करना किसी ख़ूबसूरत लड़की को अँधेर में आँख मारने के समान है। अँधेरे में तुम जानते हो कि तुम क्या कर रहे हो, लेकिन दूसरा कोई कुछ नहीं जानता। अतः सम्भावित लाभ नहीं होता। बात बहुत स्पष्ट है कि बिना विज्ञापन के किसी उत्पाद की जानकारी समाज तक पहुँचाकर उसे बेचना अब असंभव सा है।"*[4]

1.5.4 समाज एवं राष्ट्र को लाभ

आज चारों तरफ़ बेरोजगारी का बोलबाता है। विज्ञापन से समाज और राष्ट्र भी लाभान्वित होते हैं। विज्ञापन विभिन्न संस्थाओं के माध्यम से रोजगार के अवसर सामने लाते हैं। विज्ञापन बड़े विज्ञापन अभिकरणों के अलावा छोटे-मोटे कार्य करने वाली संस्थाओं को भी पनपाता है। रोजगार

4. उद्धृत, डॉ. कुमुद शर्मा, *भूमण्डलीकरण और मीडिया*, नयी दिल्ली, हिन्दी अकादमी, संस्करण 2003 पृ. 140

के अतिरिक्त विज्ञापन हमारे जीवन स्तर में वृद्धि करता हैं जीवन स्तर की वृद्धि से राष्ट्र के स्तर में भी वृद्धि होती है। माँग बढ़ने से उद्योग धन्धे पनपते हैं, व्यापार बढ़ता है तथा सकल राष्ट्रीय आय में वृद्धि होती है। इससे राष्ट्र समृद्ध एवं मजबूत होता है। जैसाकि हमने ऊपर इंगित किया विज्ञापन स्वस्थ प्रतियोगिताओं का वातावरण बनाते हैं। जिससे समाज का पैसा वस्तुओं अथवा सेवाओं के उपभोग के बदले पूरी कीमत को वसूल कर पाने में सफलता प्राप्त करता है। हम यह भी पाते हैं कि विज्ञापन आर्थिक ही नहीं सामाजिक एवं सांस्कृतिक स्तर पर भी महत्त्वपूर्ण परिवर्तन घटित करते हैं।

समग्रतः हम पाते हैं कि विज्ञापन व्यक्ति, समाज और राष्ट्र के समन्वित विकास के आधार का काम करते हैं। वे न केवल व्यापार की समृद्धि में सहायक हैं, बल्कि स्वस्थ प्रतिस्पर्धा को जनम देकर समाज तथा राष्ट्रोन्नति में भी महत्त्वपूर्ण भूमिका का निर्वाह करते हैं। आज के वैश्विक वातावरण में कोई भी देश विश्व स्तर पर केवल विज्ञापन के माध्यम से ही अपनी पहचान बना पाता है। अतः विज्ञापन व्यक्ति, समाज, राष्ट्र और विश्व स्तर पर आर्थिक प्रक्रिया एवं सामाजिक सांस्कृतिक परिवर्तन का महत्त्वपूर्ण घटक है।

1.6 विज्ञापन का संक्षिपत इतिहास

विश्व परिवर्तनशील है। यह परिवर्तनशीलता गत्यात्मकता की द्योतक है। समय के साथ-साथ जीवन-जगत् और समाज की हर चीज में बदलाव आता है। हमारे आचार-विचार, संस्कार, जीवन-पद्धति, तौर-तरीके इत्यादि युग के अनुसार बदलते चले जाते हैं। 'विज्ञापन' के साथ भी ऐसा ही है। यद्यपि विज्ञापन को आधुनिक बाज़ारवाद की देन कहते हुए आज के युग को 'विज्ञापन का युग' कह दिया जाता है; तथापि ऐसा नहीं है कि आज से पहले विज्ञापन था ही नहीं। हाँ, वह इस रूप में नहीं था। इसका प्रस्तुतीकरण ऐसा नहीं था, जैसा आज है। न इतना आक्रामक था। यदि हम इसे विज्ञापन का ही प्रारम्भिक रूप स्वीकार करें तो पाषाण युग में मनुष्य पत्थर और धातु के औजारों से पेड़ों, चट्टानों आदि पर विभिन्न आकृतियाँ अंकित कर अपने मनोभावों की अभिव्यक्ति किया करता था। शैल गुफाएँ इस बात की गवाह हैं। इस तरह स्वयं को अभिव्यक्त कर वह 'स्व-विज्ञापन' ही करता था। अपने आपको, अपनी भावनाओं और इच्छाओं को अभिव्यक्त एवं विज्ञापित करता हुआ वह इतिहास के लम्बे समय में चलता रहा। ईसा पूर्व विश्व की अनेक सभ्यताओं में डुगडुगी बजाकर लोगों को एकत्र करके सूचना देने का प्रचलन मिलता है। यह विज्ञापन का ही ढंग है, जो मनुष्य को उसके एकान्त से निकालकर समाज के बीच ला खड़ा करता हैं।

प्राचीन काल में नगर उद्घोषक हुआ करते थे जो राज्य के अन्दर गली-गली घूमकर राजकीय सूचनाएँ दिया करते थे। जैसे-जैसे सभ्यता का विकास होता गया, विज्ञापन के रूप बदलते चले गये। अब तक उपलब्ध जानकारी के अनुसार विज्ञापन के सही स्वरूप की सीमा में आने वाला पहला विज्ञापन भारतवर्ष में हुआ मिलता है। यह विज्ञापन है—रेशमी वस्त्रों का। यह विज्ञापन आज से लगभग डेढ़ हजार वर्ष पहले भारतीय व्यापारियों के 'रेशमी वस्त्र बुनकर व्यापारी संघ' द्वारा प्राचीन दशपुर (वर्तमान मन्दसौर—मध्य प्रदेश) के कुमार ने गुप्तकालीन एक सूर्य मन्दिर में लगवाया गया था। यह एक काव्यात्मक विज्ञापन था, जिसकी पँक्तियाँ इस प्रकार थीं—

"तारुण्य-कान्त्यु पचितोऽपि सुवर्ण्ण हार
ताम्बूल पुष्प विधिना समलङ्कृतोऽपि।

नारी जनः श्रियमुपैति न तावदग्रय्यां
यावन पट्टमय-वस्त्र युनानि धत्ते।।
स्पर्श (व) ता वर्ण्णन्तर विभाग चित्रेण नेत्र सुभगेन।
यैस्सकलमिदं क्षितितलमलङ्कृतं पट्ट-पस्त्रेण।।"

(अर्थात् चाहे जितना भी यौवन तन पर फूट पड़ा हो, कान्ति अंगांग पर छितराई पड़ी हो, आलोपन अंग (क्रीम)-युक्त अंग हों, होंठ क्यों न ताम्बूल से लाल रचे हों, फूलों से वेणी गुथी हो, कलियों से माँग भरी हो, लेकिन समझदार नारी तब तक अपने प्रिय (पति) के पास नहीं जाती जब तक कि वह हमारे द्वारा बुने रेशम का जोड़ा धारण नहीं कर लेती। इसके बिना उसका प्रिय (पति) उसे स्वीकार ही नहीं करेगा।)[5]

इसी तरह सम्राट् अशोक ने अपने धार्मिक उपदेशों एवं विचारों को जनसाधारण के सूचनार्थ शिलालेखों पर अंकित कराया था। यह भी विज्ञापन का एक रूप कहा जा सकता है।

मुद्रण माध्यमों का प्रचलन मुद्रणलाय के आविष्कार के बाद हुआ। तब से विज्ञापन का स्वरूप पूरी तरह बदल गया। किन्तु इससे पहले मुख्यतः विज्ञापन के तीन परम्परागत रूप प्रचलित मिलते हैं—

अ. व्यापार चिह्न (ट्रेड मार्क)

इनका प्रचलन चीन, मेसापोटामिया, इजिप्ट, ग्रीस तथा रोम की प्राचीन सभ्यता में देखने को मिलता था, जब इन देशों के व्यापारी अपनी वस्तुओं पर निजी पहचान के चिह्न अंकित कर दिया करते थे। ये चिह्न एक प्रकार से उनके 'चित्रित हस्ताक्षरों' के रूप में हुआ करते थे। यही चिह्न वास्तव में आज के 'ट्रेड मार्क' के आदि रूप हैं। आज तो ये भरोसे के प्रतीक के रूप में इस्तेमाल होते हैं। विज्ञापनों में इन्हें इसी रूप में अंकित किया जाता है और उत्पाद के असली होने की पहचान बताया जाता है।

ब. संकेत

विशेषतः यूरोप में, और दुनिया के अन्य कई देशों में व्यापार के क्षेत्र में संकेत चिह्नों का विशेष महत्त्व रहा है। आज भी है। ये चिह्न विक्रयकर्त्ता के प्रतीक हुआ करते थे और ये अनपढ़ व्यक्तियों के लिए विकसित हुए। बुनकरों का चक्र (wheel) बुनकर को दर्शाता था। यदि एक कोट दरवाजे पर टँगा होता था, तो इसका अर्थ लगाया जाता था कि यह होटल है। यदि हथौड़ा लिए हुए एक स्वर्णिम हाथ दृष्टिगत होता है, तो वह स्वर्णकार की दुकान होने को इंगित करता है। इसी तरह हम आज भी देखते हैं कि डबल रोटी, शराब, कप-प्लेट या अन्य प्रतीक इन की दुकानों के होने के संकेतक हैं।[6]

स. फेरीवाले

हजारों वर्ष पूर्व से ही फेरीवाले अपना सामान बेचने के लिए गाँव-कस्बों में आवाज देते चले आ रहे हैं और अपनी वस्तुओं को खरीदने का अनुरोध करते रहे हैं। ये लोग एक तरह से मौखिक विज्ञापन के साथ अपने माल का प्रदर्शन करते हैं। बाज़ार में मजमा लगाकार, डुगडुगी बाज़ार या ऐसे ही किसी तरीके से लोगों का ध्यान आकर्षित करते हुए दाँतों का मंजन, आँखों का अँजन विज्ञापित करते

5. पट्टवाय श्रेणी का मन्दसौर अभिलेख, मालव संवत् 529, सन् 472, द्रष्टव्य—राजशेखर व्यास का लेख, *'संसार का सबसे पहला विज्ञापन'*, नवनीत (हिन्दी डाइजेस्ट), भारतीय विद्याभवन, मुम्बई, अप्रैल, 1986
6. पठनीय—वुड, *विज्ञापन की कहानी*, डिक सटफेन, रोनॉल्ड प्रेस कम्पनी, 1958 तथा *द मैड ओल्ड एडवर्टाइजमेंट*, मैक्ग्रोहिल बुक कम्पनी, न्यूयार्क

और बेचते रहे हैं। (आज बड़ी-बड़ी कम्पनियाँ सेल लगाकर, रोड शो करके या फैशनेबल लड़कियों को रैंप पर उतारकर नृत्य-संगीत और लेजर शो करके यही काम कर रही हैं। हमारे विचार से यह फेरीवाले परम्परागत रूप का ही विकास है।)

विज्ञापन का आगे का विकास औद्योगिक सभ्यता के साथ हुआ। सन् 1450 ईस्वी इस दृष्टि से सर्वाधिक महत्त्वपूर्ण है, जब जर्मनी में गुटनवर्ग द्वारा चलकारी कीलाक्षरों (टाइप) का आविष्कार हुआ और मुद्रण मशीन ने आकार ग्रहण किया। प्रथम मुद्रण हुआ पवित्र ग्रन्थ बाइबल का। सर्वप्रथम मुद्रित विज्ञापन अंग्रेजी भाषा में छपा हुआ माना जाता है, जो एक पर्चे के रूप में सन् 1473 में विलियम केक्सटन ने मुद्रित किया।

पहला मुद्रित विज्ञापन कौन-सा है? इसके सम्बन्ध में मतभेद है। इतिहासकार फ्रेंक प्रेस्ब्रे (Frank Presbrey) के अनुसार पहला विज्ञापन सन् 1625 ई. में *'मक्यूरियम ब्रिटानिकस'* नामक पुस्तक में एक घोषणा के रूप में प्रकाशित हुआ था। जबकि हेनरी सैम्पसन के अनुसार सन् 1650 में 'सेवरल्न प्रोसीर्डिगस इन पार्लियामेंट' में प्रकाशित वह विज्ञापन सबसे पहला मुद्रित विज्ञापन है, जिसमें चोरी किये गये 12 घोड़ों को लौटाने पर पुरस्कार देने की विज्ञप्ति प्रकाशित हुई थी।

जो भी हो, इतना अवश्य है कि सन् 1652 में किसी व्यावसायिक वस्तु का पहला विज्ञापन एक समाचार पत्र में छापा। यह वस्तु थी—कॉफी। इसके बाद सन् 1657 में चॉकलेट का विज्ञापन और 1658 में चाय का विज्ञापन सामने आया। सन् 1711 में स्टीर्ले तथा जोसफ द्वारा प्रकाशित 'स्पेक्टेटर' (Spectator) नामक अंग्रेजी अखबार में कॉफी, चाय, चॉकलेट, किताबों और दवाईयों के विज्ञापन विधिवत् छपे। इस अखबार में व्यक्तिगत विज्ञापन तथा खोई हुई वस्तु को लौटाने के एवज में पुरस्कार दिये जाने के विज्ञापन भी छपे।

रोचक बात यह हुई कि सन् 1712 में इंग्लैण्ड में सरकार ने मुद्रित विज्ञापनों पर आधा पेनी टैक्स लगा दिया। साथ ही प्रत्येक विज्ञापन पर एक शिलिंग का कर भार निर्धारित कर दिया। यह नियम 1853 तक लागू रहा। लेकिन इसके बावजूद विज्ञापन-यात्रा निरन्तर गतिमान रही।[7]

अमेरिका में आधुनिक विज्ञापन कला का विकास तभी से हुआ। 19वीं सदी में अमेरिका में सामाजिक-आर्थिक क्रान्ति घटित हुई। फलस्वरूप इस क्षेत्र में वह सभी देशों से आगे निकल गया। आज अमेरिका विज्ञापन के क्षेत्र में शिखर पर है। विज्ञापन पर सर्वाधिक राशि अमेरिका की कम्पनियाँ ही खर्च कर रही हैं। यहाँ बहुत पहले ही विज्ञापन एक वृहद् व्यवसाय का रूप धारण कर चुका हैं वहाँ के सकल राष्ट्रीय उत्पाद में विज्ञापन-व्यय सर्वाधिक होता है। यही कारण है कि विज्ञापन-क्षेत्र में वहाँ की सर्वाधिक जनशक्ति संलग्न है।

भारत में आधुनिक विज्ञापन कला का विकास

यों तो हमारे देश में विज्ञापन का अस्तित्व आदिकाल से हो रहा है। जैसा कि हम पहले भी उल्लेख कर चुके हैं दुनिया का पहला विज्ञापन भारत का ही मिलता है, जो रेशमी वस्त्रों का है। रामायण और महाभारत काल में यह उल्लेख मिलता है कि नगाड़े बजाकर उद्घोषणाएँ की जाती थीं। स्वयंवर और अश्वमेध यज्ञ आयोजित किये जाने से पूर्व इनका व्यापक प्रचार-प्रसार किया जाता था। इसी प्रकार मेले-तमाशे, नौटंकी, कठपुतली और खेलकूद आदि कार्यक्रमों में लोगों को आमन्त्रित करने

7. द्रष्टव्य, डॉ. तारेश भाटिया, *आधुनिक विज्ञापन और जन सम्पर्क*, नयी दिल्ली, तक्षशिला प्रकाशन, प्रथम संस्करण 2000, पृ. 34

हेतु विभिन्न प्रचार माध्यमों का उपयोग किया जाता था। मोहन जोदड़ो और हड़प्पा की खुदाई में नगरों के जो अवशेष प्राप्त हुए हैं, उनमें विभिनन प्रकार की आकृतियाँ, मूर्तियाँ, मुहरें आदि मिली हैं। ये मुहरें प्राचीन काल के 'ट्रेडमार्क' ही से थे। बौद्ध धर्मावलम्बी सम्राट् अशोक ने बौद्ध धर्म के प्रचार हेतु अनेक स्तम्भों का निर्माण कराया था, जिसमें अशोक स्तम्भ भी है, जो आज भी राष्ट्रीय चिह्न है। अजन्ता-ऐलोरा की गुफाएँ, खजुराहो तथा कोणार्क के मन्दिर, स्तम्भ, भवन, किले और उन पन लगे पत्थर भारतीय धर्म और कला के केन्द्र हैं। ये भी परोक्षतः विज्ञापन हैं। किन्तु आधुनिक विज्ञापन-कला मुद्रण मशीनों की स्थापना के बाद आरम्भ होती है।

29 जनवरी, 1780 ई. के दिन जेम्स ऑगस्टस हिकी ने कलकत्ता से देश का पहला साप्ताहिक पत्र *'बंगाल गजट'* नाम से प्रकाशित किया। इस साप्ताहिक समाचारपत्र में चार पृष्ठ विज्ञापन के थे। ये विज्ञापन विशेष रूप से ईस्ट इंडिया कम्पनी के हुआ करते थे। कलकत्ता में सन् 1780 से लेकर 1798 तक कुल मिलाकर 24 साप्ताहिक एवं मासिक पत्र निकले जो अंग्रेज़ी के थे। इनमें से *'कलकत्ता जनरल एडवर्टाइज़र'* भी एक था, जो काफी चर्चित रहा। इनमें छपने वाले विज्ञापन प्रायः वर्गीकृत विज्ञापन के रूप में हुआ करते थे। विज्ञापनों के कॉलम प्रायः इस रूप में रहते थे–'खोया-पाया', 'शराबें', लॉटरी', 'आवश्यकता है', 'सार्वजनिक नीलामी' आदि। इन विज्ञापनों से तत्कालीन समाज की स्थिति पर प्रकाश पड़ता है। यथा–ऐसे विज्ञापनों में अक्सर भाग गये गुलाम लड़कों या किसी के साथ भाग गयी गोरी मेमों के बारे में विवरण पढ़ने को मिल जाता था। गम्भीर बीमारियों के दवाओं के विज्ञापन भी मिलते थे।, जिनमें सैक्स समस्याओं पर अधिक फोकस था।

इसी क्रम में भारतीय भाषाओं के समाचारपत्रों की भी शुरुआत हुई। सन् 1821 में *'संवाद कौमुदी'* का प्रकाशन हुआ। यह बंगला भाषा का साप्ताहिक था। यह दो वर्ष बाद बन्द हो गया, क्योंकि आर्थिक संकट था। विज्ञापन नहीं मिल पाते थे। सन् 1900 तक आते-आते धीरे–धीरे बंगला, फ़ारसी और हिन्दी के अखबार एवं पत्र-पत्रिकाओं का प्रकाशन शुरू हुआ। सन् 1900 के बाद तो हिन्दी में ही बहुत से समाचार-पत्र एवं पत्रिकाएँ सामने आये। किन्तु देखा गया कि विज्ञापनों के अभाव में इनकी आर्थिक दशा शोचनीय ही बनी रही। कई अखबार 'विज्ञापनों की शुचिता' के प्रति अधिक दृढ़ बने रहे। पहले इस सन्दर्भ में उस समय के एक यशस्वी सम्पादक–लेखक *श्री शिवपून सहाय* की यह पंक्तियाँ विशेष रूप से पठनीय हैं, जो तत्समय की हिन्दी पत्र-पत्रिकाओं के विषय में सूचना देती हैं–

> "*प्रभा बन्द हो गयी। प्रणवीर* भी बन्द हो गया। *कर्मवीर* खण्डवा से निकाला चतुर्वेदी जी ने। पालीवाल जी ने आगरा से *सैनिक* अच्छा निकाला। बम्बई से *भगीरथ* भी अच्छा निकला। *प्रताप* ख़ूब बढ़िया निकल रहा है। *गोलमाल, मौजी* बन्द। *भूत* जारी है। दिल्ली से मासिक *महारथी* निकलेगा। *अर्जुन* साप्ताहिक हो गया। *सत्यवादी* लाहौर चला गया। *माधुरी* का मूल्य 1/- बढ़ गया। कुछ मैटर बढ़ गया। *चाँद* का शिशु अंक, वेश्या अंक निकला। प्रवासी अंक निकलेगा। सती अंक भी। शिशु अंक के एक लेख पर टिप्पणी लिखने से रूठकर *प्रताप* पर *चाँद* ने पाँच हजार रुपये का नोटिस जारी किया था। मामला सम्मेलन (हिन्दी साहित्य सम्मेलन) ने लिया है। देखा चाहिए।"[8]

यहाँ चर्चा का एक महत्त्वपूर्ण बिन्दु है हिन्दी पत्र-पत्रिकाओं में उस समय छपने वाले चित्रों एवं विज्ञापनों की क्या स्थिति थी? चित्रों और विज्ञापनों का प्रचलन बढ़ गया था। किन्तु इनके कारण

8. शिवपूजन सहाय का पत्र पाण्डेय बेचन शर्मा 'उग्र' के नाम, ता० 19-8-1925, *फाइल और प्रोफाइल*, नयी दिल्ली, राधाकृष्ण प्रकाशन, पृ. 362

मूल्य–वृद्धि हो गयी थी। *अविनाश कुमार* ने इस पर बहुत अच्छा विश्लेषण प्रस्तुत किया है। उनका विश्लेषण है कि–

"हालाँकि हिन्दी के छोटे बाज़ार में अव्वल रहने के बावजूद वह एक महँगी सफलता ही रही। कुछ तस्वीरें समाज-सुधार के मुद्दों से सम्बद्ध होती थीं, सो ज़्यादातर औरतों के सवाल को लेकर, उदाहरणार्थ–सधवा सास और विधवा बहू, बेमेल विवाह, अपने शराबी पति को पीटती शिक्षित युवती (स्पष्टतः अंग्रेजी पत्रिकाओं से प्रभावित), इत्यादि। दूसरी तरफ राजनीतिक कार्टूनों का प्रकाशन होता था जिनमें ज़्यादातर अंग्रेजी की प्रसिद्ध हास्य-व्यंग्य पत्रिका *पंच* से लिए जाते थे। कुछ तस्वीरें और रेखाचित्र सुधार-विरोधी भी होते थे, विशेषकर स्त्रियों और अंग्रेजी शिक्षा को लेकर। स्त्रियों की प्रसिद्ध पत्रिका *चाँद* में पेंटिंग श्रृंखला छपी थी, जिसमें शिक्षा के कारण स्त्रियों की बढ़ती बेपरवाही और उनके पतियों की दुर्दशा का चित्रण था। प्रसंगवश, इस तरह के सारे प्रसंग कार्टून या रेखाचित्र की ही शक्ल में छपते थे जबकि दूसरी तरफ पाठकों की सौन्दर्याभिरुचि को ध्यान में रखकर छापी गयी तस्वीरों को लेकर एक दुविधा की स्थिति लगती थीं। हालाँकि तत्कालीन पत्रिकाएँ उच्च नैतिकता और राष्ट्रीयता की भावना के बोझ से ओत-प्रोत होती थीं, तो भी कुछ चित्र रीतिकालीन सौन्दर्याभिरुचि के अनुसार होते थे जिसमें जंगल में घूमती स्त्री होती थी, या नदी किनारे बैठी स्त्री या फिर खिड़की पर बैठी युवती और ब्रज भाषा में उसकी विरह विह्वलता का वर्णन करता दोता होता था। ...देवी सरस्वती, सती, अन्य देवी देवताओं की तस्वीरें उसके मुख पृष्ठ पर छपती थीं। जवा कुसुम तैल, काजल, रति रहस्य, अद्‌भुत अँगूठी इत्यादि के विज्ञापनों से इस दुविधा को और बल मिलता था।"[9]

तथाकथित अश्लील चित्रों के प्रकाशन की तत्कालीन अवस्था का ज़िक्र महावीर प्रसाद द्विवेदी ने भी किया है :

"विज्ञापन की छपाई और अपने मूल्य आदि के नियम आपके बाहु स्थान में हैं, क्योंकि उनकी घोषणा आप सबसे पहले ऊर्ध्व बाहु होकर करते हैं...अपने प्रेस की पुस्तकों के विज्ञापन आपके नेत्रस्थान में हैं क्योंकि उनकी तरफ़ आपकी हमेशा निगाह रहती है। ...अन्नदाता आपके लुधियाना, लाहौर, अलीगढ़, मुरादाबाद और झाँसी आदि के मित्र, गुप्त और प्रसुप्त इत्यादि प्रकट, अप्रकट और प्रकटाप्रकट नामधारी विज्ञापनबाज हैं। इन कोक शास्त्रों, रतिशास्त्रीय और कामशास्त्री जीवों के दर्शन अन्धी खोपड़ी के आदमियों को बहुत ही दुर्लभ है। ...जीवनी शक्ति आपकी सैकड़ों तरह के ताम्बूल विहार के, हज़ारों तरह के उपदंशहारक, प्रमेहमारक, शुक्रकारक दवाओं के, लाखों तरह के बीसा, पच्चीसा, तीसा यन्त्र और उड्डीस, साबर, बहत् साबर, तन्त्रों के अजीब-अजीब विज्ञापन हैं।"[10]

यहीं यह बताना आवश्यक है कि उस समय की पत्र-पत्रिकाओं ने अपने लिए विज्ञापन-प्रकाशन के कुछ नियम बना लिए थे। दरें भी सुपरिभाषित थीं। उदाहरण के लिए *मर्यादा* नामक पत्रिका में अलग-अलग पृष्ठों पर प्रकाशित किये जाने वाले विज्ञानों की दरें अलग-अलग होती थीं, साथ ही पत्रिका में इन तीन नियमों का उल्लेख रहता था–

1. बिना जाँच किये किसी विज्ञापन का प्रकाशन नहीं होगा,

---

9. अविनाश कुमार, *प्रिंट संस्कृति के बदलते परिदृश्य (1900/1940), (लेख)* दीवान-ए-सराय 01, मीडिया विमर्शः//हिन्दी जनपद, साय : नवसंचार पहल की ओर से वाणी प्रकाशन, नयी दिल्ली द्वारा प्रकाशित, सन् 2000, पृ. 9-10
10. महावीर प्रसाद द्विवेदी, *समाचारपत्रों की महिमा, सरस्वती, दिसम्बर-1908, देखें–द्विवेदी रचनावली, भाग-5*

2. कम-से-कम एक कॉलम का विज्ञापन भेजने वालों को *मर्यादा* की मुफ़्त प्रति भेजी जायेगी, अन्यथा नहीं,
3. विज्ञापन का भुगतान अग्रिम करना होगा।[11]

आर्थिक लाभ तथा पत्र-पत्रिका को सुचारू रूप से चलाने के लिए विज्ञापन का सहारा आवश्यक था। इसमें कोई सन्देह नहीं। किन्तु नैतिक मूल्यों के प्रति सजगता कई सम्पादकों में दिखायी देती है। जैसाकि द्विवेदी जी की उक्त व्यंग्यात्मक टिप्पणी से कुछ-कुछ अनुमान लगाया जा सकता है, साथ ही प्रसिद्ध सम्पादकाचार्य पं. बनारसीदास चतुर्वेदी के एक पत्र की इन पंक्तियों से यह और प्रमाणित है कि किस तरह ऐसे संवेदनशील सम्पादकों ने विज्ञापनों के सन्दर्भ में नैतिकता को महत्त्व दिया है। देखें—

> "चुम्बन नामक ब्लॉक भेज रहा हूँ। मॉडर्न रिव्यू वाले मॉडर्न हैं और मैं कुछ पुराने ख़यालात का हूँ। आपको यह बतला देना चाहता हूँ कि मॉडर्न रिव्यू वालों का विशाल भारत के लिए लेखकों या चित्रों के अलावा विज्ञापनों के चुनाव पर कुछ दख़ल नहीं है। मार्च के अंक में प्रथम स्थान पर—A Harem Scene—छपा है जिसमें टुण्डी को खोले हुए और कुचों को उकसाये हुए एक स्त्री खड़ी है। मैंने कह दिया कि मैं उस चित्र को नहीं दूँगा। ...आप स्त्री पुरुष के चुम्बन के बजाय माता और पुत्र के चुम्बन का ब्लॉक बनवाइए। मेरी यह serious सलाह है।"[12]

यह पत्र बनारसीदास चतुर्वेदी ने पाण्डेय बेचन शर्मा उग्र को लिखा था, जब चतुर्वेदी जी ने उनके एक उपन्यास के विज्ञापन को अश्लील कहते हुए अस्वीकृत कर दिया था।

बावजूद अनेक नैतिक वर्जनाओं के, उस समय में अनेक 'सम्मानित' अखबारों और पत्रिकाओं में बड़े पैमाने पर कामोद्दीपक विज्ञापन छप रहे थे। हालाँकि परम्परागत कामोद्दीपक पदार्थ भारत के प्रेमियों को सदियों से रोमांचित करते चले आ रहे थे किन्तु मुद्रित विज्ञापन ने उनको नये रूप, नये आयाम दिये। बहुत सारे परम्परागत नुस्खों को अब आकर्षक पैकेजिंग में लपेटकर बेचा जाने लगा। बहुत सारे नीम-हक़ीमों और कम्पनियों की बहार आ गयी।

उदाहरण के लिए उस कालखण्ड की एक पत्रिका में प्रकाशित ऐसे विज्ञापन का चित्र देखें—

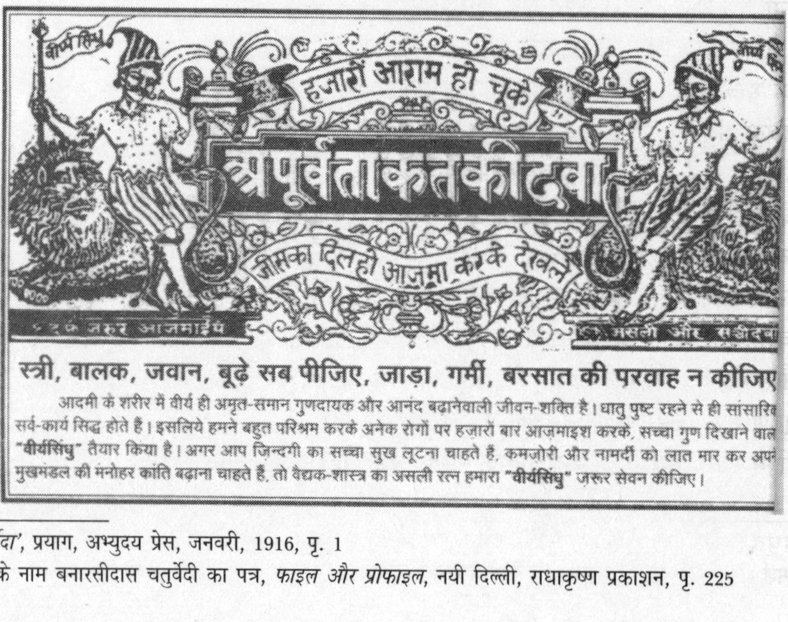

11. *'मर्यादा'*, प्रयाग, अभ्युदय प्रेस, जनवरी, 1916, पृ. 1
12. उग्र के नाम बनारसीदास चतुर्वेदी का पत्र, *फाइल और प्रोफाइल*, नयी दिल्ली, राधाकृष्ण प्रकाशन, पृ. 225

इन विज्ञापनों और यौनसूचनाओं ने बहस के लिए एक नया/सार्वजनिक क्षेत्र खोल दिया। 'अश्लीलता' पर नयी बहस की माँग की जाने लगी। इन विज्ञापनों पर प्रतिबन्ध लगाने के लिए 'अश्लील' भाषा के प्रयोग का आक्षेप लगाते हुए कहा गया कि ऐसी भाषा नैतिक भ्रष्टाचार, अनैतिक संभोग और दूषित विचारों का चिह्न है तथा इससे सार्वजनिक स्वास्थ्य एवं प्रजननशीलता को ख़तरा पैदा हो सकता है। उत्तर-प्रदेश के कई अखबारों के सम्पादकों को कामोत्तेजक अश्लील विज्ञापन छापने के लिए दण्डित किया गया। उसी काल में *'गुरुकुल समाचार'* में 'विज्ञापन' शीर्षक से एक लेख प्रकाशित हुआ था, जिस का आरम्भ इस आग्रह के साथ हुआ था कि किस प्रकार कामोद्दीपकों के विज्ञापन अखबारों के लिए और ऐसी दवाईयाँ बेचने वाली कम्पनियों के लिए मुनाफ़े का महत्त्वपूर्ण स्रोत हैं, परन्तु, यह पैसा गन्दगी बेचकर कमाया जा रहा है न कि उत्तम साधनों से। इस लेख में एक जगह लिखा गया है—

> "कामोत्तेजक चित्त में विकार उत्पन्न करने वाले विज्ञापनों को पढ़कर कुल कामिनी गण सिर नीचा कर लेती है, छोटी उम्र की कन्याएँ बालक पढ़कर एक आश्चर्य में पड़ जाते हैं कि यह रात का मज़ा क्या है? ...वर्ण पत्र पढ़ने को सभी का जी चाहता है पर उनमें अमृत के स्थान पर विष भरा है, वे क्या जान सकते हैं। ...अब पाठक गण उन कौतुक वर्धक विज्ञापनों में उन दवाओं के नाम पढ़ें और देखें कैसे विलासिता के रस से भरे हुए हैं। ...एक ओर शिक्षा का प्रवाह बह रहा है—गुरुकुल और ऋषिकुल खुल रहे हैं। ब्रह्मचर्य के पालन के उपाय किये जा रहे हैं। ...उधर संसार में इस प्रकार के अश्लील विज्ञापन छाप और बाँटकर देश का नाश कर रहे हैं। ...हमारी समझ में तो ऐसे अख़बारों को माँगने को कौन कहे हाथ में भी छूना नहीं चाहिए विशेषकर स्त्रियों के हाथ में तो जाना ही नहीं चाहिए।"[13]

लेख के अन्त में समाचारपत्रों और सरकार से अपील की गयी थी कि ऐसे विज्ञापनों पर तत्काल रोक लगाई जाये। महात्मा गाँधी ने अख़बारों के मालिकों से आग्रह किया था कि वे ऐसे विज्ञापनों के खिलाफ कड़े प्रतिबन्ध लागू करें और केवल 'स्वस्थ किस्म के विज्ञापन ही स्वीकार करें।' लेकिन संसाधनों के अभाव में जूझ रहे प्रेस के लिए कामोद्दीपकों के विज्ञापन आमदनी का एक महत्त्वपूर्ण साधन थे। बाज़ार का अपना तर्क होता है। कई हिन्दू संगठन ऐसे विज्ञापनों के समर्थक भी थे!

उस समय के हिन्दी पत्र-पत्रिकाओं के विज्ञापन पर जहाँ एक ओर भारतीय संस्कृति और सभ्यता के पश्चिम की संस्कृति और सभ्यता से टकराहट का प्रभाव दृष्टिगत होता है, वहीं राजनीतिक परिदृश्य तथा राष्ट्रीयता/भारतीयता की चेतना का। 20वीं सदी के आते-आते यह स्थिति पूरी तरह हमारे सामने निखकर आ जाती है। केवल एक उदाहरण देखें कि सन् 1906 में *धारीवाल* मिल ने ऊनी वस्त्रों के बारे में जो विज्ञापन दिया था, उसमें स्लोगन था— *"भारत के लिए भारत में बना।"* ऐसे और भी कई उदाहरण हैं।

मुद्रण माध्यमों में विज्ञापन कला का निरन्तर विकास, परिष्कार, नये विचारों का समावेश, भाषिक संरचना में रचनात्मकता और कलात्मक रुझान आज तक नयी ऊँचाईयों को छू रहा है।

---

13. उद्धृत, चारु गुप्ता, *औपनिवेशिक उत्तर भारत में अश्लीलता विवाद (लेख)*, दीवान-ए-सराय 01, मीडिया विमर्श : // हिन्दी जनपद, सराय : नवसंचार पहल की ओर से वाणी प्रकाशन, नयी दिल्ली द्वारा प्रकाशित, सन् 2000, पृ. 46

सन् 1896 में फ़िल्मों की शुरुआत हुई। हालाँकि अभी मूक फ़िल्में ही थीं। धीरे-धीरे सवाक् फ़िल्में आईं। उनमें भी गति और रंगों का समावेश हुआ। उनमें रोमांस और सैक्स जैसी अपीलों का उपयोग होने लगा। पोस्टरों पर मुहब्बत के दृश्य दिखायी देने लगे। पहली बोलती फ़िल्म *'आलमआरा'* के विज्ञापन सामने आये। इस तरह इस पहली फ़िल्म से सिनेमा हॉल में विज्ञापनों की शुरुआत हुई। लेकिन ये सीमित थे।

इस समूचे परिदृश्य को उलट दिया रेडियो और टेलीविज़न ने। रेडियो पर सबसे ज़्यादा धूम मचा देने वाला विज्ञापन आधारित कार्यक्रम था—*'बिनाका गीतमाला'*। रेडियो विज्ञापन का यह ऐतिहासिक प्रयोग सिद्ध हुआ। फिर तो रेडियो सीलोन को पीछे छोड़ते हुए विविध भारती और अब एफ.एम. रेडियो ने विज्ञापन की शक्ति पाकर अलग ही मुकाम हासिल कर लिया।

टेलीविज़न का इतिहास भारत में बहुत पुराना नहीं है। 15 सितम्बर, सन् 1959 को दस वर्ष के लिए प्रयोग की दृष्टि से आरम्भ हुआ यह 'बुद्धू बक्सा' अब तक आते-आते बहुत सयाना हो चुका है। सन् 1976 में भारतीय 'दूरदर्शन' चैनल कॉमर्सियल हो गया और विज्ञापन के क्षेत्र में बहुत आगे निकल गया। तब तक इसमें कुछ स्थिर विज्ञापन ही दिखाए जाते थे। बाद में चलचित्र के साथ गत्यात्मक विज्ञापन दिखाये जाने लगे। 1982 में एशियाड खेलों के साथ ही भारत में रंगीन टेलीविज़न का प्रसारण आरम्भ हुआ। विज्ञापन-व्यवसाय को भी नयी दिशा मिली। एक आँकड़े के अनुसार 1991-92 में दूरदर्शन की आय 301 करोड़ रुपये थी, जो आज बढ़कर अरबों रुपये हो चुकी है। दूसरे तमाम चैनल सामने हैं। इनकी आय का आप और हम अनुमान नहीं लगा सकते। इनकी विज्ञापन-आय अनुमान से परे है। इसके साथ ही सारे चैनलों में विज्ञापनों को लेकर गलाकाट प्रतियोगिता चल नही है।

अब तो इंटरनेट तथा मोबाइल फोन जैसे माध्यम भी आ गये हैं। विज्ञापनों के लिए यह सर्वथा नयी ज़मीन है।

भारत में विज्ञापन एजेंसियों की स्थापना लगभग एक सौ वर्ष पुरानी घटना है। सन् 1920 में कुछ विदेशी विज्ञापन एजेंसियों ने मुम्बई में अपने दफ्तर खोले थे। 1922 में ऐसी पहली एजेंसी विधिवत् रूप से विज्ञापन देकर *एल. ए. स्ट्रीनाच* नामक अंग्रेज ने खोली थी। पहली भारतीय विज्ञापन एजेंसी 1930 में मुम्बई में ही आरम्भ हुई, जिसका नाम था—*नेशनल एडवरटाजिंग सर्विस*। इसके बाद तो कई एजेंसियाँ खुली। विज्ञापन को व्यावसायिक स्वरूप प्रदान करने के लिए सन् 1945 में *'एडवरटाइजिंग एजेंसी एसोसियेशन ऑफ इण्डिया'* (ए.ए.ए.आई.) का गठन हुआ। 1952 में *'इण्डियन सोसाइटी ऑफ एडवरटाइजर्स'* की स्थापना की गयी। इस क्रम में आगे चलकर *'एडवरटाइजिंग काउंसिल ऑफ इण्डिया'* (1959) तथा *'नेशनल काउंसिल ऑफ एडवरटाइजिंग एजेंसीज'* (1967) आदि की स्थापना हुई। इस तरह हमारे देश में विज्ञापन कला को नयी दिशा और व्यावसायिक रूप मिलता चला गया। आज पूरा परिदृश्य हमारे सामने है, जो हमारे जीवन की दिशा और व्यावसायिक शक्तियों के परिदृश्य को नियन्त्रित, संचालित और प्रभावित कर रहा है।

हम *मधु अग्रवाल* के इस कथन को उद्धृत कर अपनी बात को और बलपूर्वक कहेंगे कि—

"जिस तरह साहित्य समाज का दर्पण होता है, उसी तरह हर समाज की आर्थिक एवं सामाजिक प्रगति विज्ञापनों से परिलक्षित होती है। विज्ञापन अब हमारे समाज के कार्यकलाप की बेजान सूचना देने वाली विधा भर नहीं रहा, अपितु विज्ञापन के मायावी संसार से आज हमारा मुकाबला है। इस युग में विज्ञापनमय संसार से कोई बच नहीं सकता। आँखें चौंधियाता यह मायावी संसार

वास्तव में जीवन्त सत्य है। इसकी आलोचना अपनी जगह होगी, दर्जनों आक्षेपों के बावजूद विज्ञापन संसार का अस्तित्व अपरिहार्य रहेगा।"[14]

निश्चय ही विज्ञापन हमारे युग की महती आवश्यकता है और यह आधुनिक जीवन शैली की धुरी है। किसी भी उत्पाद की स्तरीयता आज विज्ञापन से ही आँकी जाती है। इसलिए इसे न केवल व्यवसाय की आत्मा कहा जा सकता हैं, हमारे जीवन की नियन्त्रक एवं प्रभावक शक्ति भी माना जा सकता है। इसके मूल में अर्थ सक्रिय है।

14. मधु अग्रवाल, *भारतीय विज्ञापन में नैतिकता,* नयी दिल्ली प्रकाशन विभाग, सूचना और प्रसारण मन्त्रालय, भारत सरकार, 1995, पृ. 1

अध्याय-2

विज्ञापन का वर्गीकरण

2.1 पृष्ठभूमि

विज्ञापन का क्षेत्र अत्यन्त व्यापक है। एक सुई से लेकर हाथी तक के विक्रय, शिक्षा से लेकर नौकरी और भवन निर्माण से लेकर राजनीतिक दल के प्रचार तक विज्ञापन का दखल है। अतः आज विज्ञापन सामाजिक, आर्थिक, राजनीतिक या सांस्कृतिक आदि किसी भी क्षेत्र में जनमत निर्धारण का एक प्रमुख माध्यम बन चुका है। अलग-अलग तरह के माध्यमों से किये जाने वाले विज्ञापन अलग-अलग प्रकार के प्रभाव छोड़ते हैं। हम यह देखते हैं कि इनके अनुसार ही उनकी सफलता भी आँकी जाती है। अतः विज्ञापन और उसके प्रभाव क्षेत्र को समझने के लिए विज्ञापन के वर्गीकरण को समझना आवश्यक है।

2.2 विज्ञापन का वर्गीकरण

विज्ञापन का वर्गीकरण कई तरह से किया गया है। लेकिन सामान्य रूप में मुख्यतः इसके तीन भेद हैं :

1. सरकारी अथवा राष्ट्रीय विज्ञापन।
2. वर्गीकृत विज्ञापन।
3. व्यावसायिक विज्ञापन।

इनके भी कई प्रभेद हैं। इनको हम इस रूप में देख सकते हैं–

2.2.1 सरकारी अथवा राष्ट्रीय विज्ञापन

इसको तीन रूप में बाँटा गया है–

क. राष्ट्रहित सम्बन्धी विज्ञापन।
ख. जनहित सम्बन्धी विज्ञापन।
ग. चेतावनी सम्बन्धी विज्ञापन।

क. राष्ट्रहित सम्बन्धी विज्ञापन

इस वर्ग के विज्ञापनों के अन्तर्गत तरह-तरह के अन्तर्राष्ट्रीय, राष्ट्रीय सेवा सम्बन्धी विज्ञापन आते हैं। सरकार द्वारा किसी विशेष प्रयोजन जैसे युद्ध, सूखा किसी देश में भयंकर प्राकृतिक आपदा

आदि पर नागरिकों के लिए जारी जो विज्ञापन प्रकाशित होते हैं वे इसी श्रेणी के विज्ञापन होते हैं। अनेक राष्ट्रीय एवं तेल कम्पनियाँ, बड़े-बड़े उद्योग समूह, बीमा कम्पनियाँ, अन्तर्राष्ट्रीय शिपिंग कम्पनियाँ राष्ट्रहित सम्बन्धी विज्ञापन देकर जनमत निर्माण करने का प्रयत्न करती हैं। ये सभी विज्ञापन राष्ट्रहित के विज्ञापन कहलाते हैं। यथा—स्टील ऑथरिटी ऑफ इण्डिया का यह विज्ञापन देखें—

ख. जनकल्याण सम्बन्धी विज्ञापन

विभिन्न प्रशासनिक अथवा समाजसेवी संस्थानों जैसे—नगर निगम, नगर पालिका, ग्राम पंचायत, समाज सुधार सम्बन्धी संस्था या नागरिक संस्थाओं द्वारा समय-समय पर प्रकाशित होने वाली सार्वजनिक सूचनाएँ—जैसे विज्ञापन इसी श्रेणी में आते हैं।

ग. चेतावनी सम्बन्धी विज्ञापन

इस श्रेणी में मादक पदार्थ (जैसे—शराब, सिगरेट), सामाजिक पर्यावरण तथा स्वास्थ्य विषयक चेतावनी सम्बन्धी विज्ञापन आते हैं। चेतावनी विषयक विज्ञापन जनता को ऐसी लापरवाही, हानिकारक कर्म या त्रुटियों को अब या कभी भविष्य में न करने के लिए सावधान करते हैं। ऐसे विज्ञापनों के द्वारा मादक द्रव्यों के सेवन से अथवा दैनिक जीवन में पर्यावरण या स्वास्थ्य सम्बन्धी लापरवाही से होने वाली हानियों को वैज्ञानिक तरीके से प्रस्तुत करते हुए प्रायः जनता को समझाया जाता है, सावधान किया जाता है अथवा दण्ड—विधान की चेतावनी दी जाती है।

2.2.2 वर्गीकृत विज्ञापन

प्रायः हम देखते हैं कि सभी समाचार पत्रों में एक निर्धारित पृष्ठ वर्गीकृत विज्ञापन के लिए होता है। वर्गीकृत विज्ञापनों की सबसे बड़ी विशेषता संक्षिप्तता है। ये विज्ञापन सीमित शब्दों में प्रकाशित होते हैं। इसलिए ऐसे विज्ञापन कम व्ययकारी, संक्षिप्त और प्रायः सज्जारहित होते हैं। वर्गीकृत विज्ञापन सामान्यतः जीवनोपयोगी वस्तुओं के क्रय-विक्रय, खोया-पाया, सूचना, नौकरी, नीलामी, आवश्यकता है, शिक्षा आदि से सम्बन्धित होते हैं। एक साप्ताहिक वर्गीकृत विज्ञापन भी होता है, जिसमें वर-वधू चाहिए जैसी आवश्यकताओं को दिया जाता है। कार-बाज़ार, औषधि-चिकित्सा आदि इसके अन्तर्गत ही कई उपवर्ग हैं।

2.2.3 व्यावसायिक विज्ञापन

व्यावसायिक विज्ञापनों का मूल उद्देश्य अपने उत्पाद की बिक्री बढ़ाना है। आज जनमाध्यमों का मुख्य आय–स्रोत व्यावसायिक विज्ञापन ही हैं। इन विज्ञापनों का मूल भाव उत्पाद की वृद्धि ही है। अतः इनके द्वारा तरह-तरह की योजनाओं से जैसे–छूट, लाभ, किस्त, उपहार आदि से ग्राहकों को आकर्षित किया जाता है। तरह-तरह के वादे किये जाते हैं। गारंटी/वारंटी दी जाती है। 'मनी बैक' जैसी बातें की जाती हैं।

व्यावसायिक विज्ञापनों को भी कई वर्गों में बाँटा जा सकता है। यथा–

2.2.3.1 सौन्दर्य सम्बन्धी विज्ञापन

इस में त्वचा, शरीर, केश सज्जा एवं इनके स्वस्थ-सुन्दर रखने आदि सम्बन्धी उत्पाद आते हैं। इसके निम्नलिखित चार उपवर्ग हैं–

1. महिलाओं सम्बन्धी सौन्दर्य विज्ञापन।
2. पुरुषों सम्बन्धी सौन्दर्य विज्ञापन।
3. बच्चों सम्बन्धी सौन्दर्य विज्ञापन।
4. सौन्दर्य सम्बन्धी अन्य विज्ञापन।

उपर्युक्त विज्ञापन इसी श्रेणी का है।

2.2.3.2 खाद्य सामग्री सम्बन्धी विज्ञापन

इस वर्ग में पेय, खाद्य तथा स्वास्थ्य सम्बन्धी उत्पादों के विज्ञापन लिए जा सकते हैं। तदनुसार इनके तीन उपवर्ग हैं–

1. खाद्य सामग्री।
2. पेय पदार्थ।
3. स्वास्थ्य सम्बन्धी।

2.2.3.3 वाहन सम्बन्धी विज्ञापन

आज के संचार माध्यमों में अनेक वाहनों के विज्ञापन प्रकाशित एवं प्रसारित होते हैं। इनके भी दो उपवर्ग हैं–नये और पुराने वाहनों के विज्ञापन। यही क्यों वाहनों के प्रकार के आधार पर भी ये दो वर्गों में रखे जा सकते हैं–1. दो पहिया वाहन। 2. चार पहिया वाहन।

2.2.3.4 *विद्युत एवं इलेक्ट्रॉनिक उपकरण सम्बन्धी*

ये इलेक्ट्रॉनिक वस्तुओं के विज्ञापन हैं। जैसे टेलीविज़न, फ्रिज, वाशिंग मशीन, मोबाइल फोन, घड़ी आदि के विज्ञापन।

2.2.3.5 *वस्त्र सम्बन्धी*

सूची, ऊनी, रेशमी वस्त्रों गार्मेंट्स के विज्ञापन इसी उपवर्ग में आते हैं।

2.2.3.6 *घरेलू सामान सम्बन्धी*

घरेलू सामानों में फर्नीचर, बर्तन आदि सम्बन्धी विज्ञापन होते हैं। इनको भी तीन भागों में बाँटा जा सकता है–

1. फर्नीचर सम्बन्धी विज्ञापन।
2. बर्तन सम्बन्धी विज्ञापन।
3. डिटरजेंट, साबुन एवं केक सम्बन्धी विज्ञापन।

इन व्यावसायिक विज्ञापनों का क्षेत्र इतना विस्तृत है कि उसे समझने के लिए इसके तमाम प्रभेदों के साथ इसका विस्तृत अध्ययन करना होगा। तमाम तरह के उत्पाद बाज़ार में हैं। उन सबको वर्गीकृत करना बहुत कठिन है। दैनिक जीवन की तमाम तरह की चीजें आज ऐसे ही विज्ञापनों के माध्यम से विज्ञापित की जा रही हैं। बड़े-बड़े डिपार्टमेंटल स्टोर्स खुल गये हैं। मॉल खुल गये हैं। इनमें एक ही जगह पर सारी चीजें मिल जाती हैं। इनका विज्ञापन भी इसी तरह किया जाता है।

ऐसा ही एक विज्ञापन 'बिग बाज़ार' का देखें–

उपर्युक्त वर्गीकरण मुख्य रूप से मुद्रण माध्यम (समाचार-पत्र एवं पत्रिकाओं) को ध्यान में रखकर किया गया है। लेकिन इनमें से कई तरह के ऐसे भी विज्ञापन हैं, जो रेडियो तथा टेलीविज़न माध्यमों पर भी प्रसारित किये जाते हैं।

2.3 विज्ञापनों के क्षेत्र और वैज्ञानिक दृष्टि से वर्गीकरण

इस दृष्टि से विचार करें तो हम विज्ञापनों के वर्गीकरण के तीन आधार मान सकते हैं—

1. उत्पाद या सेवा के आधार पर।
2. विज्ञापनकर्ताओं के आधार पर।
3. अन्य।

यह वर्गीकरण *मधु अग्रवाल* ने इस प्रकार प्रस्तुत किया है—

विज्ञापन का क्षेत्र[1]

उत्पाद/सेवा के अनुसार	विज्ञापनकर्त्ताओं के अनुसार	अन्य वर्ग
(क) औद्योगिक विज्ञापन	(क) व्यक्तिगत विज्ञापन	(क) अनुनेय विज्ञापन
(ख) उपभोक्ता उत्पाद विज्ञापन	(ख) फुटकर विज्ञापन	(ख) ज्ञानप्रद विज्ञापन
(ग) वित्तीय विज्ञापन	(ग) थोक विज्ञापन	(ग) अनैतिक विज्ञापन
(घ) सामाजिक विज्ञापन	(घ) उत्पादक विज्ञापन	(घ) अप्राकृतिक विज्ञापन
	(च) *सहकारी विज्ञापन*	(च) *अशिष्ट विज्ञापन*
	(छ) *राजकीय विज्ञापन*	(छ) अविज्ञानपन

2.3.1 उत्पाद या सेवा के आधार पर विज्ञापन

यह अत्यन्त व्यापक है। इसे लगभग व्यावसायिक क्षेत्र के विज्ञापनों की भाँति विस्तृत रूप में बाँटा जा सकता है, जिनका विवरण हमने पीछे दिया है।

2.3.2 विज्ञापनकर्त्ताओं के अनुसार विज्ञापन

विज्ञापनकर्त्ताओं के अनुसार विज्ञापन निम्न प्रकार के हो सकते हैं—

क. व्यक्तिगत विज्ञापन

व्यक्तिगत विज्ञापन वह होता है जिसमें वस्तु या सेवा के बारे में कोई स्पष्ट सन्देश नहीं दिया जाता। इसमें विज्ञापनदाता की ओर से अपने किसी प्रिय को उसकी उपलब्धि के लिए बधाई या शुभकामनाएँ दी जाती हैं। जैसे—परीक्षा में सफल होने या प्रथम स्थान प्राप्त करने पर, चुनाव जीतने पर, मन्त्रीमण्डल में सम्मिलित किये जाने पर, पार्टी में कोई नयी जिम्मेदारी सौंपे जाने पर, विदेश भ्रमण पर, पुरस्कार पाने आदि अवसरों पर दिये जाने वाले सन्देश या शुभकामनाएँ। आजकल इन विज्ञापनों का काफी प्रचलन है। व्यक्ति आत्मसन्तुष्टि के लिए ऐसा करना चाहता है। अतः वह विज्ञापन के माध्यम से पूरी करता है। मूलतः इस प्रकार के विज्ञापनों का मुख्य उद्देश्य यही है।

1. *मधु अग्रवाल, भारतीय विज्ञापन में नैतिकता, नयी दिल्ली, प्रकाशन विभाग, भारत सरकार, 1995, पृ. 4*

ख. फुटकर विज्ञापन

फुटकर व्यवसाइयों द्वारा समय-समय पर अपने उत्पादों के विक्रय हेतु स्थानीय बाज़ार में जो विज्ञापन दिये जाते हैं, वे फुटकर विज्ञापन कहलाते हैं।

ग. थोक विज्ञापन

ये विज्ञापन फुटकर विज्ञापनों से इस बात में भिन्न हैं कि इस प्रकार के विज्ञापनों में थोक व्यापारियों के उत्पाद के बारे में ग्राहकों की जानकारी के लिए दिये जाते हैं। इन विज्ञापनों का क्षेत्र फुटकर विज्ञापनों के क्षेत्र की अपेक्षा अधिक विस्तृत होता है। ये अपेक्षाकृत कुछ अधिक आकर्षक एवं तर्कपूर्ण होते हैं।

घ. उत्पादक विज्ञापन

ऐसे विज्ञापन उत्पादकों द्वारा अपने उत्पाद को व्यापारिक जगत् में तथा जनसामान्य के बीच पहचान दिलाने एवं थोक तथा फुटकर व्यापारियों की सूचना एवं सहायतार्थ दिये जाते हैं। इन विज्ञापनों का क्षेत्र फुटकर एवं थोक विज्ञापनों की तुलना में सबसे अधिक विस्तृत होता है। उदाहरणार्थ–वाशिंग मशीन या टी.वी. निर्माता द्वारा अपनी वाशिंग मशीन अथवा टी.वी. सैट का विज्ञापन दिया जाता है। अपने उत्पाद की गुणवत्ता के साथ ही उसमें उसके थोक व्यापारियों एवं फुटकर व्यापारियों के नाम पते भी दिये जाते हैं।

च. सहकारी विज्ञापन

अनेक सहकारी संस्थाएँ अपने व्यावसायिक हितों को प्रतिष्ठापित करने हेतु विज्ञापन करती हैं। स्थानीय स्तर पर किये जाने वाले ये सहकारी विज्ञापन फुटकर विज्ञापनों की भांति क्षेत्रीय महत्त्व के होते हैं। दूसरे शब्दों में कहें तो सहकारी विज्ञापन वह विज्ञापन है जिसमें संयुक्त रूप से दो या दो से अधिक संस्थाएँ मिलकर एक विज्ञापन देती हैं। ये विज्ञापन व्यक्ति विशेष की छवि न बनाकर सहयोगी पक्षों की छवि का निर्माण करते हैं। इस तरह के विज्ञापनों का प्रभाव यह होता है कि इन विज्ञापनों को लोग विश्वसनीय मानकर उन्हें सम्मान की दृष्टि से देखते हैं।

छ. राजकीय विज्ञापन

ऐसे विज्ञापन मन्त्रालयों, राजकीय संस्थाओं, प्रकल्पों, निकायों आदि की ओर से दिये जाते हैं। समाजवादी आर्थिक प्रणाली वाली व्यवस्थाओं में लगभग सभी विज्ञापन राजकीय विज्ञापनों की श्रेणी में आते हैं। जबकि पूँजीवादी राष्ट्रों में राजकीय विज्ञापन कम होते हैं, क्योंकि वहाँ पर कुछ अत्यन्त महत्त्वपूर्ण संस्थानों को छोड़कर सामान्यतः व्यापार, व्यवसाय निजी क्षेत्र में होते हैं। इन देशों में अमेरिका, ब्रिटेन, जापान आदि अग्रणी हैं। भारत में मिश्रित अर्थव्यवस्था के कारण राजकीय विज्ञापनों का अंश भी बहुत अधिक है। राजकीय विज्ञापनों की भाषा अत्यन्त सुरुचिपूर्ण एवं राष्ट्रीय गौरव की परिचायक होती हैं। इनमें प्रायः राष्ट्रीय भावना, जनता के प्रति कर्त्तव्य एवं वचनबद्धता की अभिव्यक्ति, गति-प्रगति आदि का समावेश रहता है।

2.3.3 अन्य वर्ग के विज्ञापन

विज्ञापन के कुछ अन्य प्रकार निम्नलिखित हो सकते–

क. अनुनेय विज्ञापन

यह विज्ञापन सामान्य जीवन में विक्रय के नाम से पहचाने जाते हैं। ये सीधे-सीधे विज्ञापित वस्तु या सेवा की खरीद के लिए प्रेरित करते हैं। ये विज्ञापन वस्तुतः जैविक आवश्यकताओं जैसे—भोजन, कपड़ा, शिक्षा, स्वास्थ्य, सौन्दर्य, रोजगार आदि से सम्बन्धित वस्तुओं और सेवाओं से सम्बन्धित होते हैं। आज के परिप्रेक्ष्य में उपभोक्ता प्रधान वस्तुओं में प्रतिस्पर्धा अधिक है। अतः ऐसे विज्ञापनों की आवश्यकता अधिक बढ़ गयी है। इसलिए नित नये विज्ञापन इसी श्रेणी के आ रहे हैं। इनमें नये-नये प्रयोग हो रहे हैं और उपभोक्ताओं को लुभाया जा रहा है।

ख. ज्ञानप्रद विज्ञापन

स्थायी उपभोग की वस्तुएँ, जिन्हें मूल्य अधिक होने के कारण उपभोक्ता जीवन में बार-बार क्रय नहीं कर पाता, और जिनकी खरीदारी में सतर्कता आवश्यक होती है, उनके विज्ञापन 'ज्ञानप्रद' विज्ञापनों की श्रेणी में आते हैं। इन वस्तुओं को खरीद का निर्णय लेने में समय लगता है। सभी प्रकार के संशयों का निराकरण करना और आश्वासन देना इन विज्ञापनों के मूल में सक्रिय रहता है। क्योंकि आश्वासन पाकर ही उपभोक्ता धन का दांव पर लगाना पसन्द करता है। इस मनोवृत्ति को पहचानकर ही ऐसी वस्तुओं के निर्माता अपने विज्ञापन में वस्तु की गुणवत्ता एवं वस्तु को उपभोग करने के तरीकों आदि का प्रचार करते हैं। अतः ऐसे विज्ञापन 'ज्ञानपद्र विज्ञापन' कहलाते हैं।

ग. प्रतियोगितात्मक विज्ञापन

कई विज्ञापन ऐसे भी होते हैं जो विभिन्न तरह की प्रतियोगिताओं में सम्मिलित होने के लिए दिये जाते हैं। आकर्षक पुरस्कारों की घोषणा ऐसे विज्ञापनों का मूल कथ्य होता है। प्रतियोगिताओं में सम्मिलित होने के लिए नियम, प्रक्रिया, अन्तिम तिथि आदि का भी उल्लेख रहता है। उत्पादों के साथ विज्ञापनों में दी जाने वाली छूट, प्रश्नों के उत्तर, स्लोगन भरना तथा विभिन्न तरक की 'स्कीम' इसी तरह के विज्ञानों के अन्तर्गत आते हैं।

घ. अनैतिक विज्ञापन

जिन विज्ञापनों में अतिकल्पना या फैंटेसी, अश्लीलता, झूठ, कपट, धोखा, मिथ्यावर्णन या उक्त में से कोई भी तथ्य होता है, वे विज्ञापन अनैतिक कहलाते हैं। ऐसे विज्ञापन किसी भी उत्पाद या सेवा के बारे में हो सकते हैं। ऐसे विज्ञापनों को विज्ञापन की आचार संहिता का अक्रिमण करने वाला माना जाता है। आज सभी तरह के जनमाध्यमों में इस तरह के विज्ञापनों की अधिकता है। इन विज्ञापनों की खास पहचान है कि इन विज्ञापनों की भाषा द्विअर्थक, देहभाषा नाटकीय एवं सांकेतिक एवं अर्थपूर्ण और दृश्य चतुराई—भरे तथा मोहक होते हैं।

च. अप्राकृतिक विज्ञापन

अनैतिक विज्ञापनों की भाँति वस्तुओं और सेवाओं के बारे में दिये जाने वाले विज्ञापन में यदि अप्राकृतिकता हो तो वह अप्राकृतिक विज्ञापन कहलाता है। कई बार जो विशेषताएँ उत्पाद में दर्शायी जाती हैं, वे अविश्वसनीय होती हैं। वे किसी भी कीमत में पूरी नहीं हो पाती अर्थात् असम्भव घटनाओं को ऐसे विज्ञापनों में घटित होते हुए दर्शाया जाता है। जैसे जूतों की एक कम्पनी के विज्ञापन में बच्चों को जूते पहनकर दीवार पर उल्टे चलते हुए दिखाया गया है। यह रोचक और आकर्षक है।

ऐसे विज्ञापनों में फैंटेसी का प्रयोग किया जाता है। ये विज्ञापन अप्राकृतिक श्रेणी के विज्ञापन हैं।

छ. अशिष्ट विज्ञापन

कई विज्ञापन अशिष्टता की श्रेणी में आते हैं। अनैतिक और अप्राकृतिक विज्ञापनों से भिन्न इस तरह के विज्ञापनों के अन्तर्गत जो सन्देश दिया जाता है वह न तो अप्राकृतिक होता है एवं न ही अनैतिक; किन्तु उनमें निहित सन्देश देखने में अशिष्ट तथा सुनने में अभद्र लगता है। जैसे परिवार नियोजन के विज्ञापन। या एक खास अण्डरवीयर का विज्ञापनों में उस अण्डरवीयर को पहने पुरुष को देखकर युवती कामुक देह भाषा में संकेत करती दिखायी गयी है।

ज. अविज्ञापन

यद्यपि कुछ विद्वान् अविज्ञापन को विज्ञापन की श्रेणी में नहीं स्वीकार करते, तथापि यह भी विज्ञापन का एक प्रकार हो सकता है। अविज्ञापन उस प्रकार के विज्ञापन को कह सकते हैं जिसमें विज्ञापदाता अपने ग्राहकों को विज्ञापन द्वारा यह सन्देश देता है कि वह अपनी वस्तु अथवा सेवा की सामान्य पूर्ति में असमर्थ है तथा ग्राहकों से यह निवेदन करता हैं कि वे कुछ समय के लिए उस वस्तु या सेवा का क्रय न करें या उपलब्ध न होने पर संयम से काम लेकर सहयोग प्रदान करें।

व्यापार में कई बार ऐसी स्थिति उत्पन्न हो जाती है, जबकि कोई प्रसिद्ध एवं प्रचलित एवं प्रचलित उत्पाद या सेवा के उत्पादक किन्हीं विशिष्ट कारणों से कुछ समय के लिए उसकी पूर्ति नहीं कर पाते ऐसे समय में अविज्ञापन द्वारा अपील की जाती है कि :

1. कुछ समय के लिए उत्पाद या सेवा को क्रय न करने का अनुरोध; अथवा–
2. वस्तु या सेवा के उपलब्ध न होने की दशा में संयम एवं सहयोग के लिए आग्रह।[2]

अविज्ञापन का एक उदाहरण देखें–

2. मधु अग्रवाल *भारतीय विज्ञापन में नैतिकता*, नयी दिल्ली, प्रकाशन विभाग, भारत सरकार, 1995, पृ. 9

उपर्युक्त वर्गीकरण हमारे विचार से त्रुटिपूर्ण है। इसमें स्पष्ट विभाजन नहीं है। कई वर्ग तो यों ही बना दिये गये हैं। उनके पीछे कोई ठोस आधार अथवा तर्क नहीं दिखायी देता।

फिर भी अपने अध्ययन के लिए कई विद्वानों ने इस वर्गीकरण को स्वीकार किया है तथा इस पर विस्तृत चर्चा भी की है।

2.4 अन्य वर्गीकरण

ऋतु गोठी के अनुसार, विज्ञापनों का एक वर्गीकरण इस रूप में भी किया जा सकता है–

1. माध्यम के आधार पर
   रेडियो, टेलीविज़न, समाचार-पत्र, पत्रिकाएँ, पोस्टर, हेंडबिल इत्यादि।
2. भौगोलिक स्थिति के आधार पर
   अन्तर्राष्ट्रीय, राष्ट्रीय, श्रेत्रीय, स्थानीय।
3. पाठक एवं श्रोता के आधार पर
   सामान्य उपभोक्ता विज्ञापन, औद्योगिक विज्ञापन, कृषि विज्ञापन, राजनीतिक विज्ञापन, वित्तिय विज्ञापन।
4. माँग के आधार पर
   प्राथमिक माँग बढ़ाने वाले, चुनिन्दा माँग बढ़ाने वाले, प्रत्यक्ष, अप्रत्यक्ष, व्यक्तिगत, सहकारी, सजावटी, वर्गीकृत।
5. उद्देश्य के आधार पर

वस्तुओं एवं सेवाओं के विज्ञापन, अनुनेय विज्ञापन, लोक कल्याण के विज्ञापन, ज्ञानप्रद विज्ञापन।[3]

यह वर्गीकरण भी वैज्ञानिक नहीं कहा जा सकता। कारण कि इस वर्गीकरण में स्पष्ट विभाजन नहीं है। हमें लगता है कि इस वर्गीकरण में निर्दिष्ट एक वर्ग में अन्य वर्ग के विज्ञापन भी आ जाते हैं। इसी तरह दूसरे वर्ग में अन्य वर्गों के विज्ञापनों का भी समावेश हो जाता है।

अतः हमें किसी और वर्गीकरण का सहयोग लेना पड़ेगा।

इस विचार से एक मिश्रित वर्गीकरण और किया जा सकता है। इस वर्गीकरण में सारी दृष्टियों को समेटा जा सकता है।

आगे हम इसी मिश्रित वर्गीकरण पर दृष्टिपात् करेंगे।

2.5 मिश्रित वर्गीकरण

कुछ मीडिया विशेषज्ञों के मतानुसार विज्ञापनों के प्रमुख प्रकार इस तरह से भी निर्धारित किये जा सकते हैं–

1. सम्मानक विज्ञापन
2. संस्थागत विज्ञापन
3. तुलनात्मक विज्ञापन
4. छवि निर्माण विज्ञापन।[4]

सम्मानक विज्ञान ऐसे विज्ञापन हैं, जिनमें प्रायः किसी चुनावी दल का घोषणापत्र, नीतियों,

---

3. द्रष्टव्य–ऋतु गोठी, *पत्रकारिता ज्ञानकोश*, नयी दिल्ली, लक्ष्य पब्लिकेशन्स, संस्करण 2004, मडिया लेखन भाग, पृ. 61
4. सन्तोष गोयल, *जन सम्पर्क और विज्ञापन*, नयी दिल्ली, नटराज प्रकाशन, संस्करण 2003, पृ. 116

सभाओं, आयोजनों आदि का विवरण रहता है तथा इनका मूल उद्देश्य चुनाव-प्रचार है। ऐसे विज्ञापन लोकतन्त्र की देन हैं, जहाँ जनमत निर्माण—हेतु और मतदाताओं को अपने पक्ष में करने हेतु विभिन्न तरह के उपाय किये जाते हैं। विभिन्न तरह के चुनावों के घोषणापत्र, सभाओं, रैलियों, यात्राओं आदि के प्रचार—हेतु तैयार किये गये विज्ञापन सम्मानक विज्ञापन की श्रेणी में आते हैं।

संस्थागत विज्ञापन वे विज्ञापन हैं जो किसी संस्थान अथवा संगठन द्वारा अपनी छवि, प्रतिष्ठा एवं विकास के लिए दिये जाते हैं। ऐसे विज्ञापन निगमित, संगठित अथवा 'कारपोरेट विज्ञापन' भी कहे जा सकते हैं। इनका मूल उद्देश्य अपनी उपलब्धियों को गिनाकर जनता में अपना विश्वास पैदा करना होता है। इनको दो श्रेणियों में रखा जा सकता है—(1) व्यावसायिक संस्थाओं के विज्ञापन, (2) गैर व्यावसायिक संस्थाओं (अथवा अव्यावसायिक संस्थाओं) के विज्ञापन।

व्यावसायिक संस्थाओं के विज्ञापन विशुद्ध आर्थिक लाभ के उद्देश्य से दिये जाते हैं। इसलिए वे सजावटी, बहुत अधिक चमक-दमक वाले, आकर्षक, अपने उत्पादों के सम्बन्ध में बढ़ा-चढ़ाकर दावे प्रस्तुत करने वाले तथा बाज़ार में उपलब्ध अपनी तरह के अन्य संस्थानों द्वारा तैयार किये गये उत्पादनों से बेहतर बताने वाले अर्थात् तुलनात्मक प्रकृति के हुआ करते हैं।

गैर व्यावसायिक संस्थानों के विज्ञापन प्रायः सरकारी, अर्द्धसरकारी अथवा सरकार—द्वारा वित्तपोषित संस्थाओं—द्वारा दिये जाते हैं। अनेक तरह के सामाजिक, शैक्षणिक एवं धार्मिक संगठन भी इसी श्रेणी के विज्ञापन देते हैं। ऐसे विज्ञापन जल-कल्याण एवं राष्ट्रहित में जारी किये जाते हैं। कुछ संस्थाएँ राष्ट्रहित के साथ-साथ आर्थिक लाभ के लिए भी ऐसे विज्ञापन दिया करती हैं। उदाहरण के लिए बीमा कम्पनियाँ या तेल कम्पनियाँ इसी श्रेणी के विज्ञापन देती हैं। दूसरी ओर विभिन्न सरकारी, अर्द्ध सरकारी विभाग तथा निगम, नगर निगम, नगरपालिका, ग्राम पंचायत, समाज सुधार सम्बन्धी संस्थान, धार्मिक संगठन आदि जनकल्याण सम्बन्धी विज्ञापनों द्वारा जनता के लिए किये जाने वाले कल्याण कार्यों की सूचना देते हैं, अपनी उपलब्धियाँ प्रस्तुत करते हैं, ताकि आवश्यकतानुसार लक्षित समूह को प्रभावित कर लाभ उठा सकें।

इसी श्रेणी में ऐसे विज्ञापन भी आते हैं, जो जनकल्याण की भावना से प्रेरित होकर सामाजिक बुराईयों को मिटाने का आह्वान करते हैं। चेतावनी देते हैं। जनता को उसकी त्रुटियों, लापरवाहियों आदि का ज्ञान कराते हैं। यथा—मद्य निषेध, तम्बाकू के सेवन से बचने की चेतावनी, कैंसर से सावधान, ट्रैफिक के नियमों का पालन, तरह-तरह की जानलेवा बीमारियों से बचने के उपाय आदि। इसी तरह कई विज्ञापन जनहित के अभियानों से जुड़ने के लिए प्रेरित करते हैं। जैसे—सर्वशिक्षा अभियान, परिवार नियोजन कार्यक्रम, पोलियो उन्मूलन कार्यक्रम आदि। पर्यावरण सुरक्षा, साम्प्रदायिक सौहार्द, ऊर्जा एवं जल का बचाव इत्यादि सम्बन्धी विज्ञापन भी इस श्रेणी के हैं।

ऐसे विज्ञापन प्रायः सरकारी एवं अर्द्धसरकारी अथवा सामाजिक-धार्मिक संगठनों आदि की ओर से प्रायः उनके जनसम्पर्क विभाग द्वारा जनहित में जारी किये जाते हैं। इनमें आर्थिक लाभ की

आकांक्षा न होकर, जनहित एवं राष्ट्रहित की भावना निहित होती है। इसलिए सुनियोजित सामाजिक परिवर्तन एवं राष्ट्रीय विकास के लिए ऐसे विज्ञापन अत्यन्त महत्त्वपूर्ण हैं।

इस तरह ये विज्ञापन सर्वप्रथम सामाजिक समस्या को उद्घाटित करते हैं, जनता को उस समस्या के प्रति जागरूक करते हैं, सुधार एवं कल्याण के कार्यक्रमों में जनता की भागीदार के लिए आमंत्रित करते हैं तथा उस क्षेत्र विशेष में भावी अनुसन्धान के लिए धन एकत्र करते हैं।

तुलनात्मक विज्ञापन विशेष रूप से विभिन्न तरह के उत्पादों में प्रतिस्पर्द्धा की भावना के द्योतक हैं। वे किसी एक उत्पादक द्वारा अपने उत्पाद को दूसरे उत्पादक के उत्पाद से बेहतर दर्शाने के लिए तुलनात्मक रूप से तथ्य प्रस्तुत करते हुए तैयार किये जाते हैं। उनमें तर्क, वैज्ञानिक दृष्टिकोण, आर्थिक हानि-लाभ का संकेत आदि सभी कुछ इस रूप में प्रयुक्त किया जाता है कि उपभोक्ता को विश्वास में लेकर अपनी ओर मोड़ा जा सके। आज बाज़ार में ऐसे विज्ञापनों की भरमार है। हम ध्यान दें कि वाहन एवं इलेक्ट्रॉनिक उत्पादों में तो इस तरह के विज्ञापनों के बिना काम ही नहीं चल पा रहा।

छवि निर्माण विज्ञापन वे विज्ञापन हैं जो—(1) जन सामान्य को किसी संस्था, प्रतिष्ठान अथवा कम्पनी की नीति, कार्य-प्रणाली, स्तर तथा उससे मिलने वाली सुविधाओं को सूचित करता है। (2) वह सरकार, व्यक्ति, प्रतिष्ठान अथवा संस्थान के प्रबन्धन की नीतियों के प्रति उपभोक्ता का सकारात्मक दृष्टिकोण निर्मित करता है। (3) वह संस्था, प्रतिष्ठान, सरकार अथवा व्यक्ति के लिए प्रचलित किसी भी प्रकार के अप्रिय एवं नकारात्मक प्रचार का खण्डन करता है और इस तरह उस नकारात्मक छवि को बदलकर एक स्वच्छ छवि का निर्माण करता है।

छवि निर्माण करने वाले विज्ञापनों द्वारा किसी भी संस्थान, प्रतिष्ठान, सरकार अथवा व्यक्ति की छवि जन सामान्य में सकारात्मक बनती है। उसे विश्वसनीयता प्राप्त होती है। उसकी साख बनती है। ऐसे विज्ञापन प्रायः तब दिये जाते हैं, जब उस प्रतिष्ठान, संस्थान अथवा व्यक्ति को कम लोग

जानते हों। जन सामान्य के बीच उनकी छवि या तो न के बराबर हो अथवा नकारात्मक बनती जा रही हो। कई बार नयी योजनाओं के आराम किये जाते समय, प्रतिष्ठान, संस्था, विभाग अथवा व्यक्ति के स्थान परिवर्तन, नाम परिवर्तन आदि की स्थितियों में भी इस तरह के विज्ञापन दिये जाते हैं। चुनाव अभियान जैसी स्थितियों में भी इस श्रेणी के विज्ञापन दिये जा सकते हैं। व्यापार जगत् में शेयर आदि के निर्गत किये जाने पर भी छवि निर्माण करने वाले विज्ञापन दिये जाते हैं।

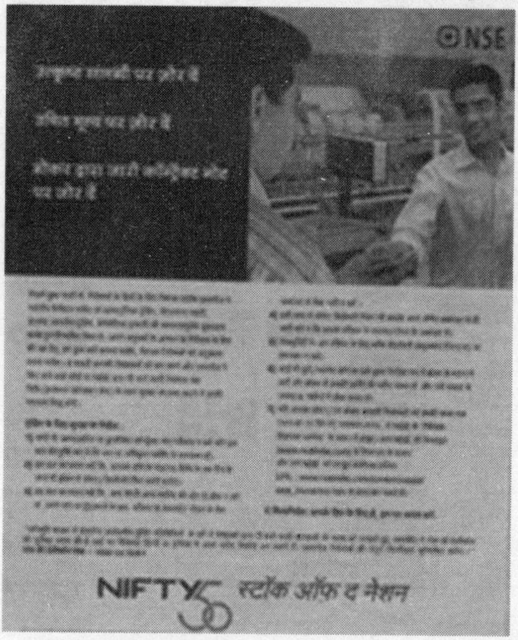

'निफ्टी' का यह विज्ञापन इस श्रेणी का है।

यह वर्गीकरण बहुत सीमा तक उचित है। किन्तु इसमें विविधता नहीं है। साथ ही तुलनात्मक विज्ञापन किसी भी श्रेणी का हो सकता है। यह तो विज्ञापन की शैली अथवा संरचना का हिस्सा है। इसी तरह 'छवि निर्माण' विज्ञापन का वर्ग तर्क संगत नहीं है। क्योंकि छवि निर्माण तो प्रायः सभी विज्ञापन करते हैं।

अतः हमारे विचार से आरम्भ में किया गया वर्गीकरण ही अधिक ग्राह्य है।

अध्याय-3

विज्ञापन के माध्यम

3.1 पृष्ठभूमि

यों तो विज्ञापन स्वयं में एक माध्यम है। लेकिन जैसा कि *नाइट्रोजन* ने कहा है—"विज्ञापन माध्यम वह वाहक या साधन है, जिसके द्वारा कोई विज्ञापन अथवा विज्ञापित सन्देश उस व्यक्ति या समुदाय तक पहुँचाया जाता है, जिसे वह प्रभावित करना चाहता है।" (Advertising media is a vehicle, carrier or means through which an advertisement or advertising message is coneyed to the individuals or groups which he hoped to influence). लेकिन वास्तविकता यह है कि विज्ञापन तो उसमें निहित सन्देश का माध्यम है। उसको एक सामग्री कह सकते हैं। इसके विपरीत इस सन्देश सामग्री को संचारित करने, फैलाने, लोगों तक पहुँचाने के साधन दूसरे हैं। ये साधन ही 'माध्यम' कहलाते हैं। ये माध्यम भौतिक हैं।

बीसवीं और इक्कीसवीं सदी विज्ञापन युग की पर्याय हो चली हैं। इस युग में विज्ञापन अधिकांशतः पत्र-पत्रिकाओं, रेडियो, दूर-दर्शन (टेलीविज़न) के लिए तैयार होते है। पत्र-पत्रिकाओं में तो विज्ञापन बहुत पहले ही स्वीकार कर लिए गये थे। सिनेमा तो 1980 के बाद का विज्ञापन माध्यम माना गया है। फिर आया रेडियो माध्यम। इसके बहुत बाद में अवतरित हुआ टेलीविज़न। सम्प्रति इंटरनेट और मोबाइल फोन जैसे अत्याधुनिक संचार-माध्यम भी विज्ञापन के लिए अपनाए जा रहे हैं। यह विज्ञापन माध्यम के क्षेत्र में नयी क्रान्ति है।

3.2 विज्ञापन माध्यम : स्वरूप एवं वर्गीकरण

जैसा कि हमने पीछे इंगित किया है, विज्ञापन माध्यमों से तात्पर्य उन साधनों से हैं, जिनकी सहायता से कोई वस्तु अथवा सेवा का उत्पादक, वस्तु अथवा सेवा के संभावित उपभोक्ताओं तक सम्पर्क सूत्र का निर्माण करता है। जिससे उसके द्वारा उत्पादित वस्तु अथवा सेवा का विक्रय हो और उसे इच्छित लाभ प्राप्त हो। इच्छित लाभ की प्रत्याशा में विज्ञापनदाता विभिन्न माध्यमों का चयन करता हैं इसमें वह विज्ञापन के क्षेत्रों का भी ध्यान रखता है। वह इस बात पर विशेष ध्यान देता है कि उसका 'लक्ष्य समूह' (target group) वास्तव में किस क्षेत्र में रहता है। उसके विज्ञापन की पहुँच अपने लक्ष्य समूह तक आसानी से किस माध्यम से प्रभावपूर्ण ढंग से हो सकती है।

भारत में विज्ञापन का क्षेत्र असीमित है। हर क्षेत्र की कुछ अपनी विशिष्टता होने के कारण

अलग-अलग क्षेत्रों में विज्ञापन भिन्न-भिन्न प्रकार से किया जाता है। विज्ञापन किन क्षेत्रों में किया जाय, मुख्यतः यह निम्नांकित संचार माध्यमों—द्वारा किया जाता है—

1. समाचार-पत्र एवं पत्रिकाएँ
2. रेडियो
3. टेलीविज़न
4. बोर्ड एवं पोस्टर
5. डाक द्वार
6. सिनेमा स्लाइड्स एवं वीडियो कैसेट्स
7. लाउडस्पीकर
8. अन्य।

फरवरी 2005 में एक अनूठा समाचार टेलीविज़न के एक चैनल पर आया था। इसमें एक छात्र ने अपने माथे को विज्ञापन के लिए देने की पेशकश की थी! इस तरह मानव शरीर भी विज्ञापन का एक माध्यम बन सकता है। इसी तरह कपड़ों पर लगाये जाने वाले *स्टिकर्स* भी विज्ञापन के माध्यम हैं।

अप्रैल-मई 2007 में उत्तर-प्रदेश के विधान सभा चुनाव सम्पन्न हुए है। इनमें एक राजनीतिक दल के कार्यकर्त्ताओं ने भैंस पर विज्ञापन कर ध्यान आकृष्ट किया!

विज्ञापन के प्रमुख माध्यमों को वर्गीकृत रूप में प्रायः इस प्रकार देखा जाता है—

1. प्रकाशन माध्यम :
   समाचारपत्र, पत्र-पत्रिकाएँ, गृह पत्रिका आदि।
2. परम्परागत माध्यम :
   लोकनृत्य, लोक गीत, प्रदर्शनियाँ, मेले आदि।
3. डाक विज्ञापन माध्यम,
   पम्फलेट्स, पोस्टकार्ड, अन्तर्देशीय पत्र आदि।
4. बाह्य विज्ञापन माध्यम,
5. दृश्य-श्रव्य माध्यम,
   फ़िल्म, रेडियो, टेलीविज़न।
6. अन्य माध्यम :
   पोस्टर, होर्डिंग्स, दीवार लेखन, नियोन साइन, कैलेण्डर तथा डायरी इत्यादि अथवा अन्य भेंट वस्तुएँ।
7. नवीनतम माध्यम :
   इंटरनेट, ई-मेल, मोबाइल फोन आदि।

इस तालिका से हम विज्ञापन-माध्यमों की रूपरेखा जान सकते हैं।

तालिका विज्ञापन के माध्यम

1. परम्परागत जन माध्यम – कठपुतली, लोक रंगमंच, लोकसंगीत, लोकगीत, धार्मिक पर्व, त्यौहार, सामाजिक उत्सव, मेले, प्रदर्शनी जैसी समृद्ध विरासत।
2. आधुनिक जनमाध्यम – प्रकाशक (*मुद्रण*) माध्यम
   (समाचारपत्र, पत्रिकाएँ, स्मारिका अथवा गृह पत्रिकाएँ, वार्षिक प्रतिवेदन आदि।)

श्रव्य माध्यम (रेडियो, ऑडियो कैसेट्स, सीडी, लाउडस्पीकर)
श्रव्य-दृश्य माध्यम
(फ़िल्म, टेलीविज़न, वीडियो कैसेट्स, वीसीडी)

3. अत्याधुनिक जन माध्यम—इंटरनेट (ई-मेल), मोबाइल फोन।
4. अन्य—बाह्य विज्ञापन माध्यम (पोस्टर, होर्डिंग्स, दीवार लेखन, नियोन स्पाइन, यातायात के साधनों अथवा वाहनों पर पोस्टर अथवा बोर्ड, स्टिकर्स आदि): डाक-विभापन माध्यम (पत्र, फोल्डर्स, लीफलेट्स, पुस्तिकाएँ आदि।) दैहिक माध्यम (गोदना, फैशन शो, देहयष्टि-प्रदर्शन); क्रय बिन्दु विज्ञापन (काउंटर सजावट, स्टाल, वातायन सजावट); यात्रा टिकट (रेल, बस, हवाई जहाज के टिकट आदि); उपहार माध्यम (कलैण्डर, डायरी तथा अन्य उपहार)।

इनके अतिरिक्त अन्य माध्यम भी हो सकते हैं, किन्तु मुख्य विज्ञापन माध्यम प्रायः यही हैं।

3.3 विज्ञापन माध्यम का चयन बनाम विज्ञापन अभियान

विज्ञापन के माध्यम का चयन कई बातों को ध्यान में रखकर किया जाता है। मुख्य ध्येय होता है अधिक से अधिक उपभोक्ताओं अथवा लक्ष्य समूह (target group) तक विज्ञापन सन्देश की प्रभावकारी ढंग से पहुँच।

इस सन्दर्भ में 'विज्ञापन अभियान' की अवधारणा महत्त्वपूर्ण है।

किसी वस्तु, विचार, सेवा को विज्ञापन के माध्यम से अधिकाधिक लोगों तक कैसे पहुँचाया जाये; और उनके मानस को अपने मत से कैसे प्रभावित किया जाये; यही विज्ञापन अभियान है। विज्ञापन अभियान के अन्तर्गत निम्नांकित की कार्य-योजना बनायी जाती है—

1. प्रतिष्ठान, सरकार, संस्थान या उद्योग की पूरी जानकारी दी जाती है।
2. जनमानस में बनी किसी भी तरह की पूर्व धारणा को बदलने का प्रयत्न और उसके स्थान पर नयी अभिवृत्ति का स्थापन किया जाता है।
3. बाज़ार का सम्पूर्ण आकलन-विश्लेषण किया जाता है। जिसमें—
   अ. सम्भावित उपभोक्ता की मानसिकता को समझा जाता है।
   ब. उसका आर्थिक एवं सामाजिक स्तर जाँचा जाता है।
   स. उचित विज्ञापन माध्यम/मीडिया का चुनाव किया जाता है।
4. मूल्यांकन।

इसके अन्तर्गत विज्ञापन को बाज़ार में उतारने के बाद उस पर उपभोक्ताओं की प्रतिक्रियाएँ ली जाती हैं। अन्य विज्ञापनों से तुलना एवं विक्रय-वृद्धि का आकलन किया जाता है। वस्तुतः यह उद्देश्य की प्राप्ति की ओर बढ़ने वाला पहला कदम है।

विज्ञापन अभियान रणनीति बनाने के समान है। इसलिए विज्ञापन एजेंसियाँ इस ओर विशेष ध्यान देती हैं।

आधुनिक युग में विज्ञापन के असंख्य माध्यम उपलब्ध हैं। व्यवसाय विशेष की प्रकृति, वस्तु के गुण, उपभोक्ताओं की माँग एवं विक्रय व्यवहार के आधार पर विक्रेता की ओर से विज्ञापन के

माध्यम का निर्धारण किया जाता है। विज्ञापन को जारी किय जाने से पहले विज्ञापन माध्यमों का चुनाव किया जाना आवश्यक होता है। प्रत्येक माध्यम का एक प्रभाव मण्डल होता है। हर एक माध्यम की पहुँच में आय वर्ग के उपभोक्ता नहीं होते। इसलिए विज्ञापन माध्यमों का चुनाव करते समय सावधानी और गहन जानकारी की आवश्यकता होती है। प्रायः सफल विज्ञापन के लिए उचित माध्यमों के चुनाव हेतु निम्नलिखित बातों का ध्यान रखना चाहिए—

1. उपभोक्ता वस्तु की प्रकृति। वह किस श्रेणी की वस्तु है। 2. उपभोक्ता की स्थिति। उस उत्पाद का उपभोक्ता किस क्षेत्र में होता है। 3. बाज़ार का क्षेत्र। 4. सन्देश का अनुपात। 5. उपभोक्ता का आर्थिक वर्ग। वह किस आय वर्ग से सम्बन्ध रखता है। 6. उत्पाद की कीमत। 7. प्रचलित एवं लोकप्रिय माध्यम। 8. माध्यम पर आने वाली लागत का स्वरूप। 9. रंग, चित्र, आकार, प्रतियों का निर्धारण। 10. प्रतिस्पर्धी उत्पादकों द्वारा प्रयुक्त विज्ञापन के साधन। 11. तत्कालीन फैशन, रीति-रिवाज एवं उपभोक्ता विपणन का ध्यान। 12. विज्ञापन साधन की आयु।

भारत के परिप्रेक्ष्य में विज्ञापन माध्यम का चयन करना अत्यन्त कठिन है क्योंकि भारत की लगभग 60 प्रतिशत जनता गाँवों में निवास करती है और अधिकांश निरक्षर अथवा अल्पशिक्षित या अशिक्षित है।

अतः उपभोक्ता-प्रधान वस्तुओं के निर्माताओं द्वारा इनको ध्यान में रखते हुए विज्ञापन माध्यम का चयन करना पड़ता है। प्रायः देखा गया है कि ऐसे निर्माता रेडियो, टी.वी. के माध्यम से अपनी वस्तु का विज्ञापन अधिक देना पसन्द करते हैं।

ऐसा नहीं है कि रेडियो-टीवी माध्यमों का अन्य माध्यमों की उपयोगिता पर प्रभाव पड़ा है। अन्य माध्यमों की उपयोगिता को भी पूरा-पूरा न्याय मिलता है। *राजस्थान पत्रिका* में प्रतिदिन 40-45 विज्ञापन आते हैं। इसी तरह *'हिन्दुस्तान टाइम्स'* में 42-48 तक विज्ञापन प्रतिदिन प्रकाशित होते हैं। विभिन्न पत्रिकाओं में भी विज्ञापनों की संख्या में दिन-प्रतिदिन बढ़ोत्तरी होती जा रही है। *'इण्डिया टुडे'* में 45-56 तक विज्ञापन छपते हैं।

बाह्य विज्ञापन की शृंखला में पोस्टर, होर्लिंडग्स, इलेक्ट्रॉनिक डिस्प्ले आदि का प्रभाव भी महानगरों तक सीमित न रहकर शहरों, कस्बों और कुछ गाँवों तक पहुँच गया है। इनकी लोकप्रियता बढ़ती जा रही है।

इन सब माध्यमों का उपयोग करने से पूर्व उत्पादक उपभोक्ताओं के क्षेत्र, अभिलाषा एवं सोचने समझने की शक्ति को ध्यान में रखते हुए विज्ञापन करता है।

3.4 प्रमुख आधुनिक विज्ञापन माध्यम और उनका प्रभाव-क्षेत्र

1. टेलीविज़न

अधिकांश विज्ञापनकर्त्ताओं के लिए टेलीविज़न आदर्श विज्ञापन माध्यम है। इतिहास इस बात का साक्षी है कि विज्ञापन के माध्यमों में टेलीविज़न माध्यम का विकास दूसरे माध्यमों की तुलना में अत्यधिक तेज गति से हुआ। टेलीविज़न विज्ञापन का जो प्रमुख लाभ है, वह यह है अधिकतम जनसंख्या तक उसकी पहुँच। अर्थात् दर्शकों की अधिक संख्या के कारण तुलनात्मक रूप से आसानी से विज्ञापन-सन्देश लोगों तक पहुँचता है। इसमें सन्देश को दोहराना भी सम्भव है। फलस्वरूप

'सामान्य उपभोक्ता' उस उत्पाद के 'वास्तविक उपभोक्ता' बन जाते हैं।

इस विज्ञापन माध्यम का दूसरा सबसे महत्वपूर्ण लाभ यह है कि टेलीविज़न द्वारा विज्ञापन ऐसे समय दर्शकों तक पहुँचाया जाता है, जब वे घर पर आराम की स्थिति में होते हैं और उनका मस्तिष्क सामान्य बातें ग्रहण करने की स्थिति में होता है। एक अध्ययन के अनुसार मौखिक सम्प्रेषण का 10 प्रतिशत ही समझा जा सकता है एवं चित्रित सन्देश का 35 प्रतिशत तक समझा व याद रखा जा सकता है। जब आवाज और चित्र के साथ विज्ञापन दिया जाता है तो सम्प्रेषण का प्रभाव बढ़ जाता है और सन्देश का 65 प्रतिशत तक याद रह जाता है।

टेलीविज़न द्वारा दिये गये सन्देश में श्रव्य और दृश्य दोनों का सम्मिश्रण होता है जिससे वह लोगों की स्मरण शक्ति में अंकित हो जाता है और अधिक समय तक याद रहता है। दूसरी बात यह कि घर के सारे सदस्य एक ही समय में एक साथ बैठकर विज्ञापन देख सकते हैं और चाहें तो मिलकर उस विज्ञापित वस्तु को क्रय किये जाने का निर्णय ले सकते हैं। कई विज्ञापन अपने लोकप्रिय जिन्गल, मधुर संगीत, आकर्षक प्रस्तुति, दृश्य, कोमलता, भावनात्कता, प्रस्तुत करने वाले अभिनेता आदि जैसी विशेषताओं के कारण प्रभावित करते हैं। कई विज्ञापन बच्चों को अत्यन्त प्रिय लग सकते हैं। इसी तरह महिलाओं की अपनी पसन्द होती है। टेलीविज़न विज्ञापनों में इन सब बातों पर विशेष ध्यान रहता है। इसलिए प्रायः देखा गया है कि टेलीविज़न विज्ञापन घरेलू किस्म या घरेलू उपयोग की वस्तुओं से सम्बन्धित अधिक हुआ करते हैं। यहाँ तक कि इन्कम टैक्स, सेल्स टैक्स जमा काने वाले सरकारी विज्ञापन भी 'परिवार की सुरक्षा और सुख-शान्ति' पर बल देते हैं।

आजकल तो केबल टेलीविज़न का जाल बिछा हुआ है। साथ ही वीडियो का भी प्रचलन हो गया है। गरीब से गरीब तबका वीडियो किराये पर लाकर फ़िल्म देखता है। इन वीडियो कैसेट की 3 घण्टे की फ़िल्म में लगभग 30 मिनट के विज्ञापन रहते हैं। केबल टेलीविज़न के माध्यम से औसतन 100 चैनल दिखाए जा रहे हैं। बड़े शहरों ही नहीं, बल्कि छोटे शहरों, कस्बों और यहाँ तक कि गाँवों में भी केबल नेटवर्क पहुँचा चुका है। अब सैटबॉक्स की लोकप्रियता भी बढ़ रही है, जो और भी सुविधाजनक है। कम पैसों में, घर बैठे 'मन चाहे चैनल तथा मन चाहे कार्यक्रम' की अवधारणा प्रसार पा चुकी है। किन्तु उपभोक्ता ने भी इस विज्ञापन रूपी मायवी जाल से मुक्ति पाने के लिए विज्ञापनों को आगे करना शुरू कर दिया है, लेकिन हम विज्ञापनदाताओं की नजर से कहाँ बच सकते हैं। उन्होंने भी नया तरीका ढूँढ निकाला। अब फ़िल्म के साथ-साथ ही टीवी स्क्रीन पर नीचे की तरफ विज्ञापन चलते रहते हैं। आप चाहकर भी इसे आगे नहीं कर सकते। कई तरह की पट्टियाँ चलती रहती हैं। इन पट्टियों पर समाचार तो चलते ही हैं, साथ में विज्ञापन भी जोड़ दिये जाते हैं। देश में वीडियो सेट्स की संख्या में भी आश्चर्यजनक रूप से वृद्धि हुई है, जिसको हम निम्नांकित तालिका द्वारा दर्शा सकते हैं–

तालिका

वीडियो सेट्स	संख्या (लाखों में)
पश्चिम	5.5
उत्तर	5.5
पूर्व	3.0
दक्षिण	4.0

टेलीविज़न में स्थान के बजाय समय पर आधारित विज्ञापन दिये जाते हैं। ये कुछ सेकेण्ड से लेकर कुछ घण्टों के हो सकते हैं। हाँ, इतना अवश्य है कि टेलीविज़न के माध्यम से दिखाए जाने वाले विज्ञापन महँगे पड़ते हैं। लगभग 2-3 सैकिण्ड के एक साधारण विज्ञापन के निर्माण में ही औसतन 2-3 लाख रुपये का व्यय आता है। अच्छे विज्ञापन में तो यह व्यय एक-दो करोड़ रुपये तक का हो सकता है। फिर इनके टेलीकास्ट का शुल्क भी लगभग 20 लाख रुपये प्रति आवृत्ति है। यह शुल्क टेलीविज़न चैनल, समय तथा कार्यक्रम की लोकप्रियता जैसी बातों पर निर्भर करता है।

समग्रतः इस विज्ञापन-माध्यम के निम्नांकित लाभ हैं—

1. टेलीविज़न मनोरंजन का प्रमुख साधन होने के कारण अधिकतर लोगों द्वारा देखा जाता है। इस तरह से सन्देश की पहुँच काफी अधिक होती है।
2. टेलीविज़न पर किया गया विज्ञापन शब्द, ध्वनि, संगीत एवं गत्यात्मक दृश्यों, बिम्बों के संयोजन के कारण अत्यन्त प्रभावशाली होता है।

वैसे तो टेलीविज़न द्वारा दिखाए जाने वाले विज्ञापनों की विशेष हानियाँ नहीं हैं, फिर भी इसके विरुद्ध निम्नांकित अवधारणाएँ हैं—

1. टेलीविज़न पर जो विज्ञापन दिया जाता है उसके लिए उत्पादक को बहुत भारी भुगतान करना पड़ता है। फलस्वरूप विज्ञापन की लागत बढ़ जाती है। इससे उत्पाद के मूल्य में भी वृद्धि करनी पड़ती है।
2. भारत में टेलीविज़न का क्षेत्र यद्यपि व्यापक होता जा रहा है, फिर भी दूर-दराज के गाँवों और क्षेत्रों में अभी भी टेलीविज़न नहीं पहुँचा है। इसका विस्तार अभी शहरों में अधिक हो रहा है। फलस्वरूप विज्ञापन का क्षेत्र अभी शहरों या कस्बों तक सीमित है।
3. बच्चों द्वारा टेलीविज़न पर विज्ञापन उन्हें वस्तु खरीदने के लिए प्रेरित करते हैं, क्योंकि बच्चों में स्वाभाविक प्रवृत्ति नकल की होती है। फलस्वरूप माता-पिता को अतिरिक्त आर्थिक बोझ का सामना करना पड़ता है।
4. टेलीविज़न पर कई अनैतिक अथवा अशिष्ट विज्ञापन प्रसारित होते हैं, जिसे परिवार के सभी सदस्य एक साथ मिलकर देखने में शर्मिन्दगी महसूस करते हैं।
5. कई विज्ञापन अपनी अविश्वसनीय प्रस्तुति के कारण उपभोक्ताओं को भ्रमित करते हैं।

इन अवधारणाओं के होते हुए भी वर्तमान में टेलीविज़न एक सशक्त माध्यम के रूप में उभरा हैं टेलीविज़न पर व्यावसायिक प्रदर्शनों का आरम्भ जनवरी 1976 में किया गया। तब से निरन्तर विज्ञापन द्वारा इस नये एवं सशक्त माध्यम के प्रति काफी उत्साह देखा गया है। एक अनुमान के अनुसार दूरदर्शन को विज्ञापन के माध्यम से पाँच साल के अन्दर दस गुना आय प्राप्त हुई। शुरू में सिर्फ़ आवाज के साथ स्लाइड्स दिखाने की अनुमति थी, किन्तु बाद में सिनेमा के रूप में स्लाइड्स दिखाने की अनुमति दे दी गयी।

सरकारी सूचनानुसार दूरदर्शन पर कुल 8 प्रतिशत समय विज्ञापन पर खर्च किया जाता है। दूरदर्शन द्वारा विज्ञापकों को सबसे बड़ा फायदा यह हुआ कि वे सामूहिक रूप से गति, चित्र एवं ध्वनि इन तीनों के सामंजस्य से विज्ञापन सन्देश जनता को सम्प्रेषित करने लगे। सिनेमा से भी अत्यधिक विस्तृत क्षेत्र दूर-दर्शन (टेलीविज़न) का है।

एम.आर. सर्वेक्षण के अनुसार यदि 100 पिक्चर 52 सप्ताह तक चलें तो संभव है कि 12 से 16 पिक्चर ही लोगों द्वारा देखी जायेंगी, जबकि दूरदर्शन को जितना चाहें फैलाया जा सकता है।

आज स्थिति यह है कि दूरदर्शन ने प्रत्येक घर में रेडियो का स्थान ले लिया है। टीवी धारावाहिकों में भी अत्यधिक बढ़ोत्तरी हुई है। किसी धारावाहिक (सीरियल) का कोई एक भाग प्रायोजित करने पर लगभग 1 लाख से 2 लाख रुपये तक टीवी केन्द्र को विज्ञापनदाता द्वारा शुल्क के रूप में देने पड़ते हैं। इसके अतिरिक्त 90 सेकेण्ड का विज्ञापन देने पर 70 हजार अब दूरदर्शन को देने पड़ते हैं। (यह औसत आँकड़ा है।)

टेलीविज़न विज्ञापन की भरमार को देखते हुए यह सवाल तेज़ी से उठ रहा है कि क्या मुद्रण माध्यम को दूरदर्शन से ख़तरा पैदा हो सकता है। ऊपरी तौर पर तो ऐसा लगता है लेकिन दोनों माध्यमों की अपनी अलग-अलग छाप और प्रासंगिकता है। रंगीन टेलीविज़न के बाद यह कहना कठिन है कि विज्ञापनों के माध्यमों के क्षेत्र में अब सर्वाधिक प्रभावी माध्यम कौन-सा आविष्कृत होगा? किन्तु जो भी होगा महत्वपूर्ण होगा। इधर इस दिशा में कुछ परिणाम सामने आने लगे हैं। कम्प्यूटर और मोबाइल फोन टेलीविजन में रूपान्तरित होते जा रहे हैं।

टेलीविज़न माध्यम से प्रसारित होने वाले विज्ञापन प्रायः चार प्रकार के होते हैं—

1. समय विज्ञापन

इस तरह के विज्ञापन को टेलीकास्ट करते समय वस्तु के गुण, मूल्य तथा अन्य आवश्यक जानकारी दी जाती है। ये प्रायः 2-3 सैकिण्ड के हुआ करते हैं।

2. प्रायोजित विज्ञापन

इस प्रकार के विज्ञापन में प्रायोजित कार्यक्रम से पूर्व, मध्य तथा अन्त में प्रायोजित व्यक्ति अथवा संस्था का विज्ञापन दिया जाता है। जैसे—प्रायः देखा सुना जाता है कि *"इस कार्यक्रम के प्रयोजक हैं..."* अथवा *"इस कार्यक्रम के प्रायोजक थे..."*।

3. सौजन्य विज्ञापन

इस प्रकार के विज्ञापन के लिए प्रायोजित विज्ञापनकर्त्ता विज्ञापन के लिए खेल, फ़िल्म, धारावाहिक, नाटक आदि की कुछ अवधि खरीद लेता है, उस क्रयीत अवधि में वह अपना विज्ञापन कर टेलीकास्ट सकता है।

4. कार्टून व्यावसायिक विज्ञापन

इस प्रकार के विज्ञापन में कार्टून्स के रूप में विज्ञापन की व्यवस्था होती है। देखा गया है कि कई तरह के सरकारी विज्ञापन, चेतावनी या सावधानी बरतने वाले विज्ञापन अथवा बच्चों की दिनचर्या से जुड़े हुए विज्ञापन इसी तरह के होते हैं।

टेलीविज़न माध्यम से प्रसारित विज्ञापनों की कुछ मूलभूत विशेषताएँ हैं—

अ. किसी अभिनेता या लोकप्रिय व्यक्ति द्वारा विज्ञापित वस्तु के बारे में उद्घोषणा अथवा प्रस्तुति। कई बार इसमें साधारण व्यक्ति या गृहणी आदि भी अभिनय कर उद्घोषणा कर सकते हैं।

ब. उत्पाद के बारे में उसके उपयोग एवं विशेषताओं को उजागर करने वाली स्थितियों का नाट्य रूपान्तरण।

स. प्रभान्विति के लिए विषय वस्तु, तर्क, रंगों और संगीत का उचित समायोजन।

द. टेलीकास्ट के लिए सही समय का चुनाव।

2. रेडियो

आज के युग में रेडियो विज्ञापन का अत्यन्त महत्त्व है। यद्यपि रेडियो केन्द्रीय सरकार के अधीन है, फिर भी ये जनता के लिए विज्ञापन साधन के रूप में कार्य करते हैं। एफ. एम. रेडियो ने निजी रेडियो चैनल की अवधारणा को साकार कर 'सरकारीपन' वाले 'संस्कार' को कम कर दिया है। मनोरंजन के जो कार्यक्रम प्रस्तुत किये जाते हैं उनके बीच में वस्तुओं और सेवाओं का विज्ञापन दिया जाता है। भारत में रेडियो विज्ञापन 1 नवम्बर 1967 से प्रारम्भ किया गया, उस समय *'विविध भारती'* कार्यक्रम के अन्तर्गत बीच-बीच में विज्ञापन दिये जाते थे। इस समय देश में रेडियो घर-घर पहुँच गया है, जबकि 1947 में केवल 2.76 लाख रेडियो सेट थे। आज यह संख्या 70 लाख से अधिक है।

विश्व में पहली बार यह सम्भव हो सका है कि रेडियो द्वारा विज्ञापित वस्तुओं को अशिक्षित व्यक्तियों तक पहुँचाया जा सके। अतः विज्ञापनों का प्रसारण भारत में एक दौर में रेडियो द्वारा अत्यधिक किया जाता रहा है। 1970 के मध्य से इस क्षेत्र में तीव्र गति आयी, जबसे विविध भारती रेडियो प्रसारण केन्द्रों ने विज्ञापन का कारोबार सँभाला। एक आँकड़े के अनुसार आल इण्डिया रेडियो ने विज्ञापन के माध्यम से 13 करोड़ रुपया प्राप्त किया।

रेडियो पर विज्ञापन तीन प्रकार से प्रसारित किया जाता है–

1. उत्पादन के बारे में कुछ बातचीत।
2. जिंगल या गा कर या तुकबंदी।
3. प्रायोजित कार्यक्रम।

लाभ

1. रेडियो द्वारा दिया गया विज्ञापन शहरों के साथ-साथ छोटे-छोटे गाँवों तक पलक झपकते ही पहुँच जाता है।
2. कई बार रेडियो पर विज्ञापन क्षेत्रीय भाषाओं में प्रसारित किये जाते हैं, फलस्वरूप उस क्षेत्र के उपभोक्ता को विज्ञापन-सन्देश समझने में आसानी होती है।
3. इस माध्यम से विज्ञापन करने में व्यय अपेक्षाकृत कम होता है।
4. ध्वनि और संगीत के आकर्षण से विज्ञापित वस्तु के प्रति श्रोता का ध्यान तुरन्त आकर्षित होता है तथा इसका प्रभाव देर तक रहता है।

दोष

1. रेडियो द्वारा दिये गये विज्ञापन का जीवन अल्प होता है।
2. प्रसारण के समय यदि कोई व्यक्ति व्यस्तता के चलते नहीं सुन पाता तो विज्ञापन का जीवन वहीं समाप्त हो जाता है।

रेडियो विज्ञापन के लिए अलग से स्टूडियो एवं एजेंसियाँ हैं। पहले विज्ञापन चीख-चीख कर सीधे तरीके से होता था। अब विज्ञापन प्रभावपूर्ण एवं वैज्ञानिक तरीके से किया जाने लगा है। रेडियो के लिए एक सामान्य विज्ञापन अनुमानतः 2500-3000 रुपये में तैयार होता है। किसी भी विज्ञापन को पहले स्टूडियो में कैसेट पर रिकार्ड किया जाता है। फिर उसे आकाशवाणी पर मास्टर कैप्सूल पर उतारा जाता है। तब जाकर विज्ञापन लोगों तक पहुँचता है।

3. समाचार पत्र एवं पत्रिकाएँ

भारत में प्रेस विज्ञापन की शुरुआत सर्वप्रथम 1780 में हुई। 'बंगाल गज़ट' नामक पहले समाचारपत्र में कुछ विज्ञापन छपे थे।

'कलकत्ता गज़ट' में बहुत अधिक स्थान यार्कशायर हैट, पनीर, परचूनों, जूतों तथा आरयलैण्ड के कपड़ों से भरा होता है। "सार्वजनिक नीलामी, किराये पर, बिकाऊ है, आवश्यकता है, निवेश, खोया-पाया, लाटरी, शराब, ब्राण्डी से सम्बन्धित विज्ञापन भी काफी संख्या में होते थे। बंगाल में समाचार पत्र 'संवाद कौमुदी' में अधिकांशतः दवाईयों और पुस्तकों के विज्ञापन होते थे जो 1821 में भारतीयों द्वारा सम्पादित व प्रकाशित की गईं। पहले कुछ ब्रिटिश कम्पनियों ने भारत में अपना कार्य समाचारपत्रों के माध्यम से प्रारम्भ किया परन्तु प्रमुख रूप से विज्ञापन व्यवसाय में भारत का प्रवेश 50 वर्ष पूर्व ही हुआ था।

भारत में न तो ईस्ट इण्डिया कम्पनी के समय और न ही अंग्रेजी शासन काल के समय में विज्ञापन को अधिक महत्त्व दिया गया। केवल कुछ सरकारी रिक्तियों एवं निविदाओं, सूचनाओं के अतिरिक्त कोई सरकारी विज्ञापन प्रकाशित नहीं होता था। यदि विज्ञापन प्रकाशित होते भी थे तो सरकारी गज़ट में प्रकाशित होते थे, जिसका वितरण काफी सीमित था तथा जिनकी पहुँच आम जनता से बहुत दूर थी। भारतीय जनता निरक्षरता की बहुलता के कारण समाचारपत्रों में प्रकाशित विज्ञापनों के प्रति अनभिज्ञ थी।

हिन्दी का पहला साप्ताहिक 'उदन्त मार्तण्ड' 1826 में प्रकाशित हुआ और दो वर्ष बाद विज्ञापन की कमी एवं आर्थिक सहायता न होने से बन्द हो गया।

दूसरा हिन्दी साप्ताहिक 'उचित वक्ता' जो 1883 में शुरू हुआ लगभग 11 वर्ष तक चला। 1884 की एक प्रति में छपी उद्घोषणा के अनुसार इस समाचारपत्र के लिए इतने अधिक विज्ञापन प्राप्त हुए कि इसने प्रति अंक मूल्य एक रुपये से घटाकर बारह आने कर दिया।

इंग्लैण्ड में सबसे पहले 'डेली कोरा' नामक अखबार में सन् 1702 ईसवी में विज्ञापन दिया गया। इस अखबार के प्रयास से धीरे-धीरे दैनिक पत्रिका में विज्ञापनों का महत्त्व बढ़ता गया। उस समय में समाचारपत्र विज्ञापनों से भरे रहते थे। 'डेली कोरा' ने 1918 में शराब का विज्ञापन प्रकाशित करवाया।

लाभ

1. समाचारपत्रीय विज्ञापन में सुनम्यता पायी जाती है। इसके द्वारा क्षेत्रीय लोचता का लाभ मिलता है। जिस क्षेत्र में उत्पाद का संभावित बाज़ार होता है उस क्षेत्र के समाचारपत्र में विज्ञापन दिया जा सकता है।
2. नये उत्पाद की जाँच में भी क्षेत्रीय लोचता बहुत सहायक होती है। वे कुछ उत्पादों की लोकप्रियता और उसके प्रभाव की जाँच के लिए जाँच क्षेत्रों में समाचारपत्र के माध्यम से विज्ञापन देकर श्रम तथा समय की बचत करते हैं।
3. समाचारपत्र का क्षेत्र विस्तृत होने के कारण नये विज्ञापन की दर तुरन्त निश्चित हो जाती है। फुटकर विज्ञापक जो सीमित क्षेत्र में कार्य करते हैं वे क्षेत्रीय लोचता से ज़्यादा प्रभावित नहीं होते हैं। उनको मात्र समाचारपत्र के समय लोचता से अधिक प्रयोजन होता है क्योंकि इसमें छापने से कुछ पहले तक विज्ञापन में परिवर्तन किया जा सकता है।
4. कई छोटे और सामान्य विज्ञापन स्थानीय समाचारपत्र की प्रतिष्ठा से जुड़ना चाहते हैं। लोग

उस समाचार पत्र के बारे में क्या विचार रखते हैं यह आसानी से उनके उस व्यवहार से जाना जा सकता है, जब कि वह अखबार उन तक नहीं पहुँच पाता है।

5. एक समाचारपत्र के माध्यम से विज्ञापक कई बार 90 प्रतिशत घरों तक पहुँच सकते हैं। मात्र गरीब तबके को छोड़कर शेष सभी लोग अखबार पढ़ते हैं।
6. इसमें पाठक को पूरा अधिकार रहता है कि वह जिस हिस्से को चाहे छोड़कर अखबार पढ़ सकता है फलस्वरूप समय की बचत होती है। कई बार पाठक विज्ञापन को समय के अभाव की वजह से नहीं पढ़ पाता है। बाद में उचित समय में उसको देख सकता है।
7. एक विज्ञापक विशिष्ट तकनीक द्वारा अपने विज्ञापन के प्रभाव को सुधार सकता है। अपनी आवश्यकतानुसार विज्ञापक प्रसार संख्या को भौगोलिक आधार पर बढ़ा-घटा सकता है।

सीमाएँ

1. समाचारपत्र का जीवन लघु होता है क्योंकि वह पढ़ने के बाद रद्दी में फेंक दिया जाता है।
2. समाचारपत्र को उसका पाठक बहुत जल्दी में पढ़ता है। अतः कई बार वह सिर्फ़ ज़रूरी समाचार ही पढ़ पाता है।
3. समाचारपत्र का क्षेत्र अत्यन्त विस्तृत होने के कारण भारत में अनेक प्रकार की भाषाओं का प्रचलन एवं सभी भाषाओं के अखबारों का प्रकाशन होता है।

पत्रिकाएँ

पत्रिकाएँ भी विज्ञापन का महत्त्वपूर्ण माध्यम है। इसमें रचनात्मकता पायी जाती है जिसके अन्तर्गत वह जिस तरह के उपभोक्ता तक पहुँचना चाहता है, वह उपभोक्ता की रुचि के अनुसार उस प्रकार की पत्रिका में विज्ञापन देता है। जैसे—बच्चों का विज्ञापन बाल पत्रिकाओं में देगा। महिलाओं के सौन्दर्य प्रसाधनों से जुड़े विज्ञापन महिला पत्रिकाओं में दिये जाते हैं। कई पत्रिकाएँ इस बात की गारन्टी देती है कि उनक पत्रिका में दिया गया विज्ञापन अच्छे स्तर का है।

1884-86 के मंध्य विज्ञापित होने वाले शकुन्तला, उत्तरकाण्ड, रामायण आदि पत्रिकाओं में 'दर्द निवारक अचूक औषधियों' के विज्ञापन छपे थे।

1880 और 1890 के बीच बिजली से उपचार की विधि अधिक विज्ञापित होती थी। उस समय बिजली से उपचार की विधि अधिक विज्ञापित होती थी। उस समय बिजली की वस्तु के प्रचार के लिए बिजली से संचरित लाकेट, कमर पेटियाँ, तमगे आदि बाँटे भी जाते थे। उन दिनों पौरुषवर्द्धक दबाईयों के विज्ञापन भी छपते थे।

1902 के बाद प्रकाशित विज्ञापनों से राष्ट्रीय जागरूकता तथा स्वदेशी आन्दोलन की ध्वनि निकलती थी। कुछ विज्ञापनों पर लाला लाजपतराय, सुभाष चन्द्रबोस तथा रवीन्द्रनाथ टैगोर जैसे राष्ट्रीय नेताओं के चित्र होते थे। जेफोरेंज ने 1933 में एक विज्ञापन में सुर्खियों में यह छापा था कि महात्मा गाँधी ने उपवास से पहले अन्तिम भोजन में जेफोरेज को सम्मिलित किया था। भारतीय ग्रामोफोन कम्पनी ने देशभक्ति पूर्ण गीतों के रिकाई को विज्ञापित किया।

कुछ वैवाहिक सूचनाओं में बाल-विवाह एक प्रथा के रूप में प्रतिबन्धित हुआ। ''ट्रिब्यून' में 1881 में वैवाहिक विज्ञापन प्रकाशित हुए।

द्वितीय विश्व युद्ध के दौरान 1939 से 1944 के मध्य भारत में विज्ञापन की स्थिति ठीक नहीं कही जा सकती। उस समय ब्रिटिश सरकार ने भारतीयों का मानसिक तथा आर्थिक सहयोग प्राप्त

करने के उद्देश्य से विभिन्न अंग्रेजी, हिन्दी तथा उर्दू की मासिक पत्रिकाओं में विज्ञापन प्रकाशित किये। द्वितीय विश्व युद्ध के समाप्त होने के बाद ब्रिटिश सरकार ने भारत में चीफ प्रेस एडवरटाइजर के पद का सृजन किया जो सरकारी विज्ञापनों का निर्धारण करता था। जून 1947 में इसी पद के निर्देशन में विज्ञापन परामर्शदाता का पद बनाया गया, जिसका कार्य विज्ञापन की योजना बनाना, उन्हें तैयार करना तथा उन्हें विभिन्न पत्र-पत्रिकाओं में विज्ञापित कराना था।

वर्तमान में विभिन्न क्षेत्रों से पत्रिकाएँ प्रकाशित होने लगी हैं। उदाहरणार्थ शहरी पत्रिका, कृषि से सम्बन्धित पत्रिका, खेल पत्रिका, फ़िल्मी पत्रिका, बच्चों व महिलाओं के लिए पत्रिका, साहित्यिक पत्रिका आदि। इन पत्रिकाओं ने जनसाधारण में बहुत ऊँचा स्थान प्राप्त किया है। किन्तु भारतवर्ष की अधिकांश जनता गाँवों में निवास करती है और वह अशिक्षित है। अतः यह माध्यम गाँवों में अपना विशेष स्थान नहीं बना पाया है। इसके अतिरिक्त रंगों तथा चित्रों का प्रयोग सभी विज्ञापनदाता अपने विज्ञापन में नहीं कर पाते क्योंकि पत्रिका का विज्ञापन अपेक्षाकृत महँगा होता है।

एक आँकड़े के अनुसार भारत में 1963 में पत्र-पत्रिकाओं के विज्ञापन पर कुल 176 करोड़ रुपये खर्च किये गये। सन् 1982 में वह राशि बढ़कर 233 करोड़ हो गयी। वर्ष 2006 में यह राशि एक अरब रुपये के आसपास थी।

आज के युग में विज्ञापन का सबसे महत्त्वपूर्ण प्रभाव पत्रिका की क्वालिटी पर पड़ा। पिछले दस वर्षों में पत्र-पत्रिकाओं के स्तर में बहुत परिवर्तन हुआ। सर्वेक्षण से यह ज्ञात हुआ कि लोगों का रुझान पत्रिकाओं की तरफ बढ़ रहा है। लेकिन उन्हें फैशनेबल पत्रिकाएँ अधिक पसन्द हैं। फ़िल्मी और रोमानियत जैसे विषय उन्हें अधिक आकर्षित करते हैं।

भारत में अनेक प्रकार और स्तर की हिन्दी पत्रिकाएँ हैं एवं सभी में विज्ञापन छपते हैं। जैसे *कादम्बिनी, इण्डिया टुडे, आउटलुक, सरिता, मनोरमा, नवनीत, चन्दामामा, नन्दन, पराग, चंपक, गृहशोभा, वनिता, लक्ष्मी, क्रिकेट टुडे, फ़िल्मी दुनिया आदि*-आदि। कभी *धर्मयुग* और साप्ताहिक *हिन्दुस्तान* जैसे साप्ताहिकों की धूम थी। भारत में कई व्यावसायिक पत्रिकाएँ भी प्रचलित हैं जैसे—*कामर्स, केपीटल, इण्डियन जनरल ऑफ कामर्स, ट्रेड ऑफ फाइनेंस*, इनमें व्यवसाय से सम्बन्धित विज्ञापन भरे रहते हैं।

पत्रिकाओं में क्षेत्रीयता का अभाव पाया जाता है और चूँकि ये पत्रिकाएँ साप्ताहिक, पाक्षिक, और मासिक प्रकाशित होती हैं अतः इनमें लोचता का अभाव होता है। नीचे दी गयी तालिका से हम पत्रिकाओं में विज्ञापन की औसत दर का अनुमान सकते हैं।

तालिका प्रमुख पत्र-पत्रिकाओं में विज्ञापन-दर

पत्रिका का नाम	पूरा पृष्ठ विज्ञापन दर	सी.पी.टी
इण्डिया टुडे	1,16,000	22.81
स्पोर्ट स्टार	24,000	11.31
फ्रंट लाइन	38,000	40.17
इलस्ट्रेटेड वीकली	66,000	70.93
सन्डे	50,000	75.80
द वीक	15,000	27.88

टेलीविज़न, रेडियो तथा समाचारपत्र एवं पत्रिकाओं में दिये जाने वाले विज्ञापनों में मौलिक अन्तर होता है। यह अन्तर उन माध्यमों की अपनी विशेषताओं के कारण हुआ करता है। तदनुसार ही विज्ञापनों की रचना की जाती है। इन दो कारणों से उनके प्रभाव में भी अन्तर आ जाता है। विज्ञापनदाता इस अन्तर को समझते भी हैं और इस आधार पर अपने विज्ञापन देते हैं।

इस अन्तर को हम संक्षेप में तालिकाबद्ध कर इस तरह देख सकते हैं।

तालिका रेडियो-टेलीविज़न और समाचार-पत्र एवं पत्रिकाओं के विज्ञापनों में अन्तर

रेडियो-टेलीविज़न में विज्ञापन	समाचारपत्र व पत्रिकाओं में विज्ञापन
1. इन माध्यमों में कोई विज्ञापन एक ही समय में अनेक सामाजिक-आर्थिक वर्गों के लिए प्रसारित किया जा सकता है।	1. विज्ञापन शब्द मूलतः समाचारपत्र से ही आया है। विशिष्ट ज्ञापन ही विज्ञापन है। ये समय सापेक्ष हैं।
2. निश्चित समय एवं कम से कम समय में कम शब्दों में प्रभावपूर्ण विज्ञापन, जो लम्बे समय तक स्मृतिटल पर अंकित हो जाते हैं।	2. छपे हुए शब्द को पुनः कभी भी अपनी सुविधानुसार पढ़ा जा सकता है।
3. कार्यक्रम प्रायोजित किये जाने के कारण मनोरंजन के साथ-साथ विज्ञापन देने की सुविधा। इससे श्रोता एवं दर्शकों तक सहज पहुँच।	3. विस्तृत जानकारी देने की सुविधा, क्योंकि शुल्क के भुगतान के अनुसार स्पेस (जगह) मिल जाती है। किन्तु पाठकों तक पहुँच रेडियो-टेलीविज़न माध्यमों जितनी सहज नहीं।
4. बजट के अनुसार विज्ञापक प्राइम टाइम अथवा मनपसन्द समय का क्रय कर सकता है।	4. वर्गीकृत विज्ञापन प्रायः समाचार-पत्र अथवा पत्रिका के पृष्ठ संयोजन पर निर्भर।
5. वर्ग (रंग), चित्रों, गति, संगीत के ध्वनि आदि प्रभावों के कारण ये विज्ञापन अधिक आकर्षक होते हैं तथा श्रोता–दर्शकों को देर तक याद रखते हैं। नाटकीयता भी प्रभाव डालती है।	5. विज्ञापनों में स्थिरता होती है। रंगीन विज्ञापन कुछ सीमा तक आकर्षक। किन्तु विशेष रूप से शब्द-संयोजन की रचनात्मकता प्रभावित करती है।
6. ये विज्ञापन पूरे परिवार के साथ एक साथ देखे जा सकते हैं। इसलिए उपभोक्ताओं द्वारा विज्ञापित वस्तु के क्रय के निर्णय में सुविधा।	6. एक बार में एक पाठक। अतः विज्ञापित वस्तु के क्रय का निर्णय समय लेता है।

4. बाह्य विज्ञापन

बाह्य विज्ञापन, जैसा कि हमने पीछे विज्ञापन माध्यमों के वर्गीकरण में कहा है, अन्य श्रेणी के अन्तर्गत आते हैं। इनमें कई तरह के विज्ञापन शामिल हैं। यथा–

बाह्य विज्ञापन माध्यम (पोस्टर, होर्डिंग्स, दीवार लेखन, नियोजन साइन, यातायात के साधनों

अथवा वाहनों पर पोस्टर अथवा बोर्ड, स्टिकर्स आदि); डाक-विज्ञापन माध्यम (पत्र, फोल्डर्स, लीफलेट्स, पुस्तिकाएँ आदि।); दैहिक माध्यम (गोदना, फैशन शो, देहयष्टि-प्रदशर्न); क्रय बिन्दु विज्ञापन (काउंटर सजावट, स्टाल, वातायन सजावट); यात्रा टिकट (रेल, बस, हवाई जहाज के टिकट आदि); उपहार माध्यम (कलैण्ड, डायरी तथा अन्य उपहार)। दो नमूने देखें—

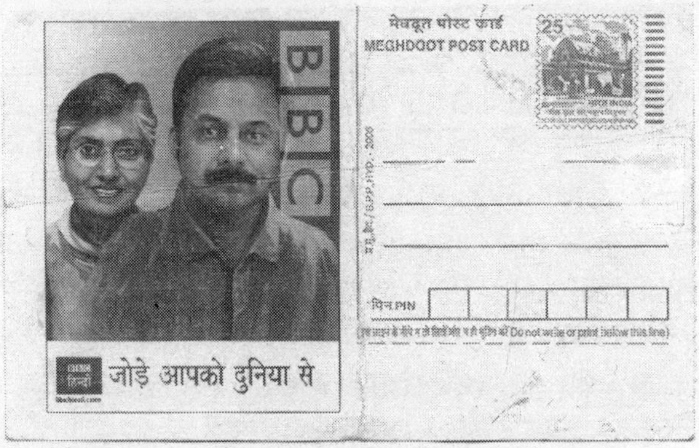

वास्तव में दीवारी विज्ञापन या बाह्य विज्ञापन दोनों एक ही हैं। आजकल इसका प्रयोग भी अत्यधिक किया जाने लगा है। यह बहुत प्राचीन साधन है। जबकि प्रेस नहीं थी। ऐसा कहा जाता है कि विज्ञापन से प्रेरित होकर ही व्यक्तियों में पोस्टर चिपकाने की कल्पना आयी। आजकल बाह्य विज्ञापन में केवल दीवारी विज्ञापन ही नहीं आता बल्कि अन्य विज्ञापन भी इसमें शामिल कर लिए जाते हैं। जैसे—स्टेशनों पर इश्तहार, ऊँची-ऊँची चिमनियों पर पोस्टर चिपकाना, वायुयान के धुएँ से आकाश में अक्षर लिखना, गुब्बारों पर विज्ञापन लिखकर आकाश में उड़ाना, बाज़ार में बिकने वाले पेन, फोल्डर, कापी, डायरी, पेन्सिल, दियासलाई, आदि पर छपवा देना, बिजली की सजावट, साइन बोर्ड या चौराहों पर विज्ञापन करना। यातायात के साधनों पर पोस्टर एवं स्टिकर लगाना। अनुमानतः बाहरी विज्ञापन पर प्रतिवर्ष 36-35 करोड़ रुपयों का खर्च होता है।

विज्ञापन एजेन्सी *लिंटास* के मीडिया प्लानिंग सेल के एक अधिकारी ने कहा है कि दीवारें भरती जा रही हैं, लिहाजा वे नयी चीज तलाश कर रहे हैं। टी.वी. और रेडियो के बाद घर के बाहर की जगह इस दशक का माध्यम होगी। पूरी बम्बई जैसे परचून की विशाल दुकान बन गयी है।, जहाँ हर चीज जैसे चीख रही है—"मुझे खरीदो! मुझे खरीदो!!"

अब तो बाह्य विज्ञापन में कई तकनीकों का इस्तेमाल किया जा रहा है। बिजली ने इस कार्य

को और अधिक आसान बना दिया है। इसकी मिसाल है बैंग्लौर में बनाया गया एक विज्ञापन बोर्ड। इसके अन्तर्गत एक अँधेरे बोर्ड पर लाल प्रकाश में खींची गयी एक पेन्सिल चमकती है फिर वह दाहिनी आँख बनाती है तथा फिर बाईं। इसके पश्चात् नाम और होंठ बनते हैं, फिर अँधेरा हो जाता है और अचानक पूरा चेहरा लेक्मे काजल के साथ चमकने लगता है। यह ना तो नियोजन बोर्ड है और न ही इलेक्ट्रॉनिक विज्ञापन। यह एक बहुरंगीन सजीव डिजाइन बोर्ड है जो कि बिल्कुल नया है। इसमें जटिलता नाम की कोई चीज नहीं है तथा यह सीधा आँखों में समा जाता है।

दाकुन्हा नामक विज्ञापन एजेन्सी तो *जेनिथ* कम्प्यूटरों के लिए भारी भरकम रोबोट के साथ मैदान में उतर पड़ी। जब इस रोबोट को सड़कों पर ले जाया गया तो सिपाहियों ने इसे दो बार पकड़ लिया। वे इसके फ्लेशिंग लाईट और विभिन्न तरह की विचित्र आवाज को नहीं समझ सके थे।

अब वह दिन दूर नहीं जब बाह्य विज्ञापन होलोग्राम के जरिये किये जायेंगे। ये तकनीक हवा में जादुई त्रि-आयामी असर पैदा करेगी। आप यह सोचेंगे कि मैं यहाँ बैठा हुआ हूँ जबकि वह मैं नहीं, मेरा होलोग्राम होगा।

आउटडोर विज्ञापन की एक अच्छी मिसाल के रूप में किटप्लाई ने बम्बई में एक विज्ञापन बोर्ड पर अलमारी ही लगा दी। फरीदाबाद में एक ट्रैक्टर कम्पनी ने अपने प्रवेश-द्वार के पास प्रांगण में ख़ूब ऊँचाई पर छोटा-सा ट्रैक्टर का मॉडल रख दिया है। जो हाई वे पर जाते यात्रियों का ध्यान सहज ही आकर्षिक कर लेता है। एक टायर कम्पनी ने ड्राइवरों को ध्यान में रखते हुए दिल्ली के आसपास के कई दर्जनों ढाबों को अपना लिया और गिलासों, बर्तनों, बेयरों के बनियानों पर भी विज्ञापन चिपका दिये। सबसे अच्छे विज्ञापन का मौसम क्रिकेट का समय है। विज्ञापन दाताओं ने क्रिकेट खिलाड़ियों को चलता फिरता 'विज्ञापन बोर्ड' बना दिया है! इसकी आलोचना भी होती रहती है। वह पक्ष अपनी जगह है।

बाह्य विज्ञापन के प्रमुख प्रकार–

1. इश्तहार पोस्टर।
2. विज्ञापन बोर्ड।
3. बिजली द्वारा सजावट।
4. परिवहन विज्ञापन।
5. सैण्डविच विज्ञापन।
6. स्टिकर विज्ञापन।

लाभ

1. बाह्य विज्ञापन अत्यन्त आकर्षक होते हैं क्योंकि कई बार इसमें सन्देश रोशनी की सजावट द्वारा बहुत ही प्रभावशाली ढंग से दिया जाता है।
2. बाह्य विज्ञापन राह चलते लोगों को आकर्षित करते हैं अर्थात् प्रतिदिन हजारों व्यक्ति इन विज्ञापन के सम्पर्क में आते हैं।
3. बाह्य विज्ञापन एक बार दे दिया जाय तो लम्बे समय तक चलता रहता है। खराब होने पर ही उसे बदलने की आवश्यकता होती है।
4. बाह्य विज्ञापन की जगह के चुनाव में काफी आसानी रहती है क्योंकि यह शहर के किसी भी हिस्से में किया जा सकता है।

दोष

1. विस्तृत विवरण का अभाव पाया जाता है क्योंकि जगह या बोर्ड सीमित होता है।
2. बाह्य विज्ञापन से शहर के सौन्दर्य और पर्यावरण पर प्रतिकूल प्रभाव पड़ता है।
3. इसका क्षेत्र सीमित होता है क्योंकि उस राह से गुजरने वाले व्यक्ति ही उस विज्ञापन के संपर्क में आते हैं। उनको पूरा विज्ञापन पढ़ने का समय भी नहीं मिलता।

5. इंटरनेट एवं मोबाइल फोन

सूचना एवं तकनीकी क्षेत्र में टेलीग्राम, टेलीफोन, रेडियो और टेलीविज़न के बाद जिस नये युग का श्रीगणेश हुआ है, उसमें कम्प्यूटर प्रणाली की भूमिका क्रान्तिकारी है। सारी दुनिया ने कम्प्यूटर नेटवर्क से जुड़कर सूचना एवं जनसंचार के क्षेत्र में इसके महत्त्व एवं लाभ को समझना शुरू कर दिया है। इसी क्रम में सामने आया है एक कारगर 'मन्त्र'–WWW अर्थात् 'वर्ल्ड वाइड वेब'। इस 'मन्त्र' ने इंटरनेट के माध्यम से सूचना तकनीकी के क्षेत्र में समय और स्थान को इतना छोटा कर दिया है कि वह लोगों की मुट्ठी में समा सके। स्थिति यह है कि पलक झपकते ही हम 'की-बोर्ड' की उँगली पर एक छोटा-सा बटन दबाते ही सारी दुनिया से जुड़ जाते हैं। सूचनाओं और ज्ञान का महासागर हमारे सामने लहराने लगता है। हम दुनिया के किसी भी कोने में बैठे व्यक्ति से सम्पर्क साथ लेते हैं और ई-मेल के माध्यम से लिखत-पढ़त कर सकते हैं। गपशप (चैटिंग) कर सकते हैं। वेब कैमरे की सहायता से आमने-सामने बैठकर बातचीत कर सकते हैं। अखबार पढ़ सकते हैं। अपने मतलब की चीजें, लेख आदि का प्रिंट भी निकाल सकते हैं। और विज्ञापन भी कर सकते हैं। वह भी अत्यन्त तीव्र गति से। कर्म खर्च में। कम समय में। अपनी सुविधा से।

इंटरनेट तथा मोबाइल फोन अत्याधुनिक विज्ञापन माध्यम हैं। इन नव-इलेक्ट्रॉनिक माध्यमों ने विज्ञापन जगत् को एक नयी दिशा दी है। अभी मोबाइल फोन तो इस क्षेत्र में 'प्रयोग' के स्तर तक ही हैं; किन्तु इंटरनेट ने 'ऑनलाइन विज्ञापन' की अवधारणा को साकार कर लिया है, जो अन्तर्राष्ट्रीय बाज़ार में पैर फैलाता जा रहा है।

इंटरनेट विश्वव्यापी एवं द्रुतगामी विज्ञापन-माध्यम है, जिसमें उपभोक्ता तक सीधे पहुँचने की असीमित सम्भावनाएँ हैं। यद्यपि इस माध्यम का सर्वाधिक उपयोग ई-मेल भेजने में होता है फिर भी इसमें विज्ञापनों के लिए असीमित जगह उपलब्ध रहती है। आज समूचे विश्व में इंटरनेट प्रयोक्ताओं की संख्या लगभग 75 करोड़ है। एक सर्वेक्षण के अनुसार लगभग 80 प्रतिशत इंटरनेट के प्रयोक्ता ऑफिस के बजाय अपने घर पर ही इसका उपयोग करते हैं और ज़्यादा समय भी देते हैं (लगभग 6-7 घण्टे प्रति सप्ताह।) अकेले अमेरिका में ही इंटरनेट का प्रयोग औसतन 151 घण्टा प्रति वर्ष है। इसकी तुलना में टेलीविज़न का उपयोग औसतन प्रतिवर्ष 1643 घण्टा एवं अखबार का 149 घण्टा होता है। इसमें मोबाइल द्वारा इंटरनेट के उपयोग के आंकड़े सम्मिलित नहीं हैं। इन्हें भी सम्मिलित कर लिया जाये तो यह आँकड़ा 200 घण्टे तक हो जायेगा। इंटरनेट के प्रयोग के मामले में अमेरिका दुनिया में सबसे आगे है। फिर जापान और चीन हैं। भारत सातवें स्थान पर है। फ्रांस भारत के बाद है।

आधुनिक परम्परागत माध्यमों (प्रिंट, रेडियो और टेलीविज़न) से इतर इंटरनेट के माध्यम से की जाने वाली पत्रकारिता को 'ऑन लाइन जर्नलिज्म' कहा जाता है। इन में से परम्परागत पत्रकारिता ऐसी है जिसमें किसी घटना को अखबार में छपाते हैं या रेडियो से प्रसारित करते हैं अथवा टेलीविज़न

द्वारा टेलीकास्ट करते हैं; किन्तु 'ऑन लाइन पत्रकारिता' में (अथवा इसे वेब पत्रकारिता भी कहा जाता हैं) इन सब का सम्मिलित रूप होता है। यहाँ हम समाचार सामग्री को पढ़ भी सकते हैं, सुन सकते हैं और देख सकते हैं। और तो और उस पर अपनी राय अथवा प्रतिक्रिया भी दर्ज करा सकते हैं। अपने उपयोग की सामग्री को डाउन लोड करके उसका प्रिंट आउट भी ले सकते हैं। उसे लम्बे समय तक सुरक्षित भी रख सकते हैं। इसका आधार है–'वर्ल्ड वाइड वेब' (विश्व व्यापी संजाल!) : **www.** इसकी लोकप्रियता और प्रसारण सुविधा को देखते हुए दुनिया के तमाम अखबार अब 'इलेक्ट्रॉनिक अखबार हो चुके हैं। भारत में हिन्दी का पहला अखबार था *'नयी दुनिया'* जो सबसे पहले इंटरनेट पर आया। इसके बाद तो *अमर उजाला, दैनिक जागरण, हिन्दुस्तान, राष्ट्रीय सहारा, दैनिक भास्कर* आदि कई अखबार प्रिंट के साथ-साथ इंटरनेट पर भी उपलब्ध हैं। कई साहित्यिक पत्र-पत्रिकाएँ ऐसी हैं, ऐसी हैं, जो केवल इंटरनेट पर भी उपलब्ध हैं। जैसे–कनाडा से *'अनुभूति'*। इंटरनेट पर आने वाले अखबार ऑनलाइन कार्यक्रम भी आयोजित करते रहते हैं। ऑनलाइन चैट (गपशप) की व्यवस्था भी लगभग सभी ई-अखबारों पर उपलब्ध है। ऑन लाइन चैटिंग में पाठक सफल व्यवसाइयों, लेखकों, पत्रकारों, फ़िल्म के कलाकारों और अन्य क्षेत्रों की चर्चित हस्तियों के साथ बातचीत कर सकते हैं। कई ई-अखबार तो ऑन लाइन सलाह भी उपलब्ध करा रहे हैं।

ई-अखबारों की एक सबसे बड़ी समस्या है सर्वत्र इनकी उपलब्धता का न होना। शहरी क्षेत्रों में तो इनकी उपलब्धता है, छोटे कस्बों तथा गाँवों में ये संसाधनों के अभाव में उपलब्ध नहीं हो पाते। दूसरी कठिनाई इन अखबारों को अतिरिक्त कोई वित्तीय लाभ नहीं मिल पाता। इसलिए प्रायः विज्ञाप के मामले में ये अधिक रुचि नहीं लेते। इन्हें विज्ञापनदाता कम ही मिल पाते हैं। कारण कि इंटरनेट प्रयोक्ताओं की संख्या प्रायः कम ही रहती है।

इंटरनेट से जुड़ा एक नवीनतम व्यापारिक व्यवस्थापन है–ई-कॉमर्स। विज्ञापन की दृष्टि से यह सर्वाधिक महत्त्वपूर्ण है। ई-कॉमर्स का अर्थ है इंटरनेट पर व्यापार करना। ई-कॉमर्स पर इंटरनेट के माध्यम से धनार्जन या पैसा कमाने का अत्याधुनिक तरीका माना गया है जो व्यापार के परम्परागत मूल आधार को चुनौती दे रहा है। क्रेता-विक्रेता इंटरनेट पर सम्बद्ध व्यापार को बढ़ावा दे रहे–ई-बैंकिंग, ई-शापिंग, ई-बिज आदि ई-कॉमर्स के ही तरीके हैं। ई-कॉमर्स ने बाज़ार का रुख ही बदल दिया है। आज एक प्रदेश से दूसरे प्रदेश ही नहीं अपितु एक देश से दूसरे देश के बाज़ारों के भाव तथा उत्पादों की कीमत की जानकारी, क्रयादेश घर बैठे मात्र माउस क्लिक करके ही प्राप्त की जा सकती है। इसीलिए इस माध्यम से विज्ञापन देना भी सुविधाजनक हो गया है।

आज इंटरनेट के माध्यम से व्यापारिक लेन-देन तीन विधियों से किया जा सकता है–

1. बी टु बी (बिजनेस टु बिजनेस)
   अर्थात् दो कम्पनियों के बीच लेन-देन।
2. बी टु सी (बिजनेस टु कन्ज्यूमर)
   अर्थात् कम्पनियों और उपभोक्ताओं के बीच लेन-देन की प्रक्रिया।
3. सी टु सीसी (कन्ज्यूमर टु कन्ज्यूमर)
   अर्थात् दो उपभोक्ताओं के बीच लेन-देन सम्बन्धी प्रक्रिया।

ई-कॉमर्स ने बहुत कम खर्च पर व्यापार के हर क्षेत्र में दुनिया भर में अनेक वस्तुओं को अन्तर्राष्ट्रीय बाज़ार में प्रवेश का अवसर दिया है। यह बाज़ार उपभोक्ताओं के साथ अधिक लचीला और सूचनात्मक वातावरण प्रदान करता है। सबसे अधिक उल्लेखनीय यह है कि ई-कॉमर्स के माध्यम

से मर्चेंडाइजिंग के अच्छे अवसर प्राप्त होते हैं। अर्थात् नयी कम्पनी अपने उत्पाद को कितनी अच्छी तरह प्रदर्शित कर ग्राहक को आकर्षित कर सकती है। साथ ही इसके उपभोक्ता सारी दुनिया में फैले हुए मिल जाते हैं। एक विशाल समुदाय तक उत्पाद की जानकारी पलक छपकते ही पहुँच जाती है।

ई-कॉमर्स द्वारा नेट पर उपभोक्ता उत्पादों की विशेषताएँ, कीमतों की तुलना तथा सामान चुनने से पूर्व उसकी समीक्षा देख सकता है। साथ ही घर बैठे आर्डर भी बुक कर सकता है। यही नहीं उसके मनपसन्द्र आर्डर की पूर्ति भी घर बैठे हो सकती है। कम्पनियाँ या शापिंग केन्द्र अपने उपभोक्ता तक सामान पहुँचा देते हैं। इसलिए परम्परागत व्यवसाय की तुलना में इसकी मार्केटिंग अधिक विश्वसनीय और बिक्री क्षण में होती है। लेकिन अभी भारत में इसका प्रचलन सीमित है। इसकी पहुँच एक खास वर्ग तक की ही है। धनिक वर्ग ही इसका लाभ उठा पाता है। ग्रामीण क्षेत्र में इसकी पहुँच प्रायः शून्य है। लेकिन भविष्य उज्जवल है।

मोबाइल फोन का इस्तेमाल हालाँकि अभी इस दिशा में कम ही हो रहा है। किन्तु इस माध्यम में भी विज्ञापन की समावनाएँ धीरे-धीरे बन रही हैं। सेवा प्रदाता कंपनियाँ तो बीच-बीच में अपने ग्राहकों को अपने नये प्लान की जानकारी के एसएमएस भेजती रहती हैं। कुछ प्रतियोगी कम्पनियाँ प्रतियोगिताओं के एसएमएस भेजती रहती हैं। अभी उत्पादनों के आकर्षक ऑफर का चलन इतना नहीं हुआ है। इसका कारण है कि अभी विज्ञापन चित्रों का पदार्पण मोबाइल फोन पर इतना आसान, अल्पव्ययसाध्य और विविधतापूर्ण नहीं हो पाया है। इधर इस दिशा में काम चल रहा है। कुछ मोबाइल कंपनियों ने अखबार की सुविधा देने की घोषणा की है।

इसी तरह एक एस.एम.एस. (शॉर्ट मैसेज सर्विस) विज्ञापन है–

"Booking Opens for Vilas "Pushpanijali Orchid" from 1 May 07 on Shamsabad Road near TV. Tower. 'Size: 138, 200, 300 Yards For Booking call 9837885599, 9837000381 A: Pushpanijali constructions Delhi gate Agra."

इस तरह हम देखते हैं कि आज विज्ञापन के माध्यमों में बहुत विस्तार आ गया है। इनमें विविधता भी है और नित नये कलात्मक प्रयोग करने की क्षमता भी। सभी का मुख्य उद्देश्य है अधिक से अधिक आकर्षक रूप में अधिक से अधिक लोगों तक पहुँचना और उन्हें विज्ञापित वस्तु को खरीदने के लिए ललचाना। मल्टीमीडिया तकनीक ने इसके प्रभाव क्षेत्र में तेजी से वृद्धि की है।

अध्याय-4

विज्ञापनों की संरचना और भाषिक प्रभाव का विश्लेषण

4.1 पृष्ठभूमि

विज्ञापन अपने क्षेत्र, उत्पाद अथवा सेवा, विज्ञापनकर्ताओं तथा सन्देश आदि के आधार पर अनेक तरह के होते हैं। तनदुसार इनकी भाषा भी रची जाती है। विज्ञापन के माध्यम भी विज्ञापन की संरचना पर प्रभाव डालते हैं। इस विचार से जब हम विज्ञापनों की भाषा और उनके प्रभाव का अध्ययन करते हैं, तो अनेक रोचक बातें सामने आती हैं। उदाहरण के लिए हम देखें तो टेलीविज़न के विज्ञापनों में शब्दों का जितना महत्त्व है, उससे कहीं अधिक महत्त्व है दृश्यों, रंगों और ध्वनियों का। वातावरण तथा पात्रों की देह भाषा भी विज्ञापनों को अर्थ देते हैं। इसी तरह रेडियो के विज्ञापनों में ध्वनियों का विशेष महत्त्व है। संगीत रचना भी अपना स्थान रखती है। ये सब बातें मनोविज्ञान से जुड़कर विज्ञापन के प्रभाव को निर्धारित करती हैं। विज्ञापनों की संरचना, उनके प्रभाव, उनकी सफलता-असफलता आदि का अध्ययन हम इसी आधार पर कर सकते हैं।

इस अध्याय में हम विज्ञापनों को वर्गीकृत रूप में देखते हुए उनकी संरचना, भाषा और प्रभाव का अध्ययन प्रस्तुत कर रहे हैं।

इस क्रम में हम सबसे पहले देखेंगे विज्ञापनों के निर्माण के चरण, तब उनकी संरचना एवं प्रभाव का विश्लेषण किया जायेगा। इसी क्रम में हम विज्ञापनों में प्रयुक्त हिन्दी भाषा का अध्ययन करेंगे।

4.2 विज्ञापन : निर्माण और संरचना

विज्ञापन की संरचना सरल और जटित दोनों तरह की हुआ करती है। लेकिन प्रभावपूर्ण विज्ञापन तैयार करने के लिए बहुत परिश्रम करना होता है। विज्ञापन अपने आप को अथवा निहित सन्देश को सम्प्रेषित न कर सके, तो सारा परिश्रम व्यर्थ चला जाता है। इसलिए एक प्रभावशाली तथा सम्प्रेषण-सफल विज्ञापन तैयार करने के लिए मुख्य रूप से चार बातों का ध्यान रखना होता है—

1. विज्ञापन की संरचना और प्रस्तुति इस तरह की होनी चाहिए कि उपभोक्ता का ध्यान उस ओर तुरन्त आकर्षित हो।
2. विज्ञापन संरचना के लिए आदर्श स्थिति यह हुआ करती है कि विज्ञापन में संकेत-चिह्नों प्रयोग स्पष्ट रूप से हो, ताकि जो सूचना विज्ञापनकर्त्ता सम्प्रेषित करना चाहता है, वह उपभोक्ताओं को प्राप्त हो जाये।

3. विज्ञापनकर्त्ता उपभोक्ता समाज की जिन आवश्यकताओं को आधार मानकर अपने विज्ञापन की संरचना कर रहा है, उन आवश्यकताओं की स्पष्ट सूचना विज्ञापन में निहित हो।
4. विज्ञापन में कलात्मकता, सौन्दर्य, कल्पनाशीलता और सर्जनात्मकता का अधिक से अधिक उपयोग होना चाहिए। कई बार एकदम सादा, कम शब्दों में और रेखाचित्रों के प्रतीकात्मक प्रयोग वाले विज्ञापन भी प्रभावपूर्ण होते हैं। उनका अपना सौन्दर्य है। अपना सौन्दर्यशास्त्र है।

इन उद्देश्यों की पूर्ति कैसे होती है? इसी में विज्ञापन-निर्माण की सफलता निहित है।

इस सन्दर्भ में आइए सबसे पहले हम विज्ञापन-निर्माण के मुख्य चरणों अथवा सोपानों की चर्चा कर लें।

4.2.1 विज्ञापन-निर्माण के चरण या सोपान

अ. विज्ञापन शोध

विज्ञापन-निर्माण का पहला सोपान है—*विज्ञापन शोध* (advertising research)। किसी विशेष उत्पाद के सन्दर्भ में अन्वेषण करना विज्ञापन शोध के अन्तर्गत आता है। आज बाज़ार में एक ही वस्तु के कई ब्राण्ड उपलब्ध हैं। ऐसी स्थिति में अपने ब्राण्ड को स्थापित करना, उसकी अच्छी छवि निर्मित करना अत्यावश्यक होता है। लेकिन यह आसान काम नहीं है। विज्ञापन शोध इसी कठिनाई को हल करता है। इस प्रक्रिया में तथ्यों एवं आंकड़ों को एकत्र किया जाता है कि आप अपने उत्पाद को किस क्षेत्र में बिक्री के लिए लाना चाहे हैं? उस क्षेत्र की आय का स्तर क्या है? किस वर्ग के लोग उस क्षेत्र में अधिक हैं? उनकी अभिरुचियाँ क्या हैं? आपके ब्राण्ड के आने से क्या प्रभाव पड़ेगा? इसके बाद यह देखना होता है कि आपने अपना उत्पाद किस वर्ग के लिए बनाया है? यह वर्ग ही आपका Target Group है। उस वर्ग में पहले से कौन-सा उत्पाद लोकप्रिय है? क्यों लोकप्रिय है? यह वर्ग दूसरे प्रचलित उत्पाद को छोड़कर आपके उत्पाद को ही क्यों पसन्द करेगा?—इसका उत्तर आपको खोजना पड़ेगा। वैज्ञानिक आँकड़े, तर्क, कीमत, मजबूती, सुन्दरता आदि बातों पर जोर देना होगा।

उदाहरण के लिए निम्न और निम्न मध्य आय वर्ग, मध्य आय वर्ग तथा मध्य उच्च आय वर्ग और उच्च आय वर्ग के लिए एक जैसे साबुन का प्रचार नहीं किया जा सकता। गाँव, कस्बे और नगर या महानगर के लिए भी एक ही ब्राण्ड का साबुन एक ही तरह के विज्ञापन से बाज़ार में नहीं उतारा जा सकता। इसी तरह क्रीम, लिपिस्टिक अथवा अन्य सौन्दर्य प्रसाधन एक ही तरीके से नहीं बेचे जा सकते। उनके उपभोक्ता अलग-अलग वर्ग के हैं।

विज्ञापन शोध का दूसरा महत्त्वपूर्ण बिन्दु है—*माध्यम का चयन*। इसमें भी आय वर्ग तथा क्षेत्र का ध्यान देना आवश्यक होता है। शिक्षित और अशिक्षित क्षेत्रों के उपभोक्ताओं के लिए एक ही विज्ञापन माध्यम नहीं चुना जा सकता।

इसी तरह *आयु वर्ग* का सर्वेक्षण करना होता है। बच्चों, महिलाओं, युवाओं और पुरुषों की अभिरुचि एवं उपयोगिता के उत्पादों के विज्ञापन अलग-अलग तरह से तैयार किये जाते हैं।

यहीं एक बात और विशेष रूप से ध्यान देने की होती है कि आपका उत्पाद जिस वर्ग से ज़्यादा सम्बन्ध रखता है, उस वर्ग तक किस माध्यम की पहुँच सबसे ज़्यादा है? कौन-सा माध्यम ज़्यादा लोकप्रिय है? रेडियो-टेलीविज़न जैसे माध्यमों में कौन-कौन से कार्यक्रम ज़्यादा लोकप्रिय हैं? मीडिया की भाषा में कहें तो उनकी 'टी आर पी' क्या है? यही क्यों यह भी शोध का विषय होता है कि

उस वर्ग में कौन-सा हीरो या हीरोइन या कलाकार अधिक लोकप्रिय है? वह चेहरा विज्ञापनदाता के ब्राण्ड का एम्बेसेडर बनाया जाता है।

एक ही उत्पाद जब अधिक दिन चल जाता है तो उसकी बिक्री प्रायः ठहरने लगती है। अतः कुछ नया जोड़ना होता है। जैसे कोई ऑफर या इनाम, स्कीम, प्रोडक्ट में कुछ नया फार्मूला जोड़ना, पुराने के स्थान पर आकर्षक और सुविधाजनक पैकिंग आदि बातें इस क्षेत्र में ख़ूब प्रचलित हैं। तदनुसार विज्ञापन की रचना की जाती है। यह बातें बाज़ार के सर्वेक्षण से समझ में आती हैं। यह पूरी की पूरी प्रक्रिया विज्ञापन–शोध के अन्तर्गत आती है।

ब. गणना

विज्ञापन-निर्माता अपने द्वारा तैयार किये जाने वाले विज्ञापन के निर्माण में आनेवाली लागत आदि का अनुमान अच्छी तरह परिगणित कर लेता है। वह गणना कर लेता है कि उसका कुल बजट कितना है? कितनी चीजों का वह उत्पाद कर रहा है? उत्पाद में कितनी लागत आयी है? विज्ञापन के लिए कितना व्यय किया जाना चाहिए? किस माध्यम के लिए विज्ञापन तैयार किया जाये, जिससे कि निर्धारित बजट में ही काम हो जाये? विज्ञापन निर्माण के लिए किन-किन चीजों की आवश्यकता होगी? निर्माता कितने पैसे लेगा? कलाकार के पारिश्रमिक, कॉपी राइटिंग, फोटोग्राफी, शूटिंग आदि पर कितना व्यय आयेगा? विज्ञापन एजेंसी कितना पैसा लेगी? विज्ञापन में आने वाले व्यय का 'रिटर्न' कितना होगा? अर्थात् विज्ञापन में इतनी लागत लगाने के बाद उत्पाद की बिक्री में कितनी सहायता मिल सकती है कि लाभ अधिकतम हो। विज्ञापन में समय-समय पर परिवर्तन भी करना पड़ता है। ऐसी स्थिति में कितना व्यय और होगा? इन सब बातों की गणना कर लेनी होती है। तभी सफल विज्ञापन तैयार हो पाता है।

स. लेखन

इस बिन्दु पर अलग से चर्चा की जायेगी। यह शोध और सर्वेक्षण के उपरान्त की प्रक्रिया है। साथ ही यह विज्ञापित होने वाले उत्पाद, लक्षित समूह तथा माध्यम आदि बातों पर निर्भर है।

द. पूर्व परीक्षण (Pre-Testing)

विज्ञापन तैयार हो जाने पर उसे विज्ञापन एजेंसी को सौंपने या उस माध्यम में भेजने से पूर्व, जिसमें यह विज्ञापन आना है; कम्पनी के अन्दर ही इसका परीक्षण किया जाता है। इसे पूर्व परीक्षण (प्री-टेस्टिंग) कहा जाता है। यह विज्ञापन को अन्तिम रूप देने से पूर्व की प्रक्रिया है। इससे लाभ यह होता है कि उपयोगी सुझाव मिल जाते हैं और आवश्यकता पड़ने पर विज्ञापन में उचित संशोधन-परिवर्द्धन किया जा सकता है। अपने विज्ञापन को किस तरह प्रभावशाली, त्रुटिरहित और सम्पूर्ण बनाया जा सकता है?–प्री-टेस्ट में इस ओर ध्यान दिया जाता है। इसके अन्तर्गत–कितने सैकण्ड का शॉट दिखाना है? ब्लैकबोर्ड क्या होगा? रंग संयोजन (Colour Comination) क्या होगा? ध्वनि संरचना अथवा संगीत कैसा है और कैसा होना चाहिए? शब्द-चयन कैसा है और कैसा हो कि उपभोक्ता पर अच्छा प्रभाव पड़े? उपभोक्ता पर इस विज्ञापन की क्या प्रतिक्रिया होगी? आदि तथ्यों पर विचार किया जाता है।

पूर्व परीक्षण में प्रायः निम्नांकित परीक्षण सम्मिलित हैं–

1. उपभोक्ता जूरी (Consumer Jury)
2. स्टोरी बोर्ड परीक्षण (Story Board Test)

3. प्रयोगशाला परीक्षण (Laboratory Test)
4. चक्षु कैमरा (Eye Camera)
5. नेत्र गोलक विस्तारण परीक्षण (Pupil Daliation Test)
6. अभिवृत्ति परीक्षण (Aptitute Test)
7. प्रक्षेपण तकनीक (Projective Techniques)
8. गहन साक्षात्कार (Depth Interviewing)

पूर्व परीक्षण एक तरह से कृत्रिम परीक्षण है। यह कम्पनी के लोगों द्वारा ही कम्पनी के अन्दर किया जाता है। ताकि विज्ञापन की कमियों को दूर किया जा सके। इसमें अलग-अलग क्षेत्र के विशेषज्ञों का सहयोग लिया जाता है।

'उपभोक्ता जूरी' में कल्पित उपभोक्ताओं को निर्णायक माना जाता है। अर्थात् उपभेक्ता, जो किस उत्पाद विशेष का उपभोग कर रहे हैं, उनका इस विज्ञापन को पढ़कर, देखकर या सुनकर क्या फैसला हो सकता है? उनकी क्या राय बनेगी?—इसका अनुमान लगाया जाता है। समय-समय पर विज्ञापनों में बदलाव प्रायः उपभोक्ता जूरी के परीक्षण के आधार पर ही किया जाता है।

स्टोरी बोर्ड परीक्षण में विज्ञापन के लिखित रूप का परीक्षण होता है। विज्ञापन की पूरी 'स्टोरी' को या कहें कि स्क्रिप्ट को कागज पर लिख लिया जाता है। कितने समय के कौन-कौन से शॉट्स दिखाए जायेंगे, किस तर के शॉट्स हो सकते हैं, रंग संयोजन क्या होगा, ध्वनि अथवा संगीत कैसा होगा? अर्थात् वीडियो और ऑडियो का संयोजन किस प्रकार का रहेगा। इन सब बातों को कागज पर रेखांकित करके स्कैच तैयार कर लिया जाता है। इसके बाद अध्ययन होता है। जब सम्बन्धित अधिकारी—द्वारा इसे स्वीकृति मिल जाती है, तो उस 'बोर्ड' को फ़िल्म में रूपान्तरित कर लिया जाता है।

प्रयोगशाला परीक्षण में विज्ञापन देखकर, सुनकर या पढ़कर दर्शक अथवा श्रोता या पाठक पर होने वाले प्रभाव, उसके हाव-भावों को देखा जाता है। विज्ञापन देखकर वह कैसा अनुभव कर रहा है? उसके चेहरे के भाव, शरीर का मूवमेंट सब कुछ देखा जाता है। यह परीक्षण प्रायः दो तरह के यन्त्रों-द्वारा किया जाता है : 1. स्थेथिस्टोकोप टेस्ट, जिसमें विज्ञापन को विभिन्न गतियों से चलाकर एक गति निश्चित कर दी जाती है। इसी के द्वारा रंग का चमकीलापन और रंग-संयोजन भी तय किया जाता है। 2. साइकोगेल्वेनोमीटर टेस्ट, जिसमें दर्शक या श्रोता के मनोभावों का अध्ययन किया जाता है। विज्ञापन देखकर, सुनकर या पढ़कर उपभोक्ता के मनोमस्तिष्क पर क्या प्रभाव पड़ रहा है, उसकी हृदय-गति और ब्लडप्रेशर में क्या-क्या और किस तरह के परिवर्तन हो रहे हैं? इन बातों का अध्ययन किया जाता है। इन दोनों ही परीक्षणों का उद्देश्य होता है यह देखना कि विज्ञापन देखकर, सुनकर या पढ़कर उपभोक्ता को आराम और आनन्द मिल रहा है अथवा नहीं।

चक्षु कैमरा दृष्टि परीक्षण का यन्त्र है। व्यक्ति की आँखें सब कुछ बोल देती हैं। आँख का कैमरा व्यक्ति की पसन्द-नापसन्द को पढ़ लेता है। यह बहुत बड़ा और शक्तिशाली लैंस वाला होता है। यह विज्ञापन देख रहे व्यक्ति की आँखों का क्षण-प्रतिक्षण अनुमान लगाता है और छोटे से छोटे हाव-भाव को बड़ी आसानी और स्पष्टता के साथ पकड़ लेता है। उसकी एकाग्रता का आकलन कर लेता है। यदि एकाग्रता के साथ विज्ञापन देखा जा रहा है जो आँखें ज़्यादा खुली होंगी, पुतली विस्तार (प्यूपिल डेलिएशन) खुल जायेगा। आँखों का फैलना और सिकुड़ना हमारे मन पर पड़ने वाले प्रभाव को भी दर्शाता है।

अभिवृत्ति परीक्षण में किसी विज्ञापन के प्रति उपभोक्ता की विचारधारा तथा उसके प्रति व्यवहार

को देखता है। जिस चीज के प्रति उपभोक्ता की कोई धारणा या छवि पहले से बनी हुई है, उसी के आधार पर वह प्रतिक्रिया व्यक्त करता है। अभिवृत्ति में किस तरह बदलाव लाया जा सकता है, उसका अनुमान लगाने के लिए यह परीक्षण उपयोगी होता है।

प्रक्षेपण तकनीक में उपभोक्ताओं की संस्कृति से हटकर विज्ञापन तैयार किये जाते हैं। ऐसे प्रयोग नवीनता लिए होते हैं, साथ ही अच्छे भी लग सकते हैं। किन्तु इसमें सावधानी रखनी होती है। इसके अन्तर्गत थीम्वटिक एप्रीसिएशन टेस्ट तथा एसोसिएटस टेस्ट आते हैं, जिसमें वाक्य पूर्ति परीक्षण या 'कम्प्लीशन टेस्ट' भी निहित है।

गहन साक्षात्कार उपभोक्ता के व्यवहार को गहराई तक समझने के लिए आवश्यक होता है। इसमें अप्रत्यक्ष रूप से उपभोक्ता को किसी चीज का उपयोग करने के लिए उकसाया जाता है। दूसरे उपभोक्ता से कुछ कहा जाता है, किन्तु सुनाया दूसरे को जाता है। इस बहाने उसके मन-मस्तिष्क को टटोला जाता है।

य. पश्चात् परीक्षण (Post Testing)

पूर्व परीक्षण की तरह ही विज्ञापन का पश्चात् परीक्षण (Post Testing) किया जाता है। इसका मूल उद्देश्य है अपने विज्ञापन का आकलन। यह परीक्षण एक तरह का सर्वेक्षण है, जो विज्ञापन प्रकाशित या प्रसारित हो जाने के बाद किया जाता है।

इसके अन्तर्गत मुख्यतः चार परीक्षण हैं–

1. अभिज्ञान परीक्षण (Recognition Test)
2. स्मरण परीक्षण (Recall Test)
3. दिनोपरान्त स्मरण परीक्षण (Day after Recall Test)
4. प्रभाव परीक्षण (Persuation Test)

अभिज्ञान परीक्षण के अन्तर्गत यह अनुमान लगाया जाता है कि आमुक विज्ञापन कितना प्रभावशाली है। इस परीक्षण का तात्पर्य है कि किसी उत्पाद के बारे में जरा-सी पहचान मिलते ही आपको एकदम पता चल जाये कि यह किस उत्पाद का विज्ञापन था। यह विज्ञापन के प्रभाव का अच्छा मानक है। यह ट्रेडमार्क या लोगों से भी जाना जा सकता है। इस परीक्षण के अन्तर्गत चार परीक्षण और आते हैं–1. स्टार्च परीक्षण, जो मुख्य रूप से मुद्रण माध्यम के विज्ञापन के लिए प्रयुक्त होता है; जिसमें मिलते-जुलते नाम को बदलकर लिखा जाता है और मुख्य नाम की पहचान कराई जाती है। जैसे–BATA (असली नाम) BOTA (नकली नाम) या Adidas (असली नाम) Addidas (नकली नाम)। 2. ब्रोजोन परीक्षण, जिसमें बिना ब्राण्ड नाम दिये चित्रों के माध्यम से केवल स्लोगन दिया जाता है तथा उत्तर पूछा जाता है। जैसे–*खाए जाओ–खाए जाओ...*। या *ठण्डा मतलब....*। इसी तरह–*तन्दुरुस्ती की रक्षा करता है...*। 3. कॉमेंट टेस्ट, जिसमें बिना ब्राण्ड नाम और बिना कम्पनी का नाम दिये केवल विज्ञापन दिखाए जाते हैं और पहचान कराई जाती है। जो लोग उस ब्राण्ड से जुड़े होते हैं और उसका प्रयोग करते रहते हैं, उन्हें अवश्य याद आ जाता है कि यह विज्ञापन अमुक ब्राण्ड और कम्पनी का है। 4. टैथम लायर्ड एण्ड कुडूर कम्पनी का टेस्ट, जिसमें बिना ऑडियो के 15-20 सेकेण्ड का विज्ञापन दिखाया जाता है। कम्पनी और ब्राण्ड का नाम भी नहीं दिया जाता। या तो शुरू का (ओपनिंग) शॉट दिखाया जाता है या अन्त का (क्लोजिंग) शॉट। तब पहचान कराई जाती है कि यह विज्ञापन किस कम्पनी और ब्राण्ड का है। इससे यह पता लगाया जाता है कि इस

विज्ञापन में ऐसे कौन-कौन से तत्त्व थे, जिनके कारण विज्ञापन याद रहा। सबसे प्रभावशाली दृश्य कौन-से थे जो बार-बार विज्ञापन की याद दिलाते हैं।

कई बार अभिज्ञान परीक्षण के लिए अलग-अलग विज्ञापन तैयार किये जाते हैं, जो दर्शकों, श्रोताओं या पाठकों पर अपनी बाह्य छाप छोड़ते हैं। उदाहरण के लिए समाचारपत्रों में कोई पूरा पृष्ठ या आधा पृष्ठ खाली छोड़ दिया जाता है। नीचे बहुत छोटे अक्षरों में कुछ लिख दिया जाता है। यह भी एक तरह का अभिज्ञान परीक्षण है। ताकि पाठक एकदम उत्पाद का नाम याद करें।

अभिज्ञान परीक्षण से पाठकों से निम्नांकित प्रश्नों के उत्तर प्राप्त किये जा सकते हैं—

1. विज्ञापन को कितने लोगों ने पढ़ा या देखा?
2. उत्पाद से जुड़े पुराने विज्ञापन ज़्यादा प्रभावशाली रहे या नया विज्ञापन अधिक प्रभावशाली है?
3. बाज़ार में मिलने वाले इसी तरह के अन्य उत्पादों का विज्ञापन अच्छा है अथवा हमारा?
4. विज्ञापन से उत्पाद की बिक्री पर कितना प्रभाव पड़ा है?
5. अपने उत्पाद की बिक्री हेतु विज्ञापन में ऐसा नया क्या दिया जाये, जिसके कारण उपभोक्ता तुरन्त और अधिक से अधिक आकर्षित हों?

समग्रतः अभिज्ञान परीक्षण से यह बोध हो सकता है कि कोई विज्ञापन कहाँ और किस स्तर पर खड़ा है तथा उसमें क्या-क्या सुधार किये जा सकते हैं कि वह सबसे ऊपर हो जाये।

स्मरण परीक्षण स्मृति प्रभावित परीक्षण है। आज आधुनिक जन संचार माध्यमों में हजारों विज्ञापन आ रहे हैं। ऐसी स्थिति में किसी के लिए यह याद रखना असम्भव नहीं तो कठिन अवश्य है कि दिनभर हमने कितने उत्पादों के कौन-कौन से विज्ञापन देखे। फिर भी कुछ विज्ञापन अपनी अलग पहचान रखने के कारण हमारे मन पर एक अलग ही छाप छोड़ते हैं। वे हमें याद रह जाते हैं। स्मृति परीक्षण की यह मुख्य शर्त है कि जब हम कोई उत्पाद क्रय करने जाते हैं तो हमारे मस्तिष्क में एकदम ऐसा विज्ञापन कौंध जाता है, जो स्मृति में बसा हुआ है। विचार आता है कि यही उत्पाद खरीदा जाये, जिसका यह विज्ञापन है। उस ब्राण्ड और कम्पनी का नाम तुरन्त याद आ जाता है।

दिनोपरान्त स्मरण परीक्षण विज्ञापन प्रसारित होने के 24 घण्टे बाद किया जाता है। कुछ कम्पनियाँ 48 या 72 घण्टे बाद भी यह परीक्षण करती हैं। इस परीक्षण के लिए प्रायः फ्री टेलीफोन लाइन का प्रयोग किया जाता है। इस परीक्षण के जन्मदाता हैं *जॉर्ज गैलप*। उन्होंने ही सबसे पहले इसका प्रयोग किया। इसमें कम्पनी का नाम और ब्राण्ड नहीं बताया जाता, केवल विज्ञापन की स्थिति बता दी जाती है और उपभोक्ता से विज्ञापन की पहचान कराई जाती है। विभिनन टेलीफोन कॉल्स के द्वारा यह प्रतिशत निकाला जाता है कि अमुक विज्ञापन को कितने प्रतिशत लोगों ने पसन्द किया। फिर एक ही उत्पाद के विभिन्न ब्राण्ड्स की तुलना की जाती है। इस परीक्षण में उपभोक्ता की स्मृति में सबसे पहले आने वाले ब्राण्ड नाम का आकलन हो जाता है।

प्रभाव परीक्षण, जैसा कि इसके नाम से स्पष्ट है किसी विज्ञापन के हमारे मन पर पड़ने वाले प्रभाव को जानने में सहायता करता है। विज्ञापन में ऐसी कौन-सी विशेषता थी, जिसने हमें प्रभावित किया और हम उस उत्पाद विशेष को खरीदने के लिए लालायित हो उठे?—इस प्रश्न का उत्तर हमें मिल जाता है। इसमें विज्ञापन लेखन से लेकर, अपनी बात कहने के ढंग, तर्क-क्षमता, प्रस्तुति आदि सब कुछ समाहित है। इस परीक्षण में विशेष उपभोक्ताओं के वर्ग-समूह बनाये जाते हैं। प्रायः प्रश्नावली पद्धति को अपनाकर परीक्षण किया जाता है।

इन परीक्षणों के अतिरिक्त विज्ञापनों के सन्दर्भ में क्रय-व्यवहार परीक्षण, सीधी प्रतिक्रिया

परीक्षण, संप्रेषण परीक्षण और फोकस ग्रुप जैसे परीक्षण भी काम में लाए जाते हैं। ये सब विज्ञापन की प्रभावशीलता और सफलता एवं असफलता के आकलन में सहायक हैं।

4.2.2 विज्ञापन-संरचना

विज्ञापन शोध एवं सर्वेक्षण के बीच की सबसे अहम कड़ी। विज्ञापन निर्माण के 'पूर्व चरण' के बाद हम इस चरण पर आते हैं, तब विज्ञापन निर्माण का 'पश्चात् चरण' आरम्भ होता है। लेकिन देखा जाये तो ये दोनों ही चरण अच्छे विज्ञापन को तैयार करने के लिए ही हैं।

विज्ञापन की रचना के अन्तर्गत केवल 'लेखन' नहीं है। इसके अन्तर्गत एक उत्तरदायित्वपूर्ण निर्माण अथवा एक कलापूर्ण व्यावसायिक संरचना की अवधारणा काम करती है। इस उद्देश्य की अभिपूर्ति के लिए पूरा प्रबन्ध तन्त्र सक्रिय रहता है।

विज्ञापन निर्माण से जुड़ी एजेंसियों में मुख्यतः तीन विभाग कार्य करते हैं—

अ. सर्जनात्मक विभाग (क्रिएटिव डिपार्टमेंट)

इसके अन्तर्गत कॉपी राइटर, विजुअलाइज़र और फोटोग्राफर काम करते हैं।

ब. ग्राहक सेवा (क्लाइंट सर्विस)

इसके अन्तर्गत—एकाउंट एक्जियूटिव, बिजनेस डेवलपमेंट मैनेजर, मार्केटिंग एक्जिक्यूटिव, मार्केटिंग डाइरेक्टर काम करते हैं।

स. मीडिया प्लानिंग

कई एजेंसियाँ अपनी सुविधानुसार इसमें परिवर्तन कर लेती हैं। जैसे किसी विज्ञापन एजेंसी का ढाँचा इस प्रकार का हो सकता है—

1. *शोध-विभाग,* जो लक्षित ग्राहक वर्ग का या उपभोक्ता समूह को रेखांकित करता है। संचार माध्यमों का चयन करता है। उत्पाद की बिक्री एवं छवि संवर्द्धन के लिए सर्वेक्षण करता है।
2. *रचनात्मक विभाग,* जो कई तरह के विशेषज्ञों का समूह होता है। इन विशेष समूहों के चार उपविभाग कार्य करते हैं—कॉपी लेखन, कला निदेशन, फैशन डिज़ाइनिंग और भाषा विभाग।
3. *प्रबन्धकीय विभाग,* जो लेखा सेवा, वित्तीय एवं प्रशासकीय कार्यों के लिए होता है।

कुछ एजेंसियाँ जनसम्पर्क और मार्केटिंग के लिए भी स्वतन्त्र अनुभाव गठित करती हैं।

हम यहाँ मुख्यतः विज्ञापन के संरचनात्मक पक्ष की चर्चा कर रहे हैं। किसी भी विज्ञापन एजेंसी का रचनात्मक विभाग अत्यन्त महत्त्वपूर्ण है। वही अपने परिश्रम से एक टीम वर्क के रूप में कार्य करते हुए विज्ञापन तैयार करता है। लेकिन इसमें भी सबसे पहले *कॉपी लेखन का कार्य*।

विज्ञापन के लिए कॉपी लेखन का कार्य अत्यन्त कौशल की माँग करता है इसलिए यह कठिन और चुनौतीपूर्ण है। अच्छे विज्ञापन के गुणों के सन्दर्भ में हम अक्सर उसके आकर्षक, नवीन, रचनात्मक और कलात्मक होने की चर्चा करते हैं। ये सारे गुण विज्ञापन-लेखन के समय ध्यान में रखने होते हैं। यह एक प्रतिभावान कॉपी लेखक का ही कौशल है, जो इन सारे गुणों की विज्ञापन में समाहित करता है। कहा जाता है कि विज्ञापन में शब्द ही वह सीढ़ी होते हैं जिन पर चढ़कर कोई वस्तु, विचार एवं सेवा उपभोक्ता तक पहुँचती है। अतः उसमें पैनापन तथा सम्प्रेषणीयता होना आवश्यक है।

(इस सन्दर्भ में *निदा फ़ाज़ली* की एक नज़्म को उद्धृत करना समीचीन होगा, जो एक विज्ञापन

तैयार करने वाली टीम की ओर से कॉपी लेखक के लिए निवेदन के रूप में संदर्भित की जा सकती है (यद्यपि निदा फ़ाज़ली ने इसे अन्य किसी सन्दर्भ में रचा है!)। नज़्म है :

बहुत से कम हैं/लिपटी हुई धरती को फैला दें
दरख़्तों को उगाएँ, डालियों पर फूल महका दें
पहाड़ों को क़रीने से लगाएँ/चाँद लटकाएँ
ख़लाओं के सरो पे नीलगूँ आकाश फैलाएँ
सितारों को करें रौशन/हवाओं को गति दे दें
फुदकते पत्थरों को पंख देकर नग़मगी दे दें
लबों को मुस्कुराहट/अँखड़ियों को रौशनी दे दें
सड़क पे डोलती परछाइयों को ज़िन्दगी दे दें
खुदा ख़ामोश है, तुम आओ तो तख़लीफ़ को दुनिया
मैं इतने सारे कामों को अकेले कर नहीं सकता[1]

अर्थात् कॉपी लेखक अपनी रचनात्मक टीम के साथ मिलकर विज्ञापन के रूप में एक प्रति संसार रचता है! यह कमाल या तो ईश्वर कर सकता है या फिर विज्ञापन का कॉपी लेखक!!

कॉपी लेखक विज्ञापन लिखने से पहले एक लम्बी मानसिक प्रक्रिया से गुजरता है तथा उसे कई चरणों को पार करना होता है। संक्षेप में ये चरण हैं—

1. बाज़ार का अध्ययन करना। 2. उपभोक्ताओं की रुचियों एवं मनोविज्ञान का अध्ययन करना। 3. उत्पाद के वैशिष्ट्य की पूरी जानकारी प्राप्त करना। 4. उत्पाद की छवि तथा बिम्बों, दृश्यों, नाटकीय स्थितियों की कल्पना करना। 5. उपर्युक्तानुसार शब्द-चयन करना, ताकि यह सभी कुछ प्रभावशाली शब्दों में समेटा जा सके।

इसके साथ ही उसे विज्ञापन की आचार संहिता एवं विज्ञापन कानून का भी ध्यान रखना होता है।

कॉपी लेखक ऐसा विज्ञापन लिखने की कोशिश करता है कि उपभोक्ता उसे पढ़, सुन या देखकर यह अनुभव करने लगे यह उत्पाद मुझे अवश्य खरीदना चाहिए, इसके बिना मेरा जीवन और व्यक्तित्व अधूरा है और यही उत्पाद सबसे बेहतर है। प्रायः एक माध्यम के लिए लिखी गयी कॉपी दूसरे माध्यम के लिए सटीक नहीं हुआ करती। इसलिए माध्यम को ध्यान में रखना होता है। हरेक जनमाध्यम का अपना व्याकरण है और उसका अपना शिल्प है। अपना वैशिष्ट्य है। इसका ध्यान रखना होता है।

सामान्यतः एक विज्ञापन की लिखित या मुद्रित कॉपी के निम्नांकित भाग होते हैं, जिनकी विशेषताएँ इस प्रकार हैं—

1. शीर्षक

– शीर्षक संक्षिप्त हो।
– सरल हो।
– आकर्षक और रोचक हो।
– उत्पाद के मूल गुण को संकेतित करे।
– ब्राण्ड का नाम ऐसा हो जो लोगों की जुबान पर चढ़ सके और प्रसिद्धि पा जाये।

2. उपशीर्षक

संक्षिप्तता और शब्द-सीमा के कारण एक विज्ञापन के शीर्षक में किसी उत्पाद के बारे में सारी सूचनाएँ

नहीं दी जा सकतीं। इसलिए उपशीर्षक की आवश्यकता होती है। उपशीर्षक शीर्षक का पूरक होता है। या इसे शीर्षक का विस्तार भी कह सकते हैं। यह आकार में शीर्षक से बड़ा होता है। उदाहरण के लिए मान लें कि किसी विज्ञापन का शीर्षक अधिकतम 10 शब्दों का है, तो उपशीर्षक लगभग 15 से 20 शब्दों तक हो सकता है।

3. काया या बॉडी अथवा मुख्य भाग

विज्ञापन की 'काया' में विज्ञापित उत्पाद के गुण, विशेषताएँ, लाभ, प्रतिक्रियाएँ, सलाह, व चेतावनी आदि का वर्णन रहता है। इसमें शीर्षक में दिये गये वक्तव्यं का समर्थन निहित रहता है। यदि शीर्षक प्रश्नवाचक है तो 'काया' में उसका उत्तर या समाधान होता है। यद्यपि विज्ञापन की 'काया' विस्तृत होती है, किन्तु इतनी विस्तृत नहीं कि 'बेडौल' लगे! उसे नारी सौन्दर्य की भाषा में कहें तो 'छरहरी' और सन्तुलित होना चाहिए! सर्वांग सम्पूर्ण, व्यवस्थित और आकर्षक।

4. उपसंहार

विज्ञापन में मूल कथ्य की समाप्ति के बाद उपसंहार स्वरूप वह पंक्ति दी जाती है, जो उपभोक्ता को उत्पाद क्रय करने के लिए प्रेरित करती है। कभी-कभी यह क्रम बदल भी सकता है। इसे कहीं और समायोजित कर दिया जाता है।

5. शैली

एक विज्ञापन को उसकी शैली ही दूसरी विज्ञापन से विशिष्ट बनाती है। विज्ञापन के क्षेत्र में मुख्य रूप से तीन की शैलियों का प्रचलन है–

अ. तथ्यात्मक, जिसमें कोई विज्ञापन सीधे-सीधे तथ्यों पर आधारित होता है। इसमें उत्पाद का बाह्य रूपाकार तथा उसकी विशेषताओं का सीधा-सादा वर्णन रहता है। ब. कल्पना प्रधान, जिसमें तथ्यात्मकता होते हुए भी तथ्यों के प्रस्तुतीकरण में कल्पना का समावेश किया जाता है। अच्छे विज्ञापन में रचनात्मक आती ही कल्पना से है। बिना कल्पना के, विज्ञापन तो क्या कोई भी लेखन रचनात्मक नहीं बन सकता। विज्ञापन में तथ्यों को बचाते हुए कल्पना के रचनात्मक उपयोग का कार्य बहुत कठिन होता हैं इसका निर्वाह कॉपी लेखक से अतिरिक्त प्रतिभा की माँग करता है। स. भाव प्रधान, जिसमें विज्ञापन उपभोक्ता के भावों का संस्पर्श करने की ओर विशेष ध्यान देता है। ऐसे विज्ञापनों में पारिवारिक सन्दर्भों, प्रेमाभिव्यक्ति, वात्सल्य, करुणा, भय, क्रोध, हास्य आदि नाना प्रकार के भावों को अपील के रूप में इस्तेमाल किया जाता है। इसमें प्रायः नाटकीयता और चामत्कारिकता का समावेश होता है।

6. स्लोगन (नारे) और 'जिंगल' (छनकती हुई तुकबन्दी)

विज्ञापन के मूल सन्देश का समूचा आकर्षण 'स्लोगन' में ही छिपा है। स्लोगन विज्ञापन ही नहीं अपितु उत्पाद की भी जान है। यही उपभोक्ता की जुबान पर चढ़ता है तथा यही विज्ञापन की अपील भी होता है। प्रायः स्लोगन गीतात्मक हुआ करते हैं। यही कारण है कि श्रव्य तथा श्रव्य-दृश्य माध्यमों के विज्ञापनों में संगीत युक्त गीतात्मक स्लोगनों का प्रयोग सार्थक होता है। ऐसे स्लोगन जनता के बीच जल्दी की लोकप्रिय और प्रचलित हो जाते हैं। कई बार किसी चर्चित फ़िल्म के गीत की पैरोडी या उसकी धुन को स्लोगन के रूप में इस्तेमाल कर लिया जाता है। *विज्ञापनों में 'जिंगल' (Jingle)* का उपयोग बहुत ही ख़ूबसूरती के साथ किया जाता है। ये काव्यात्मक वाक्य होते हैं, जो संगीतबद्ध

होकर प्रायः बैकग्राउंड में बजाये जाते हैं। इन्हें छनछनाती हुई तुकबन्दी भी कह सकते हैं। इसका प्रयोग कई बार स्लोगन के रूप में भी होता है। कालान्तर में ये विज्ञापन की अपनी पहचान बन जाते हैं। यथा– *"वाशिंग पाउडर निरमा, दूध सी सफेदी निरमा से आये, रंगीन कपड़ा भी खिल-खिल जाये। सबकी पसन्द निरमा। वाशिंग पाउडर निरमा।"* 'निरमा' का यह विज्ञापन ख़ूब लोकप्रिय रहा है। इसी तरह केवल दृश्य के पार्श्व में बजता हुआ गीतात्मक जिंगल एक साबुन को विज्ञापित करता है– *"बूँदों में...बूँदों में...बूँदों में..."*।

स्लोगन याद रखने में आसान ऐसा शब्द/वाक्यांश/सूक्ति या मुहावरा है, जो उपभोक्ता का ध्यान तुरन्त आकर्षित करता है। बार-बार प्रयोग से वह स्मृति में बैठ जाता है। इसी क्रम में सूक्ति पंक्ति (Tag Line) और छाप पंक्ति (Punch Line) भी हमारा ध्यान आकर्षित करती हैं। स्लोगन से ये अलग हैं। छाप पंक्ति (Punch Line) यों तो स्लोगन जैसी ही है किन्तु इनमें चटपटापन, हास्य व्यंग्य-विनोद होता है जबकि सूक्ति पंक्ति (Tag Line) कम्पनी के जीवन दर्शन, विचार और सिद्धान्त को सूत्र रूप में व्यक्त करती है। स्लोगन बदलते रह सकते हैं, सूक्ति पंक्ति प्रायः स्थायी रहती है।

7. भाषा (शब्द, ध्वनि, देह एवं रंग भाषा)

भाषा विज्ञापन की वाणी है। विज्ञापन को भाषा ही जीवन्त बनाती है। भाषा के विषय में यह तथ्य जानना आवश्यक है कि हम भाषा का अध्ययन विभिन्न सन्दर्भों में करते हैं। भाषा के विषय में प्रायः यह माना जाता है कि भाषा ध्वनियों से निर्मित शाब्दिक प्रतीकों की व्यवस्था है। इस दृष्टि से यह एक संरचना अथवा व्यवस्था है। तदनुसार हम भाषा की संरचना का अध्ययन व्याकरण के तौर पर करते हैं। किन्तु हमें यह बात विशेष रूप से याद रखनी होगी कि भाषा सामाजिक वस्तु है तथा सामाजिक सम्प्रेषण का माध्यम है। समाज भाषा विज्ञान भाषा के अध्ययन का नया क्षेत्र है, जिसमें भाषा के सन्देश (सम्प्रेषण) के पक्ष पर बल दिया जाता है। दूसरी ओर हम भाषा विज्ञान के मनोवैज्ञानिक पक्ष को भी अनदेखा नहीं कर सकते। यह मनोभाषिकी का क्षेत्र है। यहाँ यह भी बताना आवश्यक है कि भाषा केवल 'शब्द' नहीं है, ध्वनियों से निर्मित शाब्दिक प्रतीकों की व्यवस्था भाषा का सर्व प्रचलित रूप है। किन्तु आंगिक भाषा, मौन तथा रंगों की भाषा का विशेष रूप से विज्ञापन के क्षेत्र में अपना महत्त्व है। इसलिए *जब हम विज्ञापन की संरचना में भाषा के पक्ष की बात करेंगे, तो आंगिक, संगीत, मौन और रंग भाषा को भी भाषा के वाचिक रूप के साथ जोड़कर देखेंगे।*

जहाँ तक भाषा के ध्वनियों से निर्मित शाब्दिक प्रतीकों की व्यवस्था का प्रश्न है, विज्ञापन में भाषा के इस लिखित एवं उच्चरित रूप में निम्नांकित बातों को विशेष ध्यान रखा जाता है–

- भाषा सरल, सहज, सरस और बोधगम्य होनी चाहिए।
- संक्षिप्तता का ध्यान रखा जाना चाहिए।
- लक्षित समूह में प्रचलित, उस समूह के लिए जानी-पहचानी शब्दावली हो।
- लक्षित समूह-समाज के सौन्दर्यबोध से मेल खाने वाली लोकोक्तियों और मुहावरों से युक्त होनी चाहिए।
- अलंकारों का प्रयोग भाषा को आकर्षक बनाता है। इसलिए अलंकारों का समावेश करना चाहिए। वह काव्यात्मक हो तो और भी अच्छा।
- भाषा इस तरह की होनी चाहिए कि वह लक्षित समूह के मनोभावों को छू सके। उन्हें उभार सके। उद्दीप्त और प्रेरित कर सके।

– उत्पाद के बारे में सारे तथ्यों को रोचकता, नाटकीयता, आकर्षण के साथ सामने लाने वाली भाषा ही आदर्श है। इसलिए ऐसी भाषा वरेण्य है।

– विज्ञापन की भाषा अभिधात्मक कम लक्षणा और व्यंजना से युक्त अधिक होनी चाहिए।

– भाषा में सजीवता, रोचकता, नाटकीयता, जीवन्तता, चुटीलापन जैसे गुण होने चाहिए।

वस्तुतः विज्ञापन की भाषा बहुत कुछ विज्ञापित की जाने वस्तु (उत्पाद) अथवा विचार की प्रकृति पर निर्भर करती है। इससे भी ज़्यादा वह विज्ञापन के माध्यम पर भी निर्भर है।

जैसा हमने पीछे संकेत किया है, आंगिक भाषा, संगीत और मौन तथा रंगों की भाषा भी हुआ करती है। विज्ञापन यदि श्रव्य माध्यम के लिए है तो उसमें ध्वनि अथवा संगीत का विशेष महत्त्व है। यहाँ संगीत और ध्वनि ही उस विज्ञापन की असली 'भाषा' है। इसलिए ध्वनि और संगीत का सन्तुलित, ध्यानाकर्षक प्रयोग करना चाहिए। ऐसे विज्ञापनों में संवादों का सार्थक प्रयोग किया जाना चाहिए। ये सब मिलकर ऐसा प्रभाव पैदा करें कि उत्पाद और उससे जुड़ी बातें उपभोक्ता के मनोमस्तिष्क में दृश्य के रूप में उभरकर आजायें। विज्ञापन सुनते ही तुरन्त उपभोक्त का ध्यान उस ओर आकर्षित हो।

इसी तरह श्रव्य-दृश्य माध्यमों के विज्ञापनों में दृश्यों, चित्रों और रंगों का विशेष महत्त्व है। यहाँ लिखित शब्द कम, ध्वनि, संगीत, मौन और रंग अधिक 'बोलते' हैं। यहाँ ध्यान देने योग्य तथ्य यह भी है कि रंगों का प्रयोग सन्तुलन बनाने तथा उपचार के साथ ही चेतना के गहरे स्तरों को जगाने में भी किया जाता है। रंग तीन श्रेणियों में विभाजित हैं–प्राइमरी (लाल, पीला, नीला), सैकण्डरी (प्राइम रंगों से बने) और टरशियरी (प्राइमरी तथा सैकण्डरी के मेल से बने)।

रंगों से जुड़े विज्ञापन (जैसे–दीवारों पर किये जाने वाले पेन्ट, त्वचा को निखारने वाली क्रीम और साबुन के विज्ञापन) तो एक तरह से होते ही रंगों की भाषा में हैं। रंगों का अपना मनोवैज्ञानिक प्रभाव भी होता है। इनका सम्बन्ध अलग-अलग विशेषताओं को समझकर अभ्यास के साथ इनका सन्तुलन बनाना सीखना चाहिए। कुछ व्यक्तियों पर कुछ रंग कैसा प्रभाव डालते हैं, कुछ लोगों पर दूसरे तरह का। ऊर्जा प्रणाली के अनूकूल रंगों का चुनाव किया जाता है। विभिन्न अध्ययनों के अनुसार मुख्य-मुख्य रंगों के बारे में कुछ ज्ञातव्य तथ्य इस प्रकार हैं–

–*लाल रंग* यों तो ख़तरे का सूचक माना गया है; किन्तु यह प्रेम और स्नेह को परिभाषित करता है। साथ ही यह युद्ध, अग्नि, सफलता और उगते हुए सूरज का प्रतीक माना जाता है। यह सात रंगों में अपने तेज के लिए जाना जाता है। अगर सकारात्मक रूप से देखें तो लाल रंग साहस, शक्ति और पथ प्रदर्शक का संकेतक होता है। वहीं नकारात्मक रूप में यह गुस्सा और क्रूरता का प्रतीक है। लाल रंग रक्तचाप को बढ़ाने के साथ ही व्यक्ति में थकान और सुस्ती भी पैदा करता है। साथ ही शक्ति, जागरूकता, तेज और आत्मविश्वास को प्रोत्साहन देने में सहायक होता है। लाल रंग में हम जीवन, मृत्यु, आक्रोश, शर्म, साहस, तनाव, गर्व और अवसर के रंग देख सकते हैं। यह चटकीला रंग आत्मविश्वास और ख़ूबसूरती का प्रतीक है। लन्दन स्कूल ऑफ इकोनॉमिक्स में दार्शनिक और 'सीइंग रेड' पुस्तक के लेखक निकोलस हम्फ्रे के अनुसार, "अगर आप लोगों की नजर में आना चाहते हैं तो लाल रंग का इस्तेमाल कीजिए क्योंकि यह भी सच है कि प्रकृति ने अपने सम्पूर्ण रूप में हरे रंग की पृष्ठभूमि में लाल रंग को एक खास जगह दी है।"[2]

–*बैंगनी रंग* सम्मान, मान-मर्यादा, आदर और आशाओं का रंग है। यह विचारों और संवेदनाओं को शुद्ध करता है। इस रंग की ऊर्जा स्व के मार्गदर्शन, विवेक और आंतरिक शक्ति को जोड़े रखती

है। यह कलाकारों की रचनात्मकता और उनकी प्रतिभा को बढ़ावा देता है। भावुक लोगों को यह रंग नहीं पहनना चाहिए। यह रंग खून को साफ़ करने में सहायक होने के साथ ही हड्डियों की बढ़ोतरी में मददगार होता है। यह भूख को नियन्त्रित करता है। ध्यान के दौरान यह रंग अतीत को जानने में सहायक होता है। इस रंग का दुरूपयोग लोगों को आलसी बना देता है। इस रंग के लोग अधिकार और राजसत्ता से सम्बन्धित होते हैं। यह रंग दिमाग के दाईं तरफ से सम्बन्धित होता है जो दिमाग और तन्त्रिका तन्त्र को बहुत प्रभावित करता है। यह शरीर के सभी तन्त्रों को शान्त बनाये रखने में सहायक होने के साथ ही मैटाबॉलिज्म में सन्तुलन बनाये रखता है। ईजिप्ट में बैंगनी रंग सद्‌गुण और विश्वास का प्रतीक माना जाता है। ब्रिटेन में यह रंग शोक को दर्शाता है साथ ही कई धर्मों का रंग भी माना जाता है। जापान में बैंगनी रंग समृद्धि और श्रेणी को दर्शाता है।

—*काला रंग* जीवन में रंगों की कमी और खालीपन को दर्शाता है। इस रंग का सम्बन्ध कृत्रिमता और शक्ति से होता है। इसकी विशेषता यह है कि यह रंग दूसरे रंगों को चमकने का अवसर देता है। इस रंग का उपयोग सुरुचिपूर्ण, अस्पष्टता और रहस्यों को व्यक्त करता है। इसे मृत्यु, अँधेरा, दमन और चरित्रहीनता का भी प्रतीक माना गया है। काला किसी भी चीज से सुरक्षा प्रदान करने वाला रंग है। यह अतिसंवदेनशील व्यक्तियों को शान्त और स्थिर करने के लिए प्रयोग किया जा सकता है। यह शरीर की स्त्रैण या चुम्बकीय ऊर्जाओं को क्रियाशील कर देता है, उन्हें शक्ति प्रदान करता है। काले रंग में समूचा रंग स्पैक्ट्रम है। इस रंग को पसन्द करने वाले लोग प्रतिष्ठा और शक्ति में विश्वास करते हैं। ये अपने व्यक्तित्व और भावनाओं के प्रदर्शन में विश्वास नहीं करते। काला रंग अँधेरे और अज्ञान का प्रतीक भी माना गया है। जॉर्डन में एक बार सितम्बर में हजारों लोगों के मर जाने के कारण पूरा महीना काले सितम्बर के रूप में मनाया जाता है। 'ब्लैक होल ऑफ कलकत्ता' बदनामी के लिए जाना जाता है। जबकि केन्या और तंजानिया की मसाई जाति में काला रंग बारिश के बादलों से सम्बन्धित होता है जो कि ज़िन्दगी और खुशहाली का प्रतीक है। जापानी संस्कृति में काला श्रेष्ठता और अनुभव का प्रतीक है। चीन में लड़कों के परम्परागत कपड़ों का रंग काला होता है।

—*नीला रंग* समुद्र और आकाश को परिभाषित करता है। यह रंग गहनता और स्थिरता से सम्बन्धित है। इस रंग को सत्य, आत्मविश्वास, समझदारी, विश्वास, विवेक और वफादारी का प्रतीक माना जाता है। नीला रंग मस्तिष्क और शरीर के लिए लाभदायक होता है। एक शोध के अनुसार नीला रंग पुरुषों के द्वारा अधिक पसन्द किया जाता है। हल्का नीला रंग स्वास्थ्य, आपसी समझदारी और सौम्यता से सम्बद्ध होता है, जबकि गहरा नीला रंग ज्ञान, शक्ति, सम्पूर्णता और गम्भीरता को दर्शाता है। अकेलेपन को दूर करने और अन्तःप्रज्ञा को जागरित करने के लिए नीला रंग प्रयोग किया जा सकता है। जब इसे अपने रेंज के गुनगुने रंगों के मेल में तथा लाल-नारंगी स्पैक्ट्रम के रंगों के मेल में प्रयोग किया जाता है तब यह बहुत प्रभावी होता है। यह कलात्मक अभिव्यक्ति एवं प्रेरणा जाग्रत करने के लिए भी प्रयोग किया जा सकता है। नीला रंग ईमानदारी, विश्वास, परवाह करने वालों को परिभाषित करता है। इसे धीरे गम्भीर चरित्र के लिए जाना जाता है। प्राचीन रोम में लोक सेवक नीला रंग पहनते थे। अब पुलिस और अन्य दूसरे लोक सेवक इस रंग के कपड़े पहनते हैं। ईरान में नीला रंग शोक का प्रतीक है। अमेरिका में पोस्ट ऑफिस मेल बॉक्स नीले रंग के होते हैं। माना जाता है कि नीले रंग वाली जगह पर काम करने वाले लोग अधिक कल्पनाशील होते हैं। यह रंग सच्चाई और शान्ति का प्रतीक है।

—*हरा रंग* प्रकृति का संकेतक होता है। इस रंग की पकड़ करना आँखों के लिए सबसे कठिन होता है। यह रंग शान्ति और परिस्थितियों से सम्बद्ध होता है। यह जीवन का भी प्रतीक है। साथ

ही आध्यात्मिक रूप से यह रंग प्यार का प्रतीक है। यह पेड़-पौधों तथा घास के माध्यम से प्रकृति के शान्त वातावरण की अनुभूति कराता है। एक शोध के अनुसार हरा रंग पढ़ने की आदत में सुधार करने के काम भी आ सकता है। यह रंग इस ग्रह पर सबसे श्रेष्ठ रंग है। यह शुद्धता एवं सामंजस्य को प्रस्तुत करता है। आरामदायक होने के कारण लोग तरोताजा रहने के लिए 'ग्रीन रूम' का उपयोग करते हैं। अधिक मैत्री भाव, आशा, आस्था और शान्ति बढ़ाने एवं जाग्रत करने में हरे रंग का प्रयोग किया जा सकता है। पुनः ऊर्जा बनाने और अत्यधिक मानसिक तनाव में आराम के लिए इसका प्रयोग होता है। प्राचीन ग्रीस में हरा रंग जीत का प्रतीक माना जाता था। आयरलैण्ड का राष्ट्रीय रंग हरा ही है। इस्लाम में यह पवित्र रंग है। मिस्र में मन्दिरों का फर्श हरे रंग का होता है। हरा रंग स्पैक्ट्रम में नीले रंग की ओर झुकाव रखता है। यह खुशहाली का भी प्रतीक है।

–*पीला रंग* मनुष्य की आँखों द्वारा सबसे जल्दी पहचाने जाने वाला रंग है। यह रंग आशावाद, समझ और खुशी के साथ आभा देता है। पीला रंग प्रतिभा का प्रतीक माना जाता है और इसलिए इसकी सुनहरी रंगत सकारात्मक भविष्य के वादे की ओर संकेत करती है। इस रंग की ऊर्जा अनुभव करने और समझने की योग्यता से सम्बन्ध रखती है। यही ऊर्जा हमें मानसिक स्तर से भी जोड़े रखती है। पीला रंग मानसिक उद्दीपक होने के साथ-साथ तंत्रिकातन्त्र को भी प्रोत्साहित कर शक्ति प्रदान करता है। साथ ही स्मृति को सक्रिय बनाये रखने में सहायक होता है। पीला रंग हर समय व्याकुल रहने वाले लोगों के लिए अच्छा होता है। पीला रंग चेतावनी सूचक भी माना गया है। पीले रंग के विज्ञान पर दृष्टि डालें तो हम पायेंगे कि यह एक ऐसा रंग है जो स्वयं में आत्म-सम्मान और विश्वास का समर्थन करते हुए व्यक्ति की क्षमताओं को केन्द्रित करने में उसकी सहायता करता है तथा स्व-अभिव्यक्ति के साथ एक सार्थक ज़िन्दगी जीने की ओर संकेत देता है। यह रंग न केवल निर्णय लेने में सहायता करता है, अपितु विचारों को स्वच्छता भी प्रदान करता है। पीला रंग भावनात्मक रूप से सकारात्मकता, खुशी और उल्लास को अभिव्यक्त करता है। भारत में पीला रंग वैश्यों तथा किसानों का रंग माना जाता है। ईजिप्ट और बर्मा में पीला रंग शोक को दर्शाता है। जबकि भारत में हिन्दू लोग बसन्त ऋतु मनाने के लिए पीला रंग पहनते हैं।

–*नारंगी रंग* खुशी ओर उल्लास का प्रतीक है। यह व्यक्ति को स्वयं की भावनाओं से जोड़े रखता है। नारंगी रंग अग्नि, इच्छा और सांसारिक शक्ति को दर्शाता है। यह रचनात्मकता का रंग है। यह रंग किसी भी काम के लिए ऊर्जा देने और प्रेरित करने के लिए अच्छा माना जाता है। यह मनोरंजन और सामाजिक कार्य का रंग है। इसे रचनात्मक कार्य और कई गतिविधियों में उपयोग में लिया जाता है। यह व्यक्ति को उसकी संवेदनाओं से जोड़ता है और उन्हें स्वतन्त्र एवं सामाजिक बनाता हैं यह समर्पण, विचारों तथा मानसिक कल्पनाओं का रंग है। अमेरिका में बसे अनिवासी भारतीय (भारत मूल के) नारंगी रंग को रिश्तों से सम्बन्धित मानते हैं। नारंगी रंग नीदरलैंड का राष्ट्रीय रंग है। राजनीति में यह रंग पूरी दुनिया में विपक्ष का रंग माना जाता है।

कहने का अर्थ यह है कि एक अच्छे कॉपी लेखक को रंगों के मनोविज्ञान उसके प्रयोग के सांस्कृतिक सन्दर्भों, उनकी परावर्तनता आदि बातों का ध्यान भी रखना चाहिए।

अन्त में बात आती है विज्ञापन–सज्जा अथवा ले–आउट की। इसमें रंग–चयन एवं संयोजन, खाली जगह, टाइप विन्यास, ध्वनि एवं संगीत, दृश्य संयोजन आदि सभी कुछ आ जाता है। इसमें सन्तुलन और लय का विशेष महत्त्व है। और सबसे आवश्यक है विज्ञापन की आचार संहिता एवं विज्ञापन कानून का ज्ञान एक कॉपी राइटर इन सब बातों का ध्यान रखता है।

एक विज्ञापन का उदाहरण लेकर हम विज्ञापन की संरचना को अच्छी तरह समझ सकते हैं देखें—

4.3 कुछ हिन्दी विज्ञापनों की संरचना एवं भाषिक प्रभाव का विश्लेषण

4.3.1 सरकारी अथवा राष्ट्रीय विज्ञापन

सरकारी अथवा राष्ट्रीय विज्ञापन प्रायः राष्ट्रहित और जनहित में सरकार द्वारा जारी किये जाते हैं। कई स्वयंसेवी संस्थाएँ अथवा संगठन भी ऐसे विज्ञापन कर सकते हैं। इन विज्ञापनों का मूल उद्देश्य सामाजिक जागरूकता, जनहित, चेतावनी, शिक्षा आदि होता है।

इस वर्ग के विज्ञापनों की भाषा सीधी, मार्मिक तथा प्रभावी होती है। क्योंकि ऐसे विज्ञापनों का उद्देश्य राष्ट्रहित या समाजहित में जनसामान्य को ज़रूरी बातें सूचित करना होता है, इसलिए उनमें कल्पनाशीलता की कमी होती है। प्रायः रोचकता भी उतनी नहीं होती, जितनी व्यवसायिक विज्ञापनों में हुआ करती है। ये विज्ञापन पढ़ने, सुनने या देखने वालों को लुभाते नहीं हैं, क्योंकि विज्ञापन पढ़ने या देखने वाले या सुननेवाले लोग 'उपभोक्ता' की श्रेणी में नहीं आते हैं, ऐसे विज्ञापन डरा सकते हैं, चिन्ता में डाल सकते हैं, किन्तु पुनः आश्वस्त भी कर देते हैं। मूल रूप से चेतावनी और शिक्षा इनके प्रधान तत्त्व हैं।

आइए ऐसे कुछ विज्ञापन देखें–

विज्ञापन-1

उपभोक्ता अधिकारों की जानकारी देने वाले इस विज्ञापन को देखें–

इस विज्ञापन में लगभग चेतावनी भरे शब्दों में आम उपभोक्ता को सचेत किया गया है– *"अस्वच्छता से रखी गयी मिठाइयाँ आपके त्यौहार का मज़ा किरिरा कर सकती हैं।"* यह इस विज्ञापन का शीर्षक है। शीर्षक के ठीक नीचे तीन दीपक जले हुए हैं ये किसी माँगलिक पर्व के सूचक हैं। ऊपर मिठाइयों के खुले हुए कुछ डब्बे रखे गये हैं।

दाहिनी ओर सबसे ऊपर *"जागो ग्राहक जागो"* का कलात्मक 'स्लोगन' है। तब नीचे समझाया गय है– *"आपकी सतर्कता ही आपका बचाव है।"* तदन्तर स्वतः मन में उठे इस प्रश्न का समाधान है "कैसे?"

(यह अव्यक्त प्रश्न है) –

– खरीदारी करने से पहले सारी जानकारी प्राप्त कर लें

– अधिकतम खुदरा मूल्य के बारे में मोलभाव करने से न हिचकिचाएँ

– एक्सपाइरी डेट हमेशा देख लें

– हमेशा रसीद की माँग करें

– मिलावट से सावधान रहें
– विज्ञापनों से भ्रमित न हों
– आई एस आई चिह्न गुणवत्ता का प्रतीक है

इन बिन्दुओं को सही का निशान लगाकर दर्शाया गया है। यह विज्ञापन का 'काया' भाग है।

इसके तुरन्त बाद यह सुझाव भी दिया गया है "यदि आपके अधिकारों का हनन हुआ है तो उपभोक्ता फोरम में शिकयत करें।" और "अपने क्षेत्र में उपभोक्ता शिकायत निवारण का पता लगाने के लिए *ncdr.nic.in* पर लोग ऑन करें।" यह 'उपसंहार' है।

राष्ट्रीय उपभोक्ता अधिकार दिवस (24 दिसम्बर) को जारी इस विज्ञापन को उपभोक्ता मामले, खाद्य और सार्वनिक वितरण मन्त्रलय भारत सरकार ने जनहित में जारी किया है। मन्त्रालयों के दो लोगो भी दर्शा दिये गये हैं।

ऐसे विज्ञापन टेलीविजन और रेडिया पर भी दिये जाते हैं। साथ ही विज्ञापन–प्रधान कार्यक्रम भी प्रसारित होते हैं। इनकी जानकारी भी विज्ञापन में नीचे दी गयी है–'प्रत्येक शनिवार 11 बजे सुह दूरदर्शन पर उपभोक्ता जागरूकता कार्यक्रम देखें।' तथा "जागो ग्राहक जागो" कार्यक्रम हर वृहस्पतिवार को आकाशवाणी पर शाम 7.45 पर सुनें"

इसी तरह का एक विज्ञापन गैस सिलिण्डर को लेकर है। इसमें भी उपभोक्ताओं को सावधान किया गया है।

विज्ञापन में दर्शाया गया है कि एलपीजी गैस सिलैण्डर को तोलकर खरीदना चाहिए। यह आपका अधिकार है। साथ ही सूचना दी गयी है कि– खाली एलपीजी गैस सिलैण्डर का वजन कितना होना चाहिए।

भारत सरकार के उपभोक्ता मामले, खाद्य और सार्वजनिक वितरण मन्त्रलय द्वारा इस शृंखला के अन्तर्गत इसी तरह के अनेक विज्ञापन जारी किये गये हैं। इसका प्रचार वाक्य है : **"जागो ग्राहक जागो।"** हर विज्ञापन पर यह वाक्य अंकित है। यह इसका **'स्लोगन'** है।

मुद्रण माध्यमों (समाचार पत्र-पत्रिकाओं) के अतिरिक्त ऐसे विज्ञापन साइन बोर्डों के माध्यम से भी किये गये हैं। रेडियो तथा टेलीविज़न के द्वारा भी इसकी सूचना भी ऐसे सभी विज्ञापनों में दी गयी है।

1. प्रत्येक शनिवार 11 बजे सुबह दूरदर्शन पर उपभोक्ता जागरूकता कार्यक्रम देखें। 2. 'जागो ग्राहक जागो' कार्यक्रम हर बृहस्पतिवार को आकाशवाणी पर शाम 7.45 बजे सुनें।

इस विज्ञापन की भाषा और प्रभाव की मुख्य बातें इस प्रकार हैं–

– विज्ञापन में एक गृहणी को रसोई में गैस सिलैण्डर लिए दिखया गया है, बांई ओर तोलने का प्रतीक (तुला मशीन) अंकित है, जिसके नीचे लाल रंग में लिखा गया है– *"यह आपका अधिकार है, पहले तोलें फिर अदा करें।"* लाल रंग चेतावनी का प्रतीक है। यहीं से ग्राहक (उपभोक्ता) के मन में यह भाव जाग्रत होता है कि वह कम वज़न का गैस सिलैण्डर क्यों ले? उसे अधिकार है कि वह पहले उसे तौले तब दाम चुकाए।
– लेकिन वह सिलैण्डर की तौल करेगा तो सिलैण्डर का सही वज़न क्या होना चाहिए? ऐसा प्रश्न उठना स्वाभाविक है। इस प्रश्न का उत्तर विज्ञापन में दे दिया गया है। उसको समझाते हुए अंकित किया गया है–खाली एल पी जी गैस सिलैण्डर का वज़न 15.9 किलोग्राम (सिलैण्डर का वज़न) 14.2 किलोग्राम एल पी जी का वज़न (शुद्ध वज़न) 30.1 किलोग्राम – कुल वज़न एल पी जी सिलैण्डर और एल पी जी गैस का (कुल वज़न)।

यह विज्ञापन निश्चय ही 'ग्राहक' को जागरूक बनाने का काम करता है।

इस शृंखला के अन्य विज्ञापन मिठाई, खिलौने, घरेलू सामान, उपकरण, हैलमेट खरीदने-पहनने आदि सभी को ध्यान मे रखकर बनाये गये हैं। वे **आई एस आई** मार्क के प्रति भी उपभोक्ता को सचेत करते हैं, जो किसी भी उतपाद की गुणवत्ता की गारंटी हुआ करता है।

यह विज्ञापन केन्द्र सरकार के उपक्रम द्वारा जारी किया गया है, जिसके लिए सबसे ऊपर राष्ट्रीय चिह्न अंकित है। यह भारत सरकार का लोगों है, जिसकी आज्ञा से यह विज्ञापन निर्गत किया गया है, साथ ही यह उपभोक्ताओं को विश्वास में लेता है। यह संकेत करता है कि सरकार उपभोक्ताओं के हितों के लिए चिन्तित है, किन्तु अपने हितों की रक्षा के लिए उपभोक्ताओं को भी जागरूक रहना चाहिए।

विज्ञापन-2

हम आये दिन समाचारों में पढ़ते, सुनते, देखते हैं कि बुजुर्ग दम्पति हतयाओं के शिकार हो रहे हैं। किसी न किसी परिवार में ऐसा होता ही रहता है। सरकार का इस ओर ध्यान है, लेकिन हमें और आपको भी अपनी सुरक्षा के उपाय करने चाहिए। दिल्ली पुलिस ने इस ओर जनता का ध्यान आकर्षित करने के लिए एक विज्ञापन जारी किया है।

यह विज्ञापन पढ़कर देखें। इसके शीष पर एक समाचार अंश करतन चस्पां की गयी है–

बुजुर्ग दम्पति की हत्या, नौकर फरार।

पाठक के मन में तुरन्त भय की भावना या हिसरन जन्म लेती है। इस विज्ञापन की भाषा सीधी किन्तु चेतावनी युक्त है। सभी हत्याओं की वारदातें अक्सर घरेलू नौकरों द्वारा की जाती हैं। इसलिए दिल्ली पुलिस ने सचेत किया है कि, *"आपके या आपके परिवार के साथ ऐसा न हो, तो सिर्फ़ यह फार्म भर दें।"* नौकर का सत्यापन फार्म लेकर या दिये गये प्रारूप के अनुसार भरकर सम्बन्धित पुलिस थाने में जमा कर दें।

इसके साथ ही विज्ञापन में नौकर रखते समय किन-किन बातों को ध्यान में रखें, वे भी बतायी गयीं हैं–

– हमेशा उस व्यक्ति के विवरण की जाँच करें जो आपे नौकर का परिचय/पहचान करा रहा है।
– उसके रिश्तेदारों के नाम, पते, टेलीफोन नम्बर तथा ज़हाँ उसने पहले काम किया है वहाँ का पता ले लें।
– नौकर को रखने से पहले दो व्यक्तियों से उसकी जानकारी अवश्य लें।
– अपने नौकर का फोटोग्राफ तथा फिंगर प्रिंट अवश्य लें।
– अपने नौकर से मिलने वालों पर ध्यान रखें।
– नौकर के सत्यापन के सम्बन्ध में सहायता के लिए अपने क्षेत्र के पुलिस स्टेशन से सम्पर्क करें।

इस विज्ञापन को पढ़ने या देखसने से भय, असुरक्षा आदि भावों का संचार तो होता ही है, किन्तु तुरन्त ही सुरक्षा और विश्वास का भाव भी आता है। यह भी कि इन उपायों से हम स्वयं को सुरक्षित रख सकते हैं। पुलिस भी हमारी सुरक्षा के लिए कटिबद्ध है। विज्ञापन में पुलिस विभाग का 'लोगो' इसकी पहचान एवं विश्वसनीयता को दर्शाता है। इस विभाग का 'स्लोगन' भी नीचे अंकित है– *'सिटीजन फर्स्ट'*।

विज्ञापन-3

परिवहन विभाग द्वारा भी नागरिकों के लिए एक विज्ञापन बार-बार दिया जाता है। इस विज्ञापन में एक ऑटो चालक और महिला को दिखाया गया है। महिला ऑटो चालक ने अपने गन्तव्य तक ले चलने की बात पूछ रही है। ऑटो चालक मना कर रहा है– *"नहीं जाना।"* लाल और बड़े अक्षरों में उसका कथन *"नहीं जाना"* अंकित करके चालक के रूखे व्यवहार, उसके दो टूक मना करने को उभारा गया है। तस्वीर के ऊपर मोटे अक्षरों में अंकित किया गया है–

"पिछले 14 दिनों में 14000 से अधिक ऑटो चालकों का चालान! और ये तो सिर्फ़ शुरुआत है....

यह राष्ट्रीय राजधानी क्षेत्र सरकार के परिवहन विभाग द्वारा ऐसे ऑटो चालकों के विरुद्ध की जाने वाली कार्रवाई है। ऑटो चालकों को अप्रत्यक्ष रूप से दी गयी चेतावनी भी।

– कृपया ध्यान दें कि आपके दुर्व्यवहार पर आप पर जुर्माना हो सकता है जिसके लिए आपका ऑटो भी जब्त किया जा सकता है। यदि अपको भ्रम हो तो उनसे पूछिए जिनको दंडित किया गया है।

वहीं दहिनी ओर सवारी को सलाह दी गयी है–

– हम ऑटो चालकों ने सख्ती से निपट रहे हैं। यदि अधिक किराये की माँग करें, जाने से इनकार करें अथवा परेशान करें तो 9604-400-400 नं. पर फोन अथवा '2222' पर एम एम एस करें। दोषी को अवश्य दंडित किया जायेगा।

एकदम नीचे 24 घण्टे हैं तथा लाइन नम्बर अंकित हैं–

यह विज्ञापन भी नागरिकों को जागरूक करता है और ऑटो चालकों को सचेत। भागीदारी का 'लोगो' अंकित करते हुए परिवहन विभाग (राष्ट्रीय राजधानी क्षेत्र, दिल्ली सरकार) अपने कर्त्तव्य को रेखांकित कर रहा है। इसके दूसरी ओर एक 'लोगो' है, जिसमें स्लोगन अंकित है–'मेरी दिल्ली मैं ही संवारूँ।'

विज्ञापन-4

केन्द्र सरकार द्वारा वैट (वेल्यू एडिट टैक्स) को शुरू करने के लिए कदम उठाया गया है। कई स्थानों पर इसका व्यापक विरोध भी हुआ है।

सरकार द्वारा 'वैट' के बारे में पूरी जानकारी विभिन्न तरह के विज्ञापनों के माध्यम से दी गयी है।

ऐसे ही एक विज्ञापन में दाहिनी ओर प्रसन्न मुद्रा में एक व्यक्ति को दर्शाया गया है, जिसके हाथ में कागज है। बायीं ओर 10 छोटे-छोटे खानों में बताया गया है कि वैट क्या है? तथा उसके क्या-क्या लाभ हैं।

दाहिनी ओर चित्र के नीचे इबारत है–

– 1 अप्रैल 2005 से खत्म दिन बिक्री कर के। अब से सिर्फ़ वैट! भारी टैक्स, कठिन फॉर्म, लम्बी लाइनें और उनसे भी लम्बी गणनाओं से हमेशा की छुट्टी। अब एक साधारण और सरल कर जो करे सबकी ज़िन्दगी आसान।

यह विज्ञापन की भाषा हिन्दी एवं अंग्रेजी मिश्रित है। इसका कारण है कि बहुत से वाणिज्यिक शब्द अंग्रेजी में ही प्रचलन में हैं। 14 फरवरी, 2005 के 'हिन्दुस्तान टाइम्स में प्रकाशित इस विज्ञापन में मूल सन्देश है–

— "आओ हम सब मिलजुल कर वैट का स्वागत करें।" इससे हमारी ज़िन्दगी आसान बनेगी। बिक्रीकर विभाग (राष्ट्रीय राजधानी क्षेत्र दिल्ली सरकार) द्वारा इस विज्ञापन को 'वैट' से घबराए लोगों, व्यापारियों तथा नागरिकों को आश्वस्त करने, उन्हें वैट के बारे में पूरी जानकारी देने, उन्हें शिक्षित करनेके उद्‌देश्य से जारी किया किया है।

वैट के बारे में इसी तरह के अनेक विज्ञापन मुद्रण माध्यमों, रेडियो तथा टेलीविज़न पर भी दिये गये हैं।

चेतावनी विषयक तम्बाकू, सिगरेट, शराब, जुआ जैसी कुरीतियों से सावधान करने वाले विज्ञापन इसी श्रेणी के अन्तर्गत आते हैं। इसीतरह कुछ सकारी, अर्द्धसरकारी अथवा गैर सरकारी निगम, प्रतिष्ठान आदि अपनी उपलब्धियों को विज्ञापित करते हैं। ऐसे विज्ञापनों में मूल स्वर रहता है— *"(इतने) वर्षों से राष्ट्रभक्ति, राष्ट्रनिर्माण में संलग्न।"* इनमें प्रतिष्ठानों की उपलब्धियों को विशेष रूप से 'हाई लाइट' किया जाता है।

ऐसे विज्ञापन मुद्रण मध्यों में अधिक होते हैं। इनमें इसी तरह भूकम्प, बाढ़ आदि प्राकृतिक अपदाओं के समय आपदा प्रभावित नागरिकों के सहयोग की अपील करने वाले विज्ञापन भी इस वर्ग में लिए जा सकते हैं। ऐसे विज्ञापन हम समाचार पत्रों, रेडियो तथा टेलीविज़न पर देख सकते हैं।

साम्प्रदायिकता एकता, धार्मिक कट्टरता के विरोधा, सामाजिक असमानता और मानवाधिकारों अदि विषयों से सम्बन्धित अनेक विज्ञापन हमें पढ़ने, सुनने और देखने को मिलते हैं। ये विज्ञापन हमें स्वस्थ राष्ट्रीय एवं सामाजिक वातावरण के निर्माण के लिए प्रेरित करते हैं।

प्रौढ़ शिक्षा से सम्बन्धित विज्ञापन भी इसी वर्ग में आते हैं। इनमें काव्यात्मक कोमल और सरल शब्दावली में नागरिकों को शिक्षा के प्रति जागरूक किया जाता है। कुछ वर्ष पूर्व दूरदर्शन के डीडी—1 चैनल पर दिखाए जाने वाले एक लोकप्रिय विज्ञापन का अवलोकन करें—

कहे समय का इकतारा/अक्षर-अक्षर दीप जले...
फैले शिक्षा का उजियारा।...
बड़ा ज्ञान से धन ना दूजा/करती दुनिया ज्ञानकी पूजा।
शिक्षा है अनमोल रतन/पढ़ने का सब करो जतन।
कहे समयका इकतारा/अक्षर-अक्षर दीप जले...
फैले शिक्षा का उजियारा!...
पढ़ने-लिखने का मजा ही कुछ और है।
पढ़े-पढ़ायें-जीवन में खुशियाँ फलायें।

—राष्ट्रीयता साक्षरता मिशन

ऐसा ही एक रचनात्मक विज्ञापन और दिखाया जाता था, जिसमें कार्टून के माध्यम से राष्ट्रीय एकता का सन्देश दिया जाता था, और जो संक्षिप्त-सी कहानी को काव्यात्मक पंक्तियों में पिरोये हुए था— *"एक चिड़िया, अनेक चिड़िया...दाना चुगने आयी चिड़िया..."*

स्वास्थ्य, चिकित्सा, शिक्षा और अन्य जागरूकता कार्यक्रमों के विज्ञापन भी इसी श्रेणी में आते हैं। इस तरह के विज्ञापनों की भाषा चेतावनी और कोमलता—दोनों भावों को सहेजे हुऐ होती है। वैसा ही चित्र-संयोजन, जो विज्ञापन में प्रयुक्त होकर 'चित्र भाषा' का रूप ले लेता है। उदाहरण के लिए उत्तर-प्रदेश सरकार द्वारा प्रजनन एवं बाल स्वास्थ्य कार्यक्रम का यह विज्ञापन देखें—

– बार बार गर्भ समापन कराने से माँ के स्वास्थ्य को खतरा होता है साथ ही भ्रूण हत्या जैसे जघन्य अपराध को बढ़ावा मिलता है।

इसी क्रम में हम पल्स पोलियों अभियान के प्रति जागरूकता पैदा करने वाले इस विज्ञापन को देखें। इसमें शीर्षक में ही आग्रह किया है–

"पोलियो मुक्त भारत के अभियान में शामिल हों।"

इसके बाद उपशीर्षक के रूप में चेतावनी पूर्ण पंक्ति है।

"कोई भी बच्चा सुरक्षित नहीं है"

(यह प्रश्न छिपा हुआ है कि–क्यों?, किन्तु इसका उत्तर स्वतः ही दे दिया गया है।)

जब तक कि भारत में पोलियो के मामले सामने आते रहेंगे।

(इसके बाद सुझाव है)–रोकथाम ही पोलियो से बचाव का एकमात्र उपाय है।

पुनः इस तथ्य पर बल दिया गया है कि–*"सुनिश्चित करें कि 5 साल से कम आयु के प्रत्येक बच्चे को हर बार पोलियो की दवा अवश्य मिले।"*

इसके बाद इसी विज्ञापन में समय और स्थान इंगित करते हुए इस छिपे हुए प्रश्न का समाधान भी कर दियागया कि–कब, कहाँ?–

"11 फरवरी, 2007 को 5 साल तक के प्रत्येक बच्चे को पोलियो की दवा पिलाने के लिए नजदीकी पल्स पोलियो केन्द्र में ले जायें।"

चित्र संयोजन का भी ऐसे विज्ञापनों में अपना महत्त्व है। क्योंकि यह विज्ञापन स्वास्थ्य एवं परिवार कल्याण मत्रालय, भारत सरकार का है, इसलिए इसमें उस मन्त्रालय का प्रतीक चिह्न (लोगो) तो दिया ही गया है, साथ ही सबसे ऊपरी बायीं ओर केन्द्रीय स्वास्थ्य एवं परिवार कल्याण मन्त्री और राज्य मन्त्री के फोटोग्राफ्स दिये गये हैं। जबकि जनता के प्रोत्साहन तथा मामले की गहनता के लिए भारत के माननीय राष्ट्रपति जी का एक फोटोग्राफ भी दिया गया है, जो बच्चे को पोलयो दवा पिला रहे हैं।

ऐसे ही विज्ञापन राज्य सरकारों द्वारा दिये गये हैं। जैसे–उत्तर-प्रदेश सरकार ने अपने ब्राण्ड एम्बेसेडर अमिताभ बच्चने की लोकप्रियता को पहचानते हुए पोलियो अभियान के विज्ञापनों पर उनका फोटोग्राफ दिया है और स्लोगन दिया है– *"एक बूँद ज़िन्दगी की!"*

कई बार पोस्टकार्ड, अन्तर्देशीय पत्रकार्ड, रेल या बस की टिकट पर भी ऐसे विज्ञापन दिये जाते हैं। एक रेल टिकट या विज्ञापन यहाँ देखें इसमें सीधे-सीधे अपनी बात कही गयी है– *"बच्चों की दृष्टि सुरक्षित रखने हेतु पाँच ज़रूरी कदम"* और नीचे ये पाँच कदम दर्शाये गये हैं–

– *सन्तुलित विटामिन "ए" युक्त आहार दें।*
– *धारदार एवं नुकीली वस्तुओं से बचायें।*
– *आँखों में तकलीफ होने पर तुरन्त डाक्टर को दिखायें।*
– *स्वयं घरेलू उपचार न करें।*
– *दृष्टिदोष होने पर चश्मा लगवायें।*

बायीं ओर भारत सरकार के राष्ट्रीय दृष्टिविहीनता नियन्त्रण कार्यक्रम का 'लोगो' है और उसके नीचे अंकित है *'(भारत सरकार)'* तथा इसके नीचे 'स्लोगन' दिया गया है– *'नेत्रदान–महादान'*। साथ ही अन्त में सलाह अंकित की गयी है– *"अधिक जानकारी के लिए निकटतम स्वास्थ्य केन्द्र अथवा सरकारी अस्पताल से सम्पर्क करें।"*

विज्ञापन के साथ ही रेल-यात्रियों के लिए भी आम हिदायतें दे दी गयी हैं।

विभिन्न मन्त्रालय प्रायः इस तरह के विज्ञापन देते रहते हैं। इनमें से रेलवे, वाणिज्य, स्वास्थ्य, श्रम और वित्त मन्त्रालय प्रमुख हैं। रेल मन्त्रालय के बड़े-बड़े विज्ञापनों में अक्सर किसी नयी रेलवे लाइन के उद्घाटन या किसी नये कारखाने के शुभारम्भ अथवा नयी किसी गाड़ी को मन्त्री जी द्वारा हरी झण्डी दिखाकर रवाना किये जाने को दर्शाया जता है। ऐसे विज्ञापनों में मन्त्रालय की उपलब्धियों को अवश्य गिनाया जाता है। इनके प्रायः प्रत्येक विज्ञापन में स्लोगन भी रहता है। जैसे– *"ग्राहकों की सेवा में मुस्कान के साथ।"*

इसे अलग केवल कानूनी जानकारी देने वाले विज्ञापनों में कई बार कोई चित्र नहीं होता। मात्र शब्दों के माध्यम से कानूनी जानकारी दे दी जाती है, जो विज्ञापन के पाठकों, श्रोताओं या दर्शकों पर गहरा प्रभाव छोड़ती है। ऐसा ही एक विज्ञापन देखें, जिसमें मोबाइल कनेक्शन लेते समय आवश्यक सावधानियों और नियमों को दर्शाया गया है–

भारत सरकार के नियमानुसार, पोस्टपेड या प्रीपेड मोबाइल कनेक्शन लेते समय आपको निम्नलिखित चीजें जमा करनी होंगी :

सब्सक्राबर एनरोल्मेंट फॉर्म/कस्टमर एप्लिकेशन फार्म

(सब्सक्राइबर भर्ती पत्र/ग्राहक आवेदन पत्र)

– सब्सक्राइबर एनरोल्मेंट फॉर्म को पूर्ण रूप से भर कर और उस पर हस्ताक्षर करके रीटेलर को दें।

पहचान का सबूत

– अपने फोटो पहचान कार्ड, जैसे ड्राइवर्स लाइसेंस, पासपोर्ट, इन्कम टैक्स पैन कार्ड, हथियार लाइसेंस, फोटो क्रेडित कार्ड अथवा सरकार द्वारा जारी कोई भी अन्य पहचान प्रमाण जिस पर आपका फोटा हो, को फोटोकॉपी को स्वयं सत्यापित (अटेस्ट) करके रीटेलर को दें।

पते का सबूत

– अपने पते का सबूत जैसे राशन कार्ड, हाल ही में प्राप्त टेलीफोन बिल, हाल ही में प्राप्त बिजली का बिल या बैंक स्टेटमेंट वगैरह फोटोकॉपी को स्वयं सत्यापित करके रीटेलर को दें, यदि पहचान के सबूत में ही सही पता लिखा हो तो अलग से पते का सबूत देने की आवश्यकता नहीं।

फोटो

– सब्सक्राइबर एनरोलमेंट फॉर्म के साथ अना ब्लैक एण्ड व्हाइट या कलर फोटो स्वयं हस्ताक्षर करके जमा करें।

– कृपया अपनी पहचान और पते का मूल सबूत साथ रखें ताकि उसकी फोटोकॉपी पर रीटेलर सत्यापन कर सके कि उसने मूल देखा है और उसकी पुष्टि की है।

– आपके द्वारा दिये गये विवरणों की पुष्टि करके आपका मोबाइल प्रीपेड कनेक्शन एक्टिवेट करने के लिए 48 घण्टे तथा पोस्टपेड कनेक्शन के लिए 5 दिन लगेंगे।

– मोबाइल कनेक्शन लेने के लिए कृपया उपरोक्त नियमों का पालन करें।

इस श्रेणी के विज्ञापनों में कलात्मकता नहीं होती, न काव्यात्मक भाषा का प्रयोग सम्भव है। शब्द संख्या भी बहुत रहती है। ऐसा ही एक विज्ञापन देखें, जिसमें विज्ञान का टैक्स्ट (बॉडी) बहुत भारी भरकम है।

'निफ्टी-स्टाक ऑफ द नेशन'– द्वारा जनहित में जारी दिशानिर्देशों को विस्तारपूर्वक दिया गया है। और स्पष्टतः कहा गया है–

"ये दिशानिर्देश आपके हित क लिए हैं, इन पर अमल करें"।

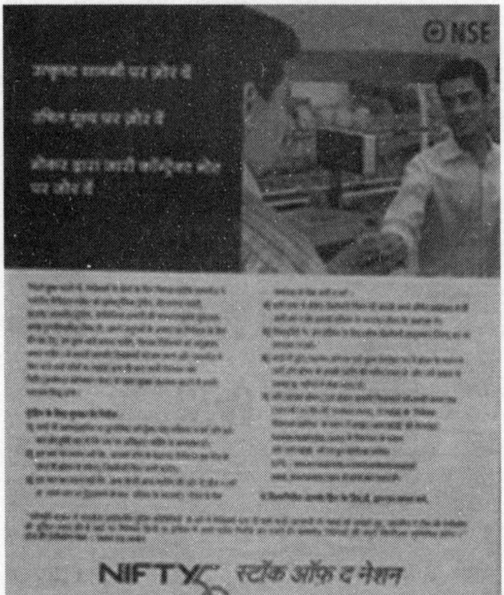

सरकारी विभागों, मन्त्रालयों अथवा सार्वजनिक उपक्रमों/प्रतिष्ठानों–द्वारा निर्गत किये गये विज्ञापन प्रायः कम कलात्मक होते हैं। कल्पनाशीलता भी इनमें कम ही होती है। इसलिए इन विज्ञापनों में रचनात्मक भाषा के समावेश की गुजाइश प्रायः न के बराबर हुआ करती है। किन्तु इस श्रेणी के

बहुत से ऐसे विज्ञापन पढ़ने-देखने और सुनने को मिल जाते हैं, जिनमें कलात्मकता भी रहती है। कल्पनाशीलता होती है। अभिधात्मकता को त्यागकर शब्दों की भरमार से बचते हुए संक्षिप्त रचनात्मक भाषा का प्रयोग किया गया होता है। उदाहरण के लिए यह एक विज्ञापन देखें। अन्तर्राष्ट्रीय महिला दिवस पर राष्ट्रीय आवास बैंक–द्वारा जारी इस विज्ञापन में सिर्फ़ लाल रंग की एक बड़ी बिन्दी बनाई गयी है। विज्ञापनकी शुरूआत इस वाक्य से की गयी है– *"आपको केवल एक गोला दिखता है परन्तु हम देखते हैं स्वस्थ समाज की प्रेरक शक्ति–"* और उसके नीचे है बड़े आकार के फोंट में *"नारी।"*

बड़ी बिन्दी के ठीक नीचे बहुत छोटे आकार के फोंट में अंकित किया गया है बिन्दी या बिन्दु के इस प्रतीक का अर्थ– *'बिन्दी : शब्द 'बिन्दु' से बना है जो ब्रह्माण्ड की शक्ति का केन्द्र है।'*

पुनः बैंक अपनी उस योजना का खुलासा इन शब्दों के साथ करता है जो *"अन्तरराष्ट्रीय महिला दिवस पर राष्ट्रीय आवास बैंक–भारतीय नारी के सम्मान स्वरूप 'ग्रामीण क्षेत्र में उत्पादक अवास योजना" समर्पित करता है।"* इसके बाद छोटे फोंट में विज्ञापन की 'बॉडी' के अन्तर्गत आह्वान और ऋण-सुविधा का अंकन है।

सबसे नीचे 'लोगो' और अन्य जानकारी दी गयी है।

इस विज्ञापन में निश्चय की कल्पनाशीलता और कलात्मकता का अच्छा समावेश है। शब्दों में कोमलता भी है, जो नारी के प्रति सम्मान और विनम्रता दर्शाती है। किन्तु बचते-बचाते भी शब्दों का कुछ अधिक प्रयोग हो गया है। इनके बिना काम भी नहीं चल सकता था।

अब सूचना और प्रसारण मन्त्रालय, भारत सरकार द्वारा प्रसारित इस विज्ञापन को देखें। इस

विज्ञापन में बहुत कम शब्दों में सिर्फ़ एक सरल रेखाचित्र द्वारा राष्ट्रपिता महात्मा गाँधी के विचारों के प्रति आस्था प्रकट की गयी हैं। *"सत्याग्रह 100 वर्ष"* अंकन के साथ मात्र इतना कहा गया है—

"एक अनोखा इंसान केवल सत्य और अहिंसा की राह विदेशी हुकूमत से मुक्ति" शेष सब गाँधी का अत्यन्त सरल, किन्तु कलात्मक रेखा चित्र कह देता है और सबसे नीचे गाँधीजी के व्यक्तित्व की पहचान 'चश्मे' का रेखांकन है।

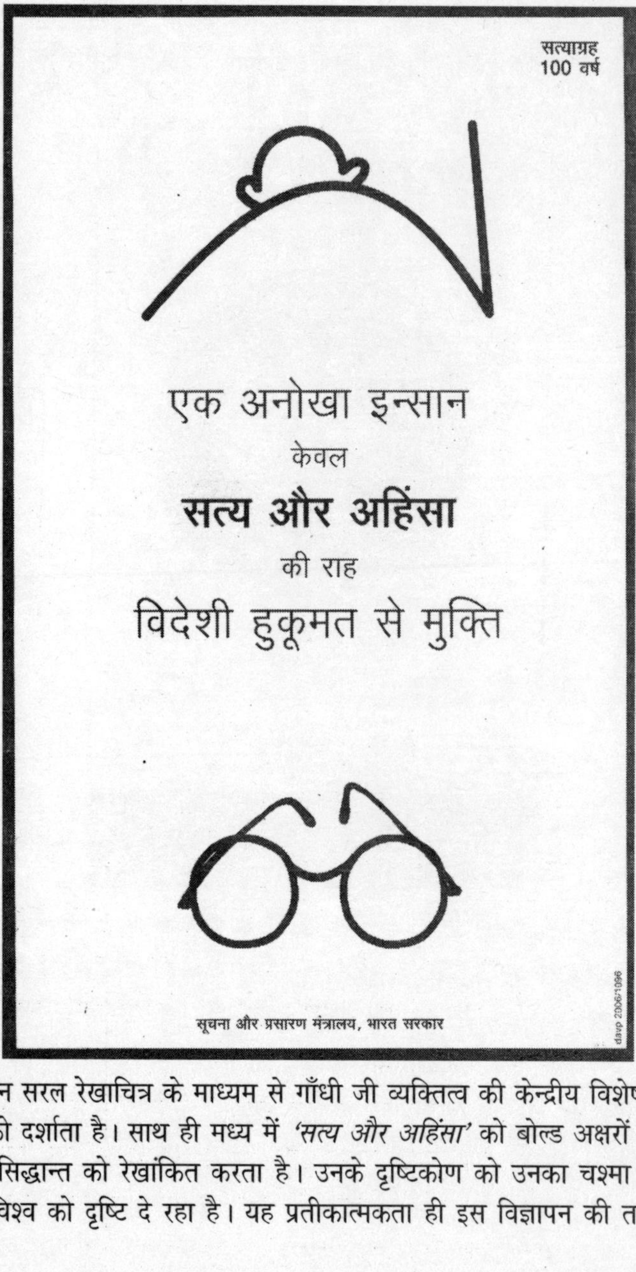

यह विज्ञापन सरल रेखाचित्र के माध्यम से गाँधी जी व्यक्तित्व की केन्द्रीय विशेषताओं—सरलता और विनम्रता को दर्शाता है। साथ ही मध्य में *'सत्य और अहिंसा'* को बोल्ड अक्षरों में अंकित करते हुए उनके मूल सिद्धान्त को रेखांकित करता है। उनके दृष्टिकोण को उनका चश्मा बयान कर देता है, जो सम्पूर्ण विश्व को दृष्टि दे रहा है। यह प्रतीकात्मकता ही इस विज्ञापन की ताक़त है।

4.3.2 वर्गीकृत विज्ञापन

वर्गीकृत विज्ञापन प्रायः मुद्रित जनमाध्यमों (समाचारपत्र–पत्रिकाओं आदि) में ही अधिक होते हैं। इनको विषय या क्षेत्र के अनुसार वर्गीकृत करके प्रकाशित किया जाता है। जैसे–शिक्षा, रोजगार, चिकित्सा, वैवाहिक, खोया-पाया आदि।

इन विज्ञापनों की भाषा संक्षिप्त, सांकेतिक, सीधी-सरल और अभिधात्मक होती है। यहाँ न तो काव्यात्मक भाषा चल पाती है, न लयात्मक। इसका कारण है कि ऐसे विज्ञापन बहुत कम मूल्य पर छापे जाते हैं तथा निम्न आय वर्ग के विज्ञापनदाता ही इन्हें प्रकाशित कराते हैं। ऐसे कुछ मुद्रित विज्ञापनों को नमूना देखें–

• वर्गीकृत • वर्गीकृत • वर्गी

MBBS/BDS
MD, MS, MDS, MBA

B.Ed.
प्रवेश सूचना
वर्ष 2006-07
Ph.: 9412095242

ताकत व जवानी
आयुर्वेद चिकित्सा द्वारा
फिर से प्राप्त करें

शराब

लोन मात्र 15 दिन में

4.50% वार्षिक
ब्याज पर लोन

मिल्टन
आवासीय स्कूल

रीढ़ की हड्डी
में परेशानी

कैंसर विशेषज्ञ
डॉ. अजय गुप्ता

मिलन

मील्संट
घरेलू आटा चक्की

इन विज्ञापनों में भाषा की संक्षिप्तता स्पष्टतः देखी जा सकती है। कम से कम शब्दों में अपनी बात कह दी जाती है। इनका शुल्क इंच के हिसाब से अथवा शब्द संख्या के हिसाब से निर्धारित किया जाता है। कम बजट वाले उत्पादों और सेवाओं के लिए ये विज्ञापन बहुत प्रचलित हैं। कई पत्रिकाएँ 'नये उत्पाद' या 'शापिंग विन्डो' जेसे शीर्षक देकर स्थाई स्तम्भ के अन्तर्गत बाज़ार में आये नये उत्पादों की जानकारी देती हैं। यह जानकारी अथवा संक्षिप्त समाचार के रूप में दी जाने वाली सूचनाएँ अपने मूल रूप में वर्गीकृत विज्ञापन ही हैं। यथा–एक महिला पत्रिका का यह पृष्ठ देखें। इसमें उत्पादों की संक्षिप्त विशेषताएँ भी इंगित हैं–

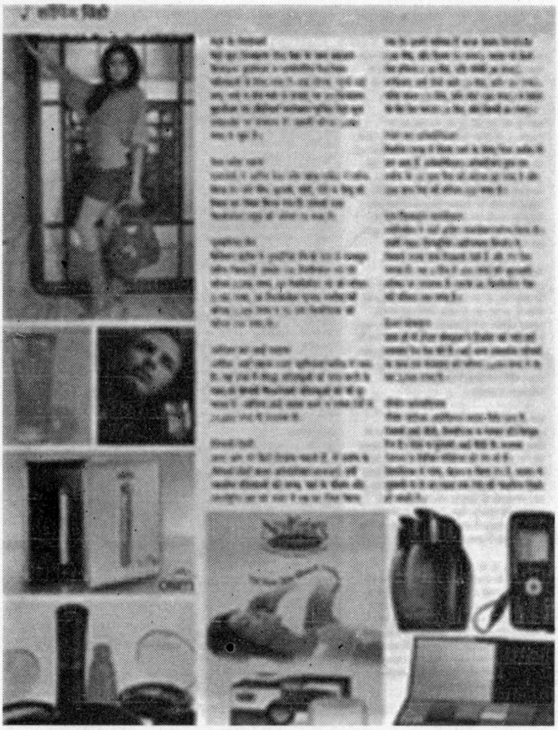

4.3.3. व्यावसायिक विज्ञापन

इस श्रेणी के विज्ञापन बहुत प्रचलित हैं। इनके विषय-क्षेत्र का संसार भी व्यापक है। आइए इनकी व्यापक चर्चा करते हैं।

4.3.3.1 सौन्दर्य सम्बन्धी विज्ञापन

व्यवसाय के क्षेत्र में सौन्दर्य सम्बन्धी उत्पादों का तो जैसे बोलबाला है। क्योंकि आज सौन्दर्य की तरफ हर कोई अग्रसर हो रहा है। तरह-तरह की सौन्दर्य प्रतियोगिताओं का आयोजन हो रहा है। जिसमें अधिकतर युवा ही आकर्षित हो रहे हैं और इस के माध्यम से मॉडलिंग को अपना कैरियर चुन रहे हैं। साथ ही किसी भी क्षेत्र में जाने के लिए भी अपने व्यक्तित्व को अलग दिखाने हेतु सौन्दर्य पर ध्यान दिया जा रहा है। अपनी ओर विशेष रूप से आकर्षित करने के लिए भी सौन्दर्य का आधार लिया जाता है। निस्सन्देह किसी के प्रति आकर्षण बोल-चाल, तौर तरीका और खासकर सुन्दरता से ही हो सकता है।

महिलाएँ तो सौन्दर्य की प्रतीक मानी जाती हैं। अतः सौन्दर्य से सम्बन्धित उत्पादों से इनका जुड़ाव सहज ही है, लेकिन आज पुरुष वर्ग भी सौन्दर्य प्रसाधनों से काफी प्रभावित हो रहा है और इनके प्रति तेजी से आकर्षित हो रहा है। आज महिलाओं की तरह पुरुष भी ब्यूटीपार्लर जाने लगे हैं तथा विभिन्न सौन्दर्य प्रसाधनों का उपयोग करने लगे हैं। बाज़ार में सौन्दर्य सम्बन्धी तरह-तरह के ब्रांड आ रहे हैं और इनका बाज़ार विज्ञापन के माध्यम से ही एक्सपोज़र पा सकता है।

इस तरह के विज्ञापनों में प्रायः सौन्दर्य-युक्त चेहरे (मॉडल) दिखाकर तथा त्वचा सम्बन्धी

परेशानियों को दूर करने के गुणों को दिखाकर उपभोक्ताओं को ऐसे लालायित किया जा रहा है कि इन उत्पादों के प्रति कोई भी अनायास ही आकर्षित हो जाये। अब कौन नहीं चाहेगा? अपनी त्वचा को कोमल और बेदाग़ दिखाना! यहीं नहीं अनेक उत्पादों के साथ तरह-तरह की आकर्षक योजनाएँ भी विज्ञापित की जा रहा हैं। हर एक प्रसाधन को विशेष वर्ग में बाँटा जा रहा है। महिला-पुरुष के अतिरिक्त बच्चों तथा वयस्कों के वर्ग में भी अलग-अलग सौन्दर्य युक्त उत्पादों को देखा जा सकता है। इन उत्पादों में कोई महिला त्वचा विशेष से सम्बन्धित होता है, तो कोई बच्चों की कोमल त्वचा को ध्यान में रखकर तैयार की जाती है। किसी को वयस्कों के झुर्रियों वाली त्वचा के लिए उपयुक्त बताया जाता है। कोई उत्पाद हर एक के लिए होता है।

इन उत्पादों को श्रेणीबद्ध करके निम्न प्रकार से देखा जा सकता है–

1. महिला सौन्दर्य सम्बन्धी विज्ञापन।
2. पुरुष सौन्दर्य सम्बन्धी विज्ञापन।
3. बच्चों के सौन्दर्य सम्बन्धी विज्ञापन।
4. सौन्दर्य सम्बन्धी अन्य विज्ञापन।

4.3.3.1.1 महिला सौन्दर्य सम्बन्धी विज्ञापन

महिलाओं के सौन्दर्य सम्बन्धी विज्ञापनों में अधिकतर बालों एवं त्वचा से सम्बन्धित प्रसाधनों के विज्ञापन देखने को मिलते हैं। ये विज्ञापन समाचारपत्र, पत्रिकाओं (विशेष रूप से महिला पत्रिकाओं) तथा टेलीविजन कार्यक्रमों के बीच में दिखाए जाते हैं। ये विज्ञापन रेडियो पर अपेक्षाकृत कम ही सुनने के मिलते हैं। फिर भी वहाँ एकदम अनुपस्थित नहीं हैं।

महिला सौन्दर्य विषयक कुछ चुने हुए विज्ञापनों का विश्लेषण इस प्रकार है–

सुगंध वर्णनिखार क्रीम

इस क्रीम का विज्ञापन प्रश्न से आरम्भ होता है– *"क्या आपकी फैअरनेस क्रीम वाकई आपको गोरा बनाती है?"* विज्ञापन के शीर्षक इस प्रश्न में **"गोरा बनाती है"** को अपेक्षाकृत बड़े फोन्ट फ्रोंट में बोल्ड करके पूछा गया है। इसके बाद विज्ञापन की 'बॉडी' में बताया गया है– *"आयुर्वेद में वर्णित बहुमूल्य वर्ण्य औषधियों के तत्वों से निर्मित रतन की सुगन्ध वर्णनिखार क्रीम आपकी त्वचा की परतों को दमकाए और दे प्राकृतिक गोरेपन का एहासास।"* इसमें 'रतन' कम्पनी का नाम है; इस नाम के स्थान पर उत्पाद (क्रीम) के नाम ('सुगंधा वर्णनिखार क्रीम') को अपेक्षाकृत बड़े फोंट में अंकित किया गया है। ध्यान दें कि इस क्रीम द्वारा गोरापन देने के स्थान पर कहा या है– *'दे प्राकृतिक गोपरेपन का एहसास'।* इसमें शीर्षक प्रश्न का उत्तर भी निहित है। और है इस क्रीम का यह आकर्षण गुण– *'आपकी त्वचा की परतों को दमकाए'।* यही इस क्रीम की विशेषता बताई गयी है जो औरों से इसे भिन्न करती है। साथ में दी गयी युवती की तस्वीर में चेहरे के रंगों में परिवर्तन को इंगित किया गया है। एक चेहरे और हाथका रंग साँवला है, उसी चेहरे का साथ में दिया गया रंग गोरा है। इसके नीचे कलात्मक मुद्रण में है 'सुगंधा' ब्राण्डनाम। नीचे 'वर्णनिखार क्रीम' और उसके नीचे 'आयुर्वेदिक'।

पम्परागत भारतीय आयुर्वेदिक चिकित्सा पद्धति के प्रति लोगों में आज भी विश्वास है। इसलिए इस क्रीम के विज्ञापन और ऐसे ही तमाम सौन्दर्य सम्बन्धी विज्ञापनों में आयुर्वेदिक उत्पाद का उल्लेख रहता है। इस विज्ञापन में उत्पाद की पकिंग के चित्र के नीचे *'मुक्त आयुर्वेदिक स्वास्थ्य पुस्तिका'*

हेतु कम्पनी का नाम–पता भी दिया गया हें यह अतिरिक्त जानकारी और अपने सौन्दर्य के प्रति सचेत स्त्री वर्ग के लिए कम्पनी की पेशकश है। प्रलोभन है।

अन्त में बारीक फोंट में है सुपर स्टाकिस्ट्स का प्रदेशवार शहरों का नामोल्लेख, उनके फोन नम्बर सहित।

नीबिया

इस विज्ञापन की शब्दवली कुछ इस प्रकार है–

पेश करते हैं विटामिन ई से भरपूर नीबिया बॉडी का नया अन्तर्राष्ट्रीय फार्मूला, ये त्वचा के भीतर जाकर उसे नर्म और मुलायम बना देता है, ताकि आप हर दिन सारा दिन आत्मविश्वास से भरी रहें, नीबिया बॉडी स्किन मिल्क अपने पोषण भरे तेलों से सूखी त्वचा की नमी को वापस लाकर उसे तरोताजा ब. ये रखता है अब आप एक ख़ूबसूरत त्वचा का एहसास पा सकते हैं, हर दिन, सारा दिन, हर पल।

इस विज्ञापन की भाषा विज्ञापन की तर्क भाषा होते हुए भी अन्ततः काव्यात्मक है। व्यक्तित्व में आत्मविश्वास का समायोजन कोई क्रीम किस तरह ला सकती है? –इसका वैज्ञानिक कारण कुछ नहीं हो सकता, किन्तु मनोविज्ञान की दृष्टि से इस विज्ञापन का प्रभाव अवश्य पड़ता है। अन्तर्राष्ट्रीय फार्मूला बताकर उत्पाद की गुणवत्ता और बिटामिन ई के समावोश, स्किन मिल्क की कार्य प्रणाली–(अपने पोषण भरे तेलों से सूखी त्वचा की नमी को वापस लाना) की व्याख्या करके तर्कपूर्ण ढंग से इस उत्पाद की विश्वसनीयता को स्थापित किया गया है। अंग्रेजीयुक्त हिन्दी (हिंग्लिश) के प्रयोग से उच्च वर्ग एवं उच्च मध्य वर्ग के उपभोक्ताओं को अपना लक्ष्य समूह (टारगेट ग्रुप) मानकर चलने वाला यह विज्ञापन बहुत अधिक 'लाउड' नहीं है। इसलिए सफल है।

सनोवा नेचुरल ग्लो

"सनोवा नेचुरल ग्लो स्वस्थ–सुन्दर त्वचा बनाये, अद्‌भुत आत्मविश्वास जगाए।" इस विज्ञापन में एक प्राकृतिक क्रीम के बारे में बताया गया है। साथ ही त्वचा की परेशानियें में प्रयुक्त होने वाली विभिन्न सामग्रियों के बारे में बताया गया है। जैसे जीएलए–प्राकृति नमी देने वाला तथा चमक प्रदान करने वाला है। माइक्रोन्युट्रिएंट युक्त स्पीरुलीना–क्षतिग्रस्त त्वचा कोशिकाओं को स्वस्थ करना है और बुढ़ापे को रोकता है। नीम–रक्त को शुद्ध करता हे। साथ ही फुंसियों, एवं झाइयों को साफ़ करती है।

प्राकृतिक फार्मूले को समझाते हुए इस विज्ञापन के विश्लेषण से यह पता चलता है कि विज्ञापित क्रीम ऐसे तत्त्वों से बनी है, जिससे त्वचा सम्बन्धी सभी परेशानियों का समाधान हो सकता है। विज्ञापन की यही विशेषता उपभोक्ता को आकर्षित करती है और उसमें उत्पाद के प्रति विश्वास पैदा करती है। इसलिए उपभोक्ता सहज ही विश्वास में आकर क्रीम खरीदने के लिए प्रेरित हो जाता है।

सुपर वस्मोल 33

यह विज्ञापन बालों को काला करने-हेतु प्रयुक्त केश तैल का है। जो तुलनात्मक दृष्टि लिए हुए है। इसमें कहा गया है– *'साधारण हेयर डाई में हानिकारक केमिकल होते हैं जिनसे बाल झड़ते हैं, आयुप्राश के गुणों से युक्त सुपर वस्मोल 33 बालों को काला करे कुदरती रूप से और इसे जड़ों से सिरे तक मजबूती दे, सुपर वस्मोल 33, बाल काला करने का सबसे सुरक्षित उपाय।'*

निश्चय ही तुलना करके यह बताया गया है कि हमारा उत्पाद अन्य साधारण उत्पाद से भिन्न है तथा ऐसा क्यों है। उपभोक्ता को तर्क देते हुए अपने उत्पाद की ओर मोड़ा गया है।

एनफ्रेंच

इस हअर रिमूवर का एक विज्ञापन यह है—

एन् फ्रेंच क्रीम हेयर रिमूवर के दस मिनटों से ही चुरा लीजिए रेशमी स्मूद स्किन की वो मनमोह अदा कि सब हो जायें फिदा, बेबी ऑयल युक्त ये क्रीम पहले से बेहतर खुशबू ओर नये पैक में उपलब्ध है, ये क्रीम इस्तेमाल में आसान है और ना ही इससे दर्द होता है, बल्कि रेज़र के मुकाबले ये आपकी त्वचा को बनाये इतनी स्मूद की बस आपके ओर खिंचे खींचे चले आयें।

इसी उत्पाद एक अन्य विज्ञापन इस रूप में शुरू होता है, जो कहीं अधिक प्रभवशाली है—

"यही तो मौका है उनसे डायमंड रिंग की फरमाइश करने का।" आकर्षक कायावाली एक स्त्री जैसे किसी की प्रतीक्षा में बैठी चित्रित की गयी है। इसके नीचे विज्ञापन की काया (बॉडी) में अंकित किया गया है—

"एनूफ्रेंस क्रीम हेयर रिमूवर से पाइए रेशमी-स्मूद त्वचा का जादूई अहसास। फटाफट और आसानी से इस्तेमाल होनेवाली यह हेयर रिमूवल क्रीम चार मनमोहक खुशबूओं में उपलब्ध है। जो आपकी त्वचा बनाये कोमल और ऐसी महकी-महकी कि वो पलभर में हो जायें, बेताब, आपको रिंग पहनाने के लिए।" शीर्षक प्रश्न का उत्तर भी इसमें मिल गया और त्वचा के सौन्दर्य का उपाय भी! इसके बाद उत्पाद का 'लोगो' है, जिसके चारों ओर सफेद किरणों को प्रकाश वलय है। नीचे चार विभिन्न रंगों के पैकेट चित्रित जिनके नीचे लिखा है— *"स्किन इतनी स्मूद की दूर रहा न जाये।"* आन्तरिक पलों को इस एक वाक्य में समेटकर भाषा के रचनात्मक रूप का प्रयोग किया गया है। निश्चय ही कोई भी संवेदनशील नारी अपने सौन्दर्य के निखार के लिए ऐसे उत्पाद क्रय करने के लिए प्रेरित हो जायेगी।

इसी तरह का कुछ और विज्ञापन देखें—

वाटिका

पेश है 3—मिनट वाटिका फेयरनेस फेस पैक ! इस्तेमाल के लिए तैयार, कुदरती तत्वों से भरपूर यह पैक हर तरह की त्वचा के लिए उपयुक्त है। आँखों और मुँह को बचाते हुए पेस्ट को चेहरे पर समान रूप से लगाये। इसके सूखते समय, कुदरती तत्व भीतर से अपना काम करें, चन्दन व दूसरे तत्व निर्जीव कोशिकाओ को दूर करें, केसर ओर मुलैठी रंग—रूप निखारें, जबकि हल्दी और अन्य जड़ी बूटियाँ आपकी त्वचा के दाग—धब्बे हटायें। 3 मिनट के बाद चेहरे को ठण्डे पानी से अच्छी तरह से धोयें और पायें अन्दर से निखार जो रहे बरकरार।

जैसा कि स्पष्ट है इस विज्ञापन में उत्पाद के लाभ और प्रभाव के साथ-साथ इसके इस्तेमाल की विधि भी समझायी गयी है। इससे उपभोक्ता को आश्वस्ति मिलती है और वह इसी के चलते प्रभाव में आ जाता है।

इस्मामी नेचुरली फ़ेयर (पर्ल्स)

"असली मोतियों का झिलमिलाता गोरापन
सिर्फ़ 4 हफ्तों में"

इस शीर्षक से आरम्भ किये गये इस विज्ञापन की 'बॉडी' तर्कपूर्ण ढंग स समझाती है कि–इमामी हर्बलरिसर्च ने वर्षों के अनुसन्धान के जरिये ख़ूबसूरती के रहस्य को ढूँढ़ निकाला–असली मोती जो दे झिलमिलाता गोरापन बेदाग और ख़ूबसूरत त्वचा। वही असली मोती अब नैचुरली फ़ेयर पर्ल्स फ़ेयरनेस क्रीम टैल्क और सोप में। साधारण फ़ेयरनेस क्रीम त्वचा पर सिर्फ़ ऊपरी सफेदी लाती है। जबकि नयी नैचुरली फ़ेयर पर्ल्स थकान व तनाव देने वाले कारणों को दूर कर त्वचा में भीतर से सदाबहार गोरापन लाती है। सूरज की युवी किरणों का मुकाबला करती है। प्रदूषण से होने वाले नुकसान से बचाकर त्वचा में 'सैल रिजनरेशन' बढ़ाती है। नयी नैचुरली फ़ेयर पर्ल 100 प्रतिशत हर्बल है। इसमें मौजूद असली मोती और 11 दुर्लभ जड़ीबूटियाँ त्वचा का पोषण कर अन्दर से एक अनूठी 'सुरक्षा व सुधार' प्रक्रिया शुरू करती है।

इसके साथ ही स्कीम का लालच दिया गया है–

"मुफ्त पर्ल मैजिक जैल"

नैचुरली फ़ेयर पर्ल्स क्रीम के साथ चमत्कारी पर्ल मैजिक जैल मुफ्त। असली मोती और जड़ीबूटियों के घनसत्व से बना चमत्कारी जैल जो गोरेपन की प्रक्रिया में तेजी लाये।

पाइए गुलाबी आभा सहित त्वचा को लावण्य से लुभाता जहाँ और हसीं गोरापन जो करे झिलमिल-झिलमिल।

इस विज्ञापन में वैज्ञानिक विश्लेषणपद्धति का समावेश करते हुए गोरेपन का *"पाइए गुलाबी आभा सहित त्वचा को लावण्य से लुभाता जवाँ और हसीं गोरापन जो करे झिलमिल-झिलमिल"* जैसी पंक्ति में काव्यात्मक भाषा का प्रयोग किया गया है। क्रीम द्वारा बहुत ही आकर्षक दावा किया गया है। साथ ही बताया गया है कि इस क्रीम के तत्वों में मोती भी हैं। जो दूसरे किसी क्रीम में नहीं हैं। निश्चय ही उपभोक्ता को विश्वास में लेने का यह प्रभावी तरीका है।

फेम

पेश है आपका पसंदीदा फेम हेयर रिमूवींग क्रीम अब से 'ईजी-स्क्वीजी' ट्यूब में। बस, इसे जरा सा दबाइये, फैलाइये, और अपनी त्वचा के अनचाहे बालों से छुटकारा पाइए, रेशमी, मुलायम बाल रहित त्वचा पाने का यही है सुविधाजनक और सुरक्षित उपाय, इसके अनोखे मिश्रण से बाल जड़ से निकल जाते हैं, मिनटों में और दोबारा देर से उगते हैं। फेम अपनाइए, और अपने अनचाहे बालों को झट से गायब होता देखिए!

इस संक्षिप्त–से विज्ञापन में उत्पाद के चामत्कारिक गुणों का अतिशयोक्तिपूर्ण वर्णन है। *'बस जरा-सा', 'मिनटों में', 'झट से गायब'*–जैसे शब्द चमत्कार की सृष्टि करते हैं। अतः इसके उपभोक्ता से स्वीकार करने का मन बना ही लेते हैं।

रेवलान

रेवलान नारी सौन्दर्य के लिए आज एक महत्त्वपूर्ण एवं लोकप्रिय उत्पादों की श्रृंखला है। इसी नयी लैश फेन्टेसी का एक विज्ञापन देखें। इस विज्ञापन में सबसे पहले एक मुहावरेदार शीर्षक दिया गया है– *"अब सब चाहें आपको पलकों पर बिठाना।"*

जबकि यह स्वयं में पलकों को सजाने-सँवारने के लिए प्रयुक्त मस्कारे का विज्ञापन है। यह शीर्ष ही आकर्षक और चमत्कारपूर्ण है। शीर्षक के पश्चात् ख़ूबसूरत नारी का क्लोजअप देकर उसकी ख़ूबसूरत बड़ी-बड़ी,आँखें तथा निखारी हुई पलकें प्रदर्शित की गयी हैं।

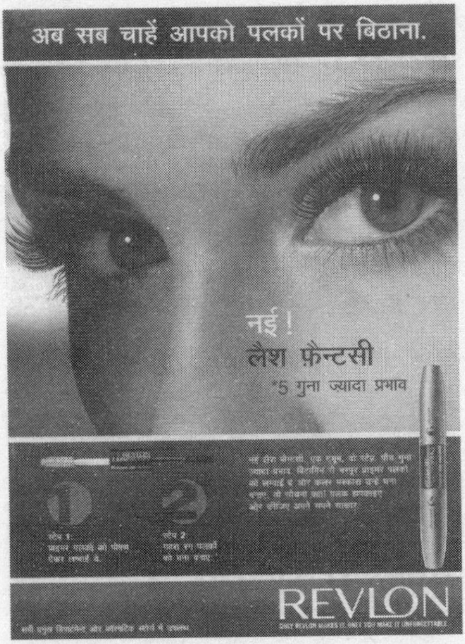

*चित्र पर लिखा है–"नयी! लैश फैन्टसी *5 गुना ज़्यादा प्रभाव।"*

चित्र के नीचे बायीं ओर उत्पाद का ब्रश और इस्तेमाल के स्टेप दिये गये हैं–स्टेप-1 है–प्राइमर पलकों को पोषण देकर लम्बाई दे। स्टेप-2 गहरा रंग पलकों को घना बनाये। साथ ही दाहिनी ओर दिया गया है–"नयी लैश फैंटसी। एक ट्यूब, दो स्टेप। पाँच गुना ज़्यादा प्रभाव। बिटामिन से भरपूर प्राइमर पलकों को लम्बाई दे तो कलर मस्कारा उन्हें घना बनाये। तो सोचना क्या! पलक झपकाइए और कीजिए अपने सपनों को साकार।"

विज्ञापन की 'बाडी' बहुत ही आकर्षक शब्दावली में है। कोमल और उत्पाद के अनुरूप शब्दावली का चयन किया गया है। मुहावरे भी दो हैं, जो पलकों से सम्बन्धित हैं–

'अब सब चाहें आपकी पलकों पर बिठाना' तथा 'पलक झपकाइए और कीजिए अने सपनों को साकार।'

दोनों ही मुहावरे आँखों से सम्बन्धित है। यह रचनात्मक भाषा अच्छा प्रभाव छोड़ती है।

अन्त में रेवलान का अंग्रेजी में सादगीपूर्ण ढंग से लिखा लोगो है, और उसके नीचे अंग्रेजी में ही छोटे फोंट टाइप में लिखा है 'स्लोगन'–

REVLON

ONLY REVLON MAKES IT. ONLY YOU MAKE IT UNFORGETTABLE.

निश्चय ही यह विज्ञापन एक खास वर्ग की महिलाओं के लिए है।

इसी तह इस कम्पनी का ही एक विज्ञापन है, जिस के शीर्षक में कहा गया है–'रेवलान की खूबियाँ भारत में पहली बार'।

1. बेहद हलका अल्ट्रफाइन पाउडर दे एक कोमल व आभायुक्त फिनिश।
2. पूरे दिन टिकने के लिए नया फ्रीजप्रूफ फार्मूला।
3. झिलमिलाते पारदर्शी रंग–आँखों को मोहक बनायें।

4. 4 अल्ट्रालाइट आई कलर्स एक स्लीक काम्पैक्ट में।
5. 4 ख़ूबसूरत शेड्स लैजी बेरी, नियरली नेकेड, आउट ऑफ द ब्लू और प्रीटी कूल कांबिनेशन में उपलब्ध।

ऐसे विज्ञापनों में वैज्ञानिक तर्कों, नवीन अनुसन्धानों, आसान उपायों तथा जटिल फार्मूलों को एक ही जगह लाकर विश्वसनीयता पैदा की गयी है। भाषा भी विश्वास जगाने वाली, तार्किक और आत्मीय है। पढ़कर ऐसा लगता है कि ये कम्पनी केवल हमारे सौन्दर्य के प्रति हमसे अधिक सचेत है और हमारी सेवा करने को सदैव तत्पर है! नये-नये उत्पाद लाकर उनमें नये फार्मूले जोड़ने की घोषणा करते हुए ऐसे विज्ञापन किसी भी स्त्री का मन मोह लेते हैं।

4.3.3.1.2. पुरुष सौन्दर्य सम्बन्धी विज्ञापन

सौन्दर्य के क्षेत्र में केवल स्त्रियाँ ही आगे नहीं हैं, आज पुरुषों के सौन्दर्य की सामग्र भी बाज़ार में काफी दिखायी दे रही है। विशेष रूप से देखा गया है कि महिलाओं के त्वचा सम्बन्धी प्रसाधनों के विज्ञापन अधिक होते हैं, इसके विपरीत पुरुषों के शरीरिक गठन एवं केश—सौन्दर्य सम्बन्धी विज्ञापन अधिक हैं। चेहरे की सुन्दरता और शेविंग आदि के विज्ञापन भी ख़ूब हैं।

आइए कुछ ऐसे ही विज्ञापनों पर दृष्टि डालें।

बॉडी प्लस पाउडर

इस उत्पाद के कई विज्ञापन मिलते हैं। सभी में सेहत और सौन्दर्य का समावेश है। ऐसा ही एक विज्ञापन देखें—

'कालेज में छा जाओ बॉडी चुस्त और तन्दुरुस्त बनाओ एनर्जी ऐसी बिल्कुल सुपरमैन जैसी।' इस आकर्षक पँक्तियों वाले विज्ञापन में युवा के चित्र से तथा इस तरह के नारे से युवाओं को आकर्षित किया गया है।

क्योंकि हर कोई आकर्षक बनना चाहता है।

ऐन्ड्रयोरा मास

यह भी सेहत और सौन्दर्यवर्द्धक उत्पाद है, जो युवाओं को सहज ही अपनी ओर आकर्षित करता है।

इसके एक विज्ञापन में शीर्षक दिया गया है— *"सरसों का साग और एक गिलास ऐन्ड्रयोरा मास।"*

इसके बाद उपशीर्षक है— *"सर्दी का पूरा लाभ उठाओ, वज़न बढ़ाओ, सेहत बनाओ"* आज्ञार्थक और सुझाव देने वाला यह उपर्शीर्षक इसमें छिपे हुए प्रश्न—"कैसे?" का समाधान अपने 'बॉडी' हिस्से में करता है।

कहा गया है— *"सर्दी के मौसम में पोषण शरीर में अधिक समय तक टिका रहता है और जल्दी असर करता है। इसलिए सर्दी में वज़न बढ़ाना ज़्यादा आसान होता है। और वज़न बढ़ाने के लिए सन्तुलित पोषण पाने का सबसे भरोसेमन्द उपाय है,* ***ऐन्ड्रयोरा मास।"*** (उत्पाद के नाम को लाल रंग में लिखा गया है।)

इसी क्रम में उपसंहार है, जो उपभोक्ताओं को प्रेरित करता है—

"तो देर किस बात की, सर्दी के मौसम के मज़े उठाएँ और ***ऐन्ड्रयोरा मास*** *के साथ सही वज़न पाईए।"* (पुनः उत्पाद का नाम लाल रंग में)।

अन्त में दावा किया गया है— *"भारत में वज़न बढ़ाने का सर्वाधिक बिकने वाला फूड सप्लिमेंट।"*

जिसके नीचे अंकित है—“3480 Calories” बायीं ओर युवक के चित्र के साथ दाहिनी ओर उत्पाद के डिब्बे का चित्र है, जिस के ऊपर लिख दिया गया है—“Weight Gainer” नीचे कम्पनी का ब्राण्डनाम है, जो अंग्रेजी में ही है। विज्ञापन में अन्त में एक पट्टी देकर रिवर्स स्टाइल में ‘स्लोगन’ दिया गया है—“Gain Weight, Stay Fit, Look Great कहना न होगा कि ये तीनों ही चीजें आज हर युवा की चाहत हैं। युवाओं पर यह विज्ञापन आशानुरूप प्रभाव छोड़ता है। औरवे इसे खरीदकर कम से कम ‘एक बार ट्राइ’ करने के मोह से मुक्त नहीं रह पाते!

केसरी जीवन

अक्सर लोग मेरी उम्र का गलत अन्दाजा लगाते हैं इसके पीछे मेरी चुस्ती—फुर्ती और तन्दुरुस्ती है, जी हाँ! रोजना झण्डु केसरी जीवनजो लेता हूँ! झण्डु केसरी जवन रंग—रंग में ताकत जगाये कि रोम—रोम जोशीला हो जाये!

लाइफ़बॉय

लाइफ़बॉय है जहाँ
तन्दुरुस्ती है वहाँ
लाइफ़बॉय...

इस बहुश्रुत स्लोगन वाले विज्ञापन में भी उत्पाद को तन्दुरुस्ती यानी शारीरिक सौन्दर्य से जोड़ा गया है। साथ ही अब कुछ नये गुणों के साथ अलग-अलग भी लाइफ़बाय आते हैं—लाइफ़बॉय प्लस, लाइफ़बॉय एक्टिव, लाइफ़बॉय गोल्ड आदि। एक नये विज्ञापन में लाइफ़बॉय का प्रचार कुछ इस प्रकार किया गया है—

लाइफ़बाय से नहाओ
फ़र्स्ट एड किट बनाओ।

इसमें युवाओं के साथ-साथ बच्चों को भी आकर्षित किया गया है।

एलीन

इस उत्पाद का विज्ञापन स्वास्थ्य और सौन्दर्य का समावेश करते हुए तत्त्वों का अंकन कर विभिन्न लाभों को रेखांकित करता है। तर्कपूर्ण ढंग से उपभोक्ता को प्रभावित करने वाली भाषा से लैस यह विज्ञापन अपने इसी रूप में प्रभावित करता है। इसकी पहली ही पँक्ति (शीर्षक) है—

एलीन यानी स्टाइल + तन्दुरुस्ती

इसके बाद 'काया' भाग में इसके गुण बताये गये हैं—

- *एलीन हल्का तेल है। बाल हर स्टाइल में सजने सँवरने लायक लचीला बनाये।*
- *एलीन में है आँवला। जड़ों को मज़बूत बनाये। बालों का गिरना कम करे।*
- *रूसी से छुटकारा दिलाये।*
- *दिमाग ठण्डा रखे।*
- *एलीन का विटामिन—ई सूर्य की तेज़ गर्मी से बालों को सुरक्षित रखे।*

आज ही लाइए एक बोतल एलीन और फर्क देखिए।

इसके पश्चात् ब्राण्ड नाम 'एलीन' को बड़े फोन्ट आकार में स्टाइलिश ढंग से निम्न रूप में अंकित किया गया है—

बोरोलीन का

एलीन

बालों का हल्का तेल
आँवला व विटामिन—ई से भरपूर

अन्ततः पुनः चलते-चलते स्लोग दे दिया गया है—

"अच्छे बालों की जड़ों से शुरूआत।"

विज्ञापन के बायीं ओर नारी का चित्र है, जिसका दाहिना हाथ उसके अपने ख़ूबसूरत केशों पर है, जिन पर धूप चश्मा फैशनेबल तरीके टँगा है। दाहिनी ओर एलन की शीशी का चित्र है, जिसके नीचे दो आँवले चित्रित हैं। ऊपर शीशियों के विभिन्न साइज़ दिये गये हैं— *"50, 100 एवं 200 मिली।"*

ब्लैक रोज़

इस विज्ञापन में सबसे पहले ब्राण्ड नाम (ब्लैक रोज़) को अंग्रेजी में डिजाइन किये गये अक्षरों में किया गया है Black Rose ®। जिसके नीचे अंकित कर दिया गया है—"विश्वास का प्रतीक, 25 वर्षों से जाना पहचाना एवं लाखों लोगों की पहली पसन्द" इसके बाद पहली पँक्ति है— *'अब आप के लिए'* तब बड़े आकार के फोंट में दिया गया है।

'पेश करते हैं
हेयर कलर'

इसके बाद आरम्भ होती है विज्ञापन की काया (बॉडी)—

"अपने बालों को दीजिए नयी पहचान। ब्लैक रोज़ हेयर कलर प्राकृतिक मेंहदी और दुर्लभ जड़ी

बूटियों का अनोखा मिश्रण है जो आपके बालों को कुदरती पोषण के साथ-साथ कंडीशनिंग करे और ठण्डक दे, बालों को जड़ों से मज़बूती दे और दे कुदरती रंग एवं निखार जो लम्बे समय तक चले।"

अन्त में अंग्रेज़ी में किन्तु देवनागरी लिपि में कहा गया है– *"लुक यंग सिर्फ़"*–और अंग्रेजी के वही डिजाइन किया हुआ ब्राण्ड नाम–Black Rose® और उसके नीचे है– *'के संग'*।

विज्ञापन की भाषा में कोड मिक्सिंग का यह अच्छा उदाहरण है।

पुरुषों के सौन्दर्य प्रसाधनों की आज कोई कमी नहीं हे। बहुत से क्रीम जैसे त्वचा निखारने वाले उत्पाद तो अब स्त्रियों के जिए अलग पुरुषों के लिए अलग आ रहे हैं। उदाहरण के लिए एक चर्चित क्रीम निर्माता ने टेलीविजन चैनल्स पर अपने विज्ञापन में दिखाया है कि एक युवक गर्ल्स हॉस्टल में चारी छिपे रात को जाता है और वह चुपचाप लड़कियों को क्रीम चुराता है। आवाज से लड़कियाँ जाग जाती है। वह कमरे से भागकर नीचे झाड़ियों में छिप जाता है। इतने में युवक आता है और वह पकड़ा जाता है। दूसरा युवक उसके कन्धे पर हाथ रखकर कहता है, लड़का होकर भी लड़कियों वाली क्रीम! वह उसे इसी ब्राण्ड की लड़कों वाली क्रीम के बारे में बताता है। लड़का उस क्रीम का इस्तेमाल करता है। उसका साँवला चेहरा निखरकर गोरा बन जाता है!

यद्यपि वैज्ञानिक इस तथ्य से सहमत नहीं हैं। लेकिन फिर भी यह क्रीम युवाओं के बीच ख़ूब लोकप्रिय है।

4.3.3.1.3 बच्चों के सौन्दर्य सम्बन्धी विज्ञापन

बच्चों की त्वचा कोमल होने के कारण तथा विशेष ध्यान देने के कारण बहुत कम तथा विश्वसनीय कम्पनियाँ ही इनका उत्पाद प्रस्तुत करती हैं। इस क्षेत्र में 'जान्सन एण्ड जॉन्सन' एक जाना पहचाना नाम है। इसका एक विज्ञापन देखें–

जॉनसंस बेबी सोप

बच्चों की त्वचा कोमल के लिए खास तत्वों से बना यह साबुन केमिकल रहित है। जिससे बच्चों की त्वचा कोमल एवं कान्तियुक्त बनी रहें इसके अन्य उत्पाद में जॉनसन बेबी पाउडर, बेबी शैम्पू और बेबी ऑयल आदि हैं।

बच्चों के सौन्दर्य को सबसे पहले स्वास्थ्य से जोड़ा जाता है। जब बच्चा स्वस्थ रहेगा, तो वह सुन्दर भी रहेगा। इसी मूल विचार को लेकर बच्चों के लगभग सारे विज्ञापन तैयार किये जाते हैं। कुछ और विज्ञापन देखें—

मुग़ली घुट्टी-555

इस घुट्टी का ग्लोगन रेडयो-टेलीविजन पर ख़ूब सुना जाता रहा है—स्वस्थ रहेगा बचपन, इन्हें पिलाओ मुगली घुट्टी 555—इसके साथ बच्चे की ही आवाज में—'आहा! मीथी-मीथी!!

स्वस्थ बच्चा—सुखी बचपन। यह बच्चों की पेट में गड़बड़ी, स्वस्थ, सुडौल के लिए मुगली घुट्टी 555, यह पाँच वर्ष तक के बच्चों को नियमित रूप से पिलाने से बच्चा स्वस्थ और सेहत से भरा रहता है।

यह विज्ञापन लम्बे समय से चलता आ रहा है। इसी तरह से 'मुगली घुट्टी—555' घुट्टी का पर्याय हो चली है। जबकि बाज़ार में अन्य ब्राण्ड भी उपलब्ध हैं। यथा—**"112 साल की बुढ़िया की घुटी"** जिसके विज्ञापन का आरम्भ होता है इस शीर्षक पँक्ति से—*"आयुर्वेद का वरदान आपके लाड़ले के लिए।"*

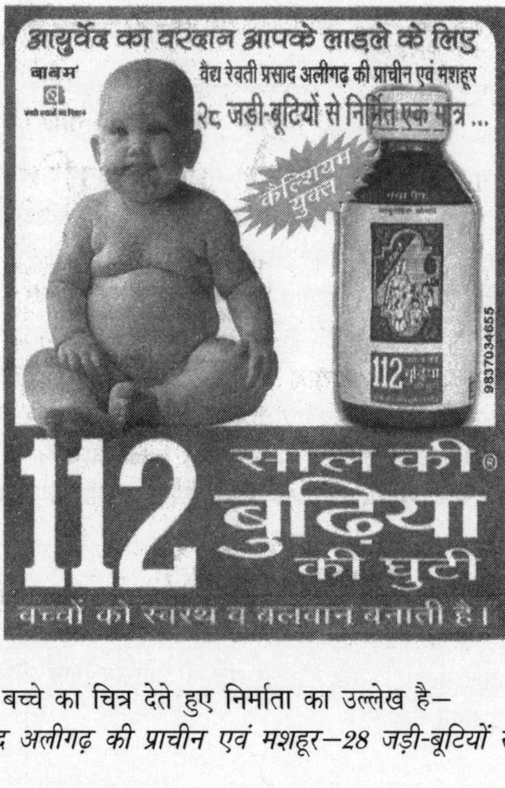

इसमें एक स्वस्थ बच्चे का चित्र देते हुए निर्माता का उल्लेख है—

"वैद्य रेवती प्रसाद अलीगढ़ की प्राचीन एवं मशहूर—28 जड़ी-बूटियों से निर्मित एक मात्र..."

और विशेष रूप से डिजाइन करके ध्यान दिलाने हेतु दिया गया है– *"कैल्शियम युक्त"*। साथ में घुट्टी की शीशी का चित्र है। अन्त में ब्राण्ड नाम बहुत बोल्ड एवं बड़े टाइप आकार के साथ अंकित किया गया है और कहा गया है– *"बच्चों को स्वस्थ एवं बलवान बनाती है।"*

प्रोटीनेक्स

पौष्टिक प्रोटीनेक्स अब एक नये शानदार वनीला स्वाद में

प्रोटीनेक्स जो एक भरोसेमंद उच्च प्रोटीन संपूरक है, अब पेश है एक नये वनीला स्वाद में, प्रोटीनेक्स वनीला केवल उच्चे प्रोटीनयुक्त ही नहीं है, बल्कि इसमें आयरन, फोलिक एसिड और कैल्शियम जैसे सारे ज़रूरी विटामिन्स और मिनरल्स् भी शामिल है।

अक्सर आपके शरीर को स्वस्थ और चुस्त रखने के लिए जितनी प्रोटीन की ज़रूरत होती है और जितना प्रोटीन आपको अपने रेजमर्रा के भोजन से प्राप्त होता है, इन दोनों के बीच एक बड़ा अन्तर रह जाता है। इस 'प्रोटीन अन्तर' के कारण ही बार-बार थकान और कमजोरी होती है, न्यू प्रोटीनेक्स वनीला से इस 'प्रोटीन अन्तर' को पूरा करें, हर रोज़ केवल 2 कप प्रोटीनेक्स वनीला आपके परिवार की प्रोटीन की ज़रूरतें पूरी कर देगी।

अपने परिवार को दीजिए प्रोटीनेक्स का लाभ !

इस विज्ञापन में वैज्ञानिक ढंग से तर्क-सहित उत्पाद के लाभ गिनाए गये हैं। सालाह दी गयी है कि उपभोक्ता इसका प्रयोग दैनिन्दन जीवन में करें और स्वस्थ रहें। इसलिए यह विज्ञापन विश्वास जगाता है। तकनीकी शब्दावली का प्रयोग 'हिंग्लिश के स्वरूप को सामने लाता है। स्वयं उत्पाद का नाम अंग्रेजी में है।

इसी तरह का विज्ञापन हॉर्लिक्स का है–

हॉर्लिक्स

आपने ज़रूर महसूस किया होगा कि आपका लाडला दिन-व-दिन कुछ-कुछ बड़ा दिखने लगा है! जब भी आप पीछे मुड़ते हैं, पलटकर देखने पर वह कुछ सेंटीमीटर बड़ा लगता है आप ठीक ही समझ रहे हैं, छोटे बच्चों की ऊँचाई हर वर्ष लगभग 11 प्रतिशत तक बढ़ती है, इतना हइ नहीं, इस उम्र में बच्चों की हड्डियों, दाँतों और मांसपेशियों का विकास भी तेजी से होता है।

सिर्फ़ शारीरिक विकास के लिए ही नहीं यह उम्र उनके दिमाग़ और सोच के विकास के लिए भी महत्वपूर्ण है, उनकी अन्दरूनी प्रतिरोधक शक्ति का विकास भी इसी उम्र में तेजी में होता है, निश्चय ही, इन खास ज़रूरतों के लिए खास आहार की ज़रूरत होती है, ऐसा आहार जो पोषक तत्वों से भरपूर हो और पचने में भी आसान हो, नये जूनियर हॉर्लिक्स 1-2-3 को प्राटीन, फैट और कैलारी की माँग पूरी करने में मदद के लिए अन्तर्राष्ट्रीय निर्देशों के अनुसार सावधानीपूर्वक तैयार किया गया है।

वास्तव में, दिन में दो बार जूनियर हॉर्लिक्स 1-2-3 पीने से आवश्यक विटामिनों और मिनरलों को आधे से पूरे दिन तक की ज़रूरत पूरी होती है। तो अपने नन्हें–मुन्नों को दीजिए एक जूनियर हॉर्लिक्स 1-2-3 की पौष्टिकता, जिससे उन्हें छोटी दुनियाँ में बड़ी-बड़ी चुनौतियों का सामना करने की शक्ति मिल सके।

वैज्ञानिक एवं तकनीकी शब्दावली से युक्त भाषा में रचा गया यह विज्ञापन भी समझाने के अन्दाज में है और उपभोक्ता के मन में विश्वसनीय रूझान पैदा करता है।

बेबी गियर

इस उत्पाद का प्रचार इन पँक्तियों से आरम्भ होता है–

"क्योंकि आपके बच्चे के लिए हर चीज है एक खेल, यहाँ तक कि उसका खाना भी।"

इसके बाद ब्राण्ड नाम है– *"डीलक्स हेल्दी केयर हाई चेयर"*। तत्पश्चात विज्ञापन की 'काया' के रूप में बहुत कुछ कहा गया हे। खेल-खेल में समझाने के भाव से कि–

"बच्चे हर चीज से खेलते हैं, सीखते हैं। उन्हें हर चीज में नज़र आती है कुछ नयी बात यहाँ तक कि अपने खाने को भी वो खिलौना समझते हैं और खेलते-खेलते थोड़ा खाते हैं बहुत गिराते है, इसीलिए हमने बनाई डीलक्स हेल्दी केयर हाई चेयर, जिसमें है एक मजबूत भोजन ट्रे, इसे निकालना और धोना बहुत आसान है, तभी तो इस साफ़-सुथरी ट्रे पर खाते वक्त आपका बच्चा भी रहे बिल्कुल साफ़-सुथरा।

इतना ही नहीं इसकी ऊँचाई भी सात तरह से एडजस्ट कर सकते हैं और इसमें है तीन झुकनेवाली पोजीशन। इसकी कीमत है सिर्फ़ रु. 4999/- तो अब उसे खेलने दीजिये अपने खाने के साथ।

आपके बच्चे की सम्पूर्ण सुरक्षा व आराम के लिए फिसर प्राइस बेबी गियर प्रोडक्ट की रेंज में शामिल है बूस्टर सीट, इन्फेन्ट टू टोडलर रॉकर, रॉयल पॉटी, कवर एन प्ले बाउंसर और टेक एलांग स्विंग।"

भाषा में कोड मिक्सिंग के साथ विश्वसनीय, वैज्ञानिक एवं तकनीकी जानकारी देने साथ ही बच्चे के प्रति आपकी सुरक्षा एवं सावधनी के उत्तरदायित्व का भाव संचरित किया गया है। साथ में आहार ग्रहण करते प्रमुदित बच्चे का चित्र संयोजित है।

टैडी डाइपर

बच्चों को गीलेपन से बचाने के लिए इस उत्पाद को बाज़ार में उतारा गया है, जिससे बच्चे की त्वचा पर गीलेपन का अस्वास्थ्यवर्द्धक प्रभाव न पड़े। इसके एक विज्ञापन में शीर्ष पँक्ति है– *"साइड गीलेपन से सालिड सुरक्षा" फिर विज्ञापन के 'बॉडी' हिस्से में विवरण दिया गया है–'सिर्फ़ टेडी ही बच्चों के जिए एकमात्र नैपी पैड है जो साइड गीलेपन से खास सुरक्षा देता है। यह बच्चों को रखे हरदम सूखा और साफ़।*

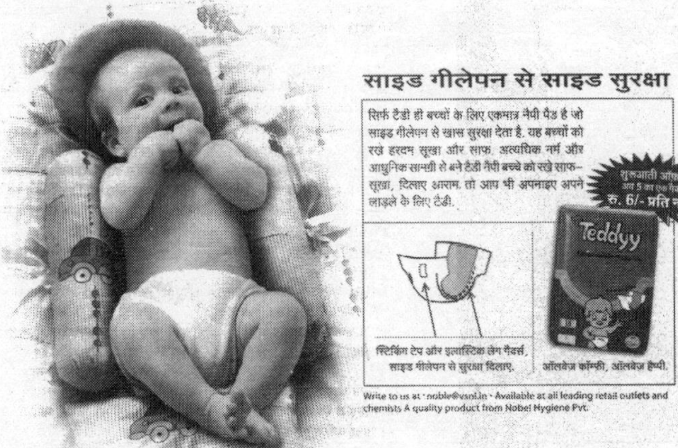

अत्यधिक नर्म और आधुनिक सामग्री से बने टेडी नैपी बच्चे को रखे साफ़-सूखा, दिलाये आराम। तो आप भी अपनाइए अपने लाड़ले के लिए टैडी।" चित्र संयोजन आकर्षक है और प्रभावित करने वाला, जो न केवल स्वस्थ-मस्त (मुस्कुराते बेफिक्र) बच्चे का चित्र बहुत ही आरामदायक तकियों पर लेटे हुए देता है, बल्कि नैपकिन की आन्तरिक संरचना को वैज्ञानिक ढंग से दर्शाता है। इसमें रेखाचित्र के साथ अंकित है– *"स्टिकिंग टेप और इलास्टिक लेग गैदर्स, साइड गीलेपन से सुरक्षा दिलाए।"* साथ में पैकिंग का चित्र देते हुए कीमत भी देदी गयी है– *"शुरूआती ऑफर अब 5 का एक पैक रु. 6/ प्रति नग।"* चित्र के नीचे स्लोग है– *"ऑलवेज कॉम्फी, ऑलवेज हैपी।"*

इसी का दूसरा विज्ञापन– *"हमेशा मस्त, हमेशा चुस्त"* के स्लोगन के साथ उतारा गया है। इस *विज्ञापन में पाँच बच्चों के विभिन्न मुद्राओं में चित्र दिये गये हैं। रोते, सुस्त, चिड़चिड़े और उनके बीच एक मुस्कुरात बच्चे का चित्र देते हुए शीर्षक में पूछा गया है–"बताइए किस बच्चे ने पहना है टैडी डाइपर?"*

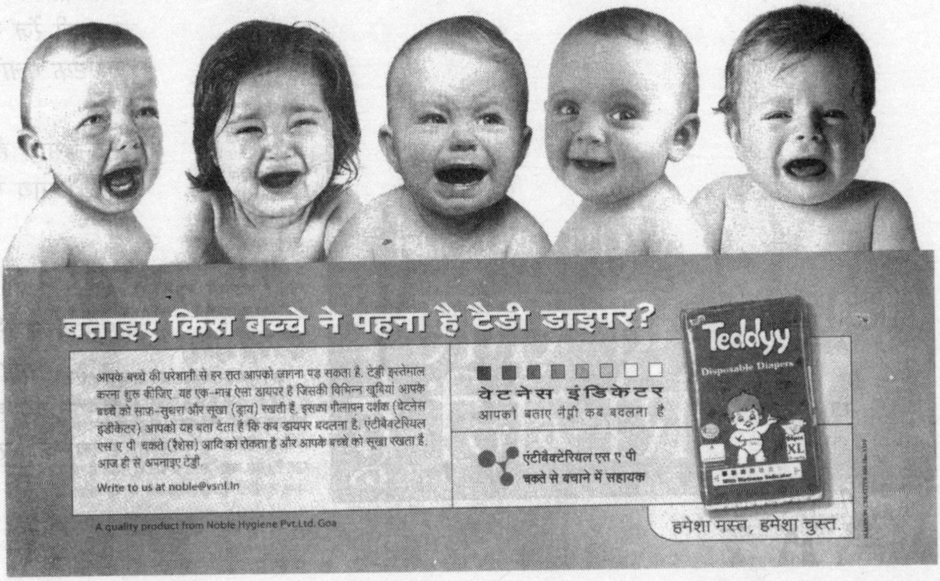

तदुपरान्त विज्ञापन का 'काया' (बॉडी) वाला हिस्सा है– *"आपके बच्चे की परेशानी से हर रात आपको जागना पड़ सकता है।"* *टैड्डी इस्तेमाल करना शुरू कीजिए। यह एक–मात्र ऐसा डाइपर है जिसकी विभिन्न खूबियाँ आपके बच्चे को साफ़–सुथरा और सूखा (ड्राय) रखती है। इसका गीलापन दर्शक (वेटनेस इंडीकेटर) आपको यह बता देता है कि कब डाइपर बदलना है। एंटीबैक्टेरियल एस ए पी चकते (रैशेस) आदि रोकता है और आपके बच्चे को सूखा रखता है। आज ही अपनाइए टेड्डी।"* सुझाव तथा उत्पादन की विशेषताओं को दर्शाने वाले हिस्से में अंग्रेजी शब्दों का व्यवहार अधिक है। अनुवाद भी यहाँ सहायता नहीं कर रहा। इससे यह पता चलता है कि यह उत्पाद एक विशेष आय वर्ग के उपभोक्ताओं के लिए है। शहराती तथा पढ़े-लिखे वर्ग की उच्च मध्य एवं उच वर्ग की महिलाओं के लिए ऐसे विज्ञापन तैयार किये जाते हैं। विज्ञापन के साथ **'वेटनेस इंडीकेटर'** को रेखांकित करके अंकित किया गया है। जिसके नीचे अंकित कर दिया गया है– *'आपको बताए*

नैपी कब बदलना है।' यह उस पंक्ति को पुनरावृत्ति है, जो 'काया' में आ चुकी है। ऐसा इस उत्पाद की अनोंखी विशेषता को रेखांकित करने के लिए किया गया है। इसी तरह इसके ठीक नीचे किया गया है– *"एंटीबैक्टेरियल एस एस पी। चकते से बचाने में सहायक।"*

4.3.3.1.4 सौन्दर्य सम्बन्धी अन्य विज्ञापन

इस श्रेणी में ऐसे उत्पादों के विज्ञापन लिए जा सकते हैं, जो महिला, पुरुष तथा वयस्कों सभी से सम्बन्धित हो सकते हैं। कुछ विज्ञापन देखें–

गार्नियर कलर नैचुरल्स

नैचुरल ऑलिव ऑइल के साथ......
बेहद कोमल हेअर कलर,

- *ऐसा परमानेंट हेअर– त्र्जो सफेद बाल कलर करे 100 प्रतिशत नैचुरली*
- *बालों को कोमलता से कंडीशन करें, नर्म बनाये, बालों में चमक लाए, कलर भी ज़्यादा चले*
- *अनोखा नॉन-ड्रिप फार्मूला...बहुत किफायती कीमत पर, पुरुषों एवं महिलाओं के लिए 7 नैचुरल शेड्स में उपलब्ध*

बोरोलीन

यह विज्ञापन प्रश्नाकुल शीर्षक से आरम्भ होता है –

"होठ फट रहे हैं?"

और तुरन्त ही उपशीर्षक में उत्तर दे देता है–

"नियमित रूपसे बोरोलीन लगाइए"

इसके बाद 'काया' भाग में समझाया गया है–

हवा में नमी कम होने से त्वचा सूखने लगती है, ऐड़िया फटने, होठ फटने और त्वचा रुखी-सयूखी होने लगती है। इन परेशानियों को दूर करने के लिए नियमि रूप से बोरोलीन लगाना चाहिए। बोरोलीन का खास तेलीय फॉर्मूला त्वचा की कोष वृद्धि में सहायता करता है। कटने छिलने पर भी अनोखा असर करता है।

बोरोलीन यह बहुत पुराना ऐण्टरसेप्टिक क्रीम है, ये क्रीम अधिकतर ठण्डे में ही प्रयोग किया जाता है। इस ऐण्टीसेप्टिक क्रम के तरह ही। बोरोप्लस, बारोनचुराल, बारोकेण्डला आदि भी आते हैं।

शेप अप

हर उम्र, हर रूप और हर वर्ण की महिला पर सेलुलाइट का असर दिखाता है,असल में नारी के शरीर में चर्बी के जमाव से सेलुलाइट होता है जो बाद में त्वचा के ऊपर उभरकर नजर आता है, इसी की वहज से त्वचा असमान, पिलपिली एवं खुरदरी लगती है। सेलुलाइट ज़्यादातर जाँघों, कूल्हों और पेट के आसपास होता है, यह आम चर्बी नहीं है, इसीलिए खास उपचार की ज़रूरत होती है।

पेश है शेप अप, यह सलुलाइट के उपचार का फॉर्मूला है, जिसमें क्विलक शेप है और यह 14 दिन में सेलुलाइट घटाने में मदद करता है।

गहन रिसर्च और 15 वर्ष के अनुभव के फलस्वरूप शेप अप को सेलुलाइठ घटाने के लिए खास तैयार किया गया है। यह क्विक शेप फॉर्मूले वाला असरदार आयुर्वेदिक उपचार है, बेहतर परिणाम के लिए प्रभावित भागों पर रोजाना शेपअप की मसाज करें, त्वचा में आसानीसे जब्ज होने वाला शेप अब, ब्लड सर्क्युलेशन में सुधार लाता है और ताप के सृजन से सेलुलाइट की अधिक मात्रा को पिघलाकर हटा देता है, और 14 दिनों में ही नतीजा नज़र आ जाता है।

वीएलसीपी शेपअप, अब नारियाँ असमान, पिलपिली एवं खुरदरी त्वचा और अनचाही सूजन से पा सकती हैं। छुटकारा!

निश्चय ही यह विज्ञापन वैज्ञानिक विश्लेषण एवं तर्कयुक्त भाषा के माध्यम से उपभेक्ता को विश्वास में लेकर उसके मन में अपने शारीरिक सौन्दर्य के प्रति जागरूकता पैदा करके अपनी उपयोगिता सिद्ध करने का प्रयास करता है।

इरेज़र

चाँद भी बेदाग़ नजर आये

– आँखों के चारों ओर गहरे रंग का घेरा

– मोटापे से त्वचा पर धारियाँ

– प्रसव पश्चात् पेट परपड़ने वाली धारियाँ

– झाईंयाँ और साँवलापन

– झुर्रियाँ

– जले के दाग़

त्वचा के निशानों का विश्वसनीय आयुर्वेदिक उपचार।

इस विज्ञापन में बिन्दुवार परेशानियों को गिनाकर 'एक मात्र समाधान' के रूप में अपने उत्पाद को दर्शाकर उपभोक्ता के मन पर अनुकूल प्रभाव डालता है।

कहने का अर्थ यह है कि सौन्दर्य सम्बन्धी विज्ञापन उपभोक्ता को अपने सौन्दर्य कके प्रति सचेत करते हैं। सौन्दर्य सम्बन्धी आम समस्याओं की ओर ध्यान आकर्षित करते हैं। उन्हें वैज्ञानिक शब्दावली से युक्त भाषा में तर्कपूर्ण ढंग से समझाते हैं और अपने उत्पाद के प्रति मोड़ते हैं। उनमें जिज्ञासा पैदा करते हैं। अपने उत्पाद के गुणों का विश्लेषण करते हुए समस्याओं के समाधान का आश्वासन देते हैं। आकर्षण चित्र अथवा तुलना करने वाले चित्रों का समायोजन और किसी खास विशेषता को रेखांकित कर अथवा लाल रंग और बोल्ड एवं बड़े फौण्ट आकर के शब्दों में उभारना इनकी संरचना का महत्वपूर्ण पक्ष है।

आभूषण सम्बन्धी विज्ञापन भी इसी श्रेणी में आयेंगे। स्त्रियों में आभूषणों के प्रति अदम्य आकर्षण होता है। आभूषण उनके सौन्दर्य में चार चाँद लगा देते हैं। अतः आभूषण सम्बन्धी विज्ञापन ख़ूब आते रहते है। ऐसा ही एक विज्ञापन देखें–

इस विज्ञापन में हीरे के आभूषणों का प्रचार है। डायमण्ड रिंग की चाहत स्त्रियों के लिए सहज है। इस कम्पनी ने ऐसा विज्ञापन दिया है, जिसमें अँगुली की नाप भी देदी गयी हैं। कम्पनी (संगिनी) का 'लोगो' उसकी विश्वसनीया को तथा 'स्लोगन'– *"हीरा है सदा के लिए"* अर्थपूर्ण है।

इसी तरह 'नक्षत्र', 'सूर्यांश' अथवा 'ओर्रा' डायमण्ड या 'पी.पी. ज्वैलर्स' या 'झावेरी ब्रदर्स' आदि प्रतिष्ठों के विज्ञापन आते रहते हैं।

'ओर्रा' डायमण्ड कम्पनी का यह काव्यात्मक विज्ञापन देखें, जिसमें शीर्षक दिया गया है—

"सदियाँ बीत गयी तराशने में,
और सिर्फ़ एक पल अपनाने में।"

इसके बाद आकर्षक चित्र का संयोजन करते हुए कोमल-सा भाव समेटे हुए कहा गया है— *"एक तिरा कायनात—आपका अपना।"*

तदन्तर विज्ञापन के मुख्य अर्थात् 'काया' भाग में समझाया गया है— *"रोज़ी ब्ल्यू दुनिया की सबसे बड़ी निर्माता कम्पनी है—दुनिया के हर पच्चीस हीरों में से एक ही रोज़ी ब्ल्यू डायमन्ड का होता है। हीरे तराशने की सात सौ वर्ष पुरानी परम्परा को संजोये हमारे निपुण कारीगर हमारे हीरे बेल्जियम में*

तराशते हैं रोज़ी ब्ल्यू ग्रुप में पीढ़ी–दर–पीढ़ी यह हुनर और भी निखरता गया है। अन्तराष्ट्रीय स्तर की सेवाओं सहित सबसे शानदार गुणवतत्ता के हीरे, गहनों की डिज़ाइन और सजावट के साथ ओर्रा भारत में आ गया है। हम जानते हैं हीरों को सबसे बेहतर। क्या आप हमें नहीं जानना चाहेंगे?"

विज्ञापन में गुणवत्ता की विश्वसनीयता, लम्बा अनुभव और स्तरीयता के साथ ही 'शानदार' पर बल है। अतः उपभोक्ता इस ब्राण्ड नाम से जुड़ने के अनुरोध को ठुकरा नहीं पाता। इसमें हिन्दी के परिनिष्ठित रूप का प्रयोग है। साथ ही उर्दू का लयात्मक प्रयोग।

इसी तरह एक विज्ञापन **'सूर्यांश' डायमण्ड प्रा. लिमि.** का है, जिसमें कहा गया है– *"विश्वस्तरीय सोलिटेयर्स बेलिज्यम में तराशे व पॉलिश किये जेमोलॉजिकल इंस्टीट्यूट ऑफ़ अमेरिका (जी आई ए) तथा एच आर डी, एन्टवर्प द्वारा प्रमाणित। 0.25 कैरेट से उपलब्ध 100% वापस खरीदने की गारन्टी सहित। आश्चर्यजनक उचित मूल्य में। जीवनभर का निवेश। नगद धन से भी कहीं मूल्यवान। अब इस बारे में आपको क्या कहना है?"*

"उत्सव कोई भी हो" को विज्ञापन के साथ दिये गये चित्रों से प्रमाणित कर दिया गय है। ये हैं–*शादी की साल गिरह, करवा चौथ, दीपावली और नयी गर्लफ्रैंड!*

आश्चर्यजनक रूप से दोनों ही विज्ञापनों की 'काया' का अन्त प्रश्न से यिका गया है। इस विज्ञापन में कई नयी जानकारियाँ भी हैं। विशेष रूप से हीरे की शुद्धता के लिए विश्वसनीय प्रामाणिकता का उल्लेख है।

इसके विपरीत **स्वर्ण आभूषणों का यह विज्ञापन** है, जिसमें बहुत कम शब्दों में अपनी बात कही गयी है। विज्ञापन का शीर्षक इन शब्दों में है– *"अपने प्यार के इज़हार के लिए खास पलों का इन्तज़ार क्यों?"* इसके बाद आकर्षक चित्र है, जिसमें पति अपनी पत्नी को गहना पहना रहा है। पत्नी के चेहरे पर उल्लास हे।इसके नीचे अंकित है– *"जैसे आपका प्यार, वैसा ही कुछ दीजिए सदाबहार, उन्हें दीजिए सोने का उपहार।"* अन्त में सादा किन्तु कलात्मक 'लोगो' है, जिसके नीचे स्लोग है– *"कहो दिल की बात सोने के साथ।* और अंग्रेजी में–speak gold."

यह विज्ञापन अपनी सादगी में बहुत प्रभावित करता है।

4.3.3.2 वाहन सम्बन्धी विज्ञापन

आज का जीवन इतना रफ़्तार का, इतना व्यस्त तेज़ और इतना छोटा हो गया है कि हर कोई इस छोटे जीवन चक्र में हर चीज को हासिल कर लेना चाहता है। व्यस्तता इतनी अधिक हो गयी है कि हरकोई यातायात के साधन रखना चाहता है। यातायात के साधनों में रेल, हवाई जहाज, हर कोई निजी साधन नहीं बना सकता। लेकिन यातायात के कुछ और साधन जैसे—कार, जीप, बाइक, मोटर साइकिल, साइकिल आदि को आर्थिक रूप से वहन कर सकते हैं। साथ ही ट्रेक्टर्स, ट्रक भी यातायात तथा माल ढोने, खेती करने आदि के लिए भी प्रचलित साधन हैं।

इसमें भी दो पहियावाहनों का उपभोक्ता अधिक देखा जाता है क्योंकि मध्य वर्ग इसको आसानी से खरीद पाते हैं। चार पहिया वाहनों के उपभोक्ता सीमित वर्ग के होते हैं। अतः दो पहिया वाहनों के विज्ञापन अपेक्षाकृत अधिक दिये जाते हैं।

वाहनों के विज्ञापनों में एक बात ओर देखने को मिलती है, वह है आर्थिक वर्ग के आधार पर विज्ञापनों की भाषा। चार पहिया विज्ञापनों का सम्बन्ध प्रायः उच्च आर्थिक वर्ग के उपभोक्ताओं से होने के कारण इन विज्ञानों की भाषा अंग्रेजी है। कुछ मध्य आय वर्ग की कारों के विज्ञापन अवश्य हिन्दी में दिये जाते हैं। लेकिन कम। इसके विपरीत दो पहिया वाहन, स्कूटर, बाइक, साइकिल के विज्ञापन हिन्दी में अधिक आते हैं। इनमें से बाइक युवा वर्ग की पसन्द है। इसलिए बाइक के विज्ञापनों में 'हिंग्लिश' को अपनाया जाता हे। यानी, हिन्दी में अंग्रेजी की शब्दावली का रोचक प्रयोग। जबकि ट्रैक्टर तथा ट्रकों के विज्ञापनों की भाषा हिन्दी ही है। इन विज्ञापनों मजबूती तथा किफायत पर अधिक बल दिया जाता है।

इन वाहनों को अध्ययन की सुविधा के लिए हम दो वर्गों में बाँट सकते हैं—

1. दो पहिया वाहन
2. चार पहिया वाहन

1. दो पहिया वाहन

विज्ञापन देखने पर पाया गया है कि आज दो पहिया वाहनों की श्रृंखला में बाइक में **हीरो हॉण्डा** सर्वाधिक लोकप्रिय ब्राण्ड है। इसके बाद थोड़े—से अन्तर पर **बजाज** की बिक्री अधिक है। इसका खास कारण है इसके मूल्य को घटाकर बिक्री अधिक करना। इन्हीं कुछ विज्ञापनों का विश्लेषण :

हॉण्डा

इस बाइक के अनेक तरह के विज्ञापन मिलते हैं। हाल ही में आया एक संक्षिप्त विज्ञापन इसके 'बचन मूल्य' को ध्यान में रखते हुए जारी किया गया है।

"महाबचत" को उभारते हुए शीर्षक के रूप में इस्तेमाल किया गया है। जिसके नीचे रु. 13,00/—*की छूट अंकित की गयी है और छोटे अक्षरों में मुद्रित किया गया है—'जल्दी करें मौका चूक न जायें'। पुनः सुझाव दिया गया है—"क्यों हो तुम हल्की बाइक पर सवार। जब उतने में मिले 150 cc की Honda Unicom और अन्त में इंगित किया गया है कि (यदि यह भी न हो तुम्हारे पास तो) Finance की सुविधा (भी) उपलब्ध (है!)"

बजाज

अविश्वसनीय

जो चलायेगा...........

वो गाना गायेगा.

अब 999 /– में बाकी आसान किश्तों पर

योजना : 31 दिसम्बर 2004 तक सीमित है।

इस विज्ञापन में युवा वर्ग के अनुरूप मस्ती और गति है। इसी तरह एक और ब्राण्ड की बाइक का विज्ञापन पढ़कर देखें –

एलएमएल–फ्रीडम बाइक

आजादी का नया एहसास

– 85 किमी प्रति लीटर (सामान्य रफ्तार और टेस्ट परिस्थिति में)

– जानदार पिकअप।

– अद्‌भुत स्टेबिलिटी।

– आराम दायक राइड।

– बेजोड़ सुरक्षा।

– मल्टी फोकस अधिक लाइट वाली हैलाजन हेड लाइट जो दे सूर्य जैसा प्रकाश।

नयी एलएमएल–फ्रीडम अपनी श्रेणी की सबसे आधुनिक मोटरसाइकिल, इसकी नयी सदी की टेक्नालॉजी दे पहली बार सम्पूर्ण आजादी। एलएमएल फ्रीडम जो बनी है भारतीय परिस्थितियों के अनुकूल, ठोस, मजबूत और भरोसेमन्द।

इसमें बाइक के बारे में युवाओं के लिए हर वजह जानकारी दी गयी है, जिसे उपभोक्त जानना

चाहता है और साथ ही **'2 साल की वारंटी भी'** का उल्लेख भी है। इसी तरह यामाहा का विज्ञापन देखें–

यामाहा

बढ़ाइये अपने बिजनेस की रफ़्तार

यामाहा मोटर इंडिया प्रा. लि. यामाहा मोटर कम्पनी, जापान की 100 प्रतिशत सब्सिडरी कम्पनी है। भारत में वर्षों से यामाहा मोटरसाइकिल बेमिसाल पावर, स्टाईलिंग और लाजबाब क्वालिटी का प्रतीक रही है।

हाल की सफलताओं ने यामाहा को जोश से भर दिया है, अब यामाहा हर वर्ष नये आकर्षक और रोमांचक मॉडल्स पेशकरने के लिए तैयार है और साथ ही तेजी से बढ़ रहे मोटरसाइकिल के क्षेत्र में सर्वप्रथम होने के लिए कमर कस चुका है। यूँ भी यामाहा मोटरसाइकिल की विशाल संख्या, स्पेयर्स पाट्र्स और सिर्विस द्वारा शानदार आमदनी का भरोसा तो दिलाता है।

युवाओं को स्टाइल और गति पसन्द है। साथ ही जोश उनकी शक्ति है। यह विज्ञापन भी रेखांकित करता है। इसलिए विज्ञापन की भाषा युवा वर्ग की पसन्द के अनुरूप है।

इसी क्रम में हम सुजुकी का विज्ञापन देख सकते हैं–

सुजुकी

100 cc की छुट्टी

नयी Suzuki Heat 125cc अब RS. 35,179 में*

इस शीर्षक से आरम्भ होने वाला 'हिंग्लिश' के प्रयोग का यह विज्ञापन सुजुकी मोटरसाइकिल की खासियतें भी दर्शाता है।

क्रमशः देखें–

एडवांस्ड
5–स्पीड
गियर बाक्स
XTP (एक्स्ट्रा टार्क परफॉर्मेंस) सुजुकी
की अद्‌भुत टैक्नालॉजी जो दे अपनी श्रेणी
में सर्वश्रेष्ठ पिकअप और माइलेज
अलॉय व्हील्स् और बड़े इको-फ्रेंडली ब्रेक्स
ऍस्बेटस-फ्री ब्रेक शूज और बड़े ड्रम इंस्टैंट ब्रेकिंग के लिए
रॉबस्ट 125 बब ऑल-एल्युमिनियम इंजन
एल्मुनियम सिलिंडर और फिन्स् उत्तम
कुलिंग और रॉबस्ट लुक्स के लिए

सबसे ऊपर दिया गया है सुजकी का लोगो, जिसका सूत्र वाक्य–HEAT रुकना मना है। इस मॉडल (वेरिंयट) के नाम को बहुत ही स्टाइलिश ढंग से लिखा गया है।

मोटर साइकिल हो अथवा स्कूटर या स्कूटी या साइकिल सभी के विज्ञापन टेलीविज़न के विभिन्न चैलों पर अक्सर दिखाये जाते है। इनमें गति और स्टाइलिश लुक पर विशेष ध्यान दिलाया जाता है। अति कल्पना, पहाड़ की चोटी युवा चालक के पीछे बैठी उसकी गर्ल फ्रेण्ड, चैलेन्ज, मौज-मस्ती,

हल्का तफरीह का मूड, चाकलेट या ऐसी ही कोई चीज ऐसे विज्ञापनों की उलेखनीय विशेषताएँ है, जो उसकी लिखित अथवा मौखिक भाषा का अतिक्रमण करती हुई विज्ञापन को आकर्षक बनाती है। एक नये वातावरण की सृष्टि करती है। अपने लक्षित उपभोक्ताओं को लुभाने में कोई कोर कसर नहीं छोड़ी जाती।

2. चार पहिया बाहनों का विज्ञापन

मारुती

'मारुती सुजूकी' आज एक चर्चित नाम है, जो चार पहिया वाहन कम्पनियों में अग्रगण्य है। इसके विभिन्न मॉडल हर आर्थिक वर्ग के उपभोक्ताओं को ध्यान में रखकर तैयार किये गये है। इसके 'मारुती ओम्नी' मॉडल का एक विज्ञापन हाल ही में सामने आया है, जिसमें सबसे पहले चिरपरिचित लोगो है। इसके नीचे शीर्षक के रूप में दिया गया है–

'मारुती ओम्नी-LPG.
स्कूटर के ख़र्चे में चले!

बोल्ड फॉण्ट में यह आकर्षक पेशकश दी गयी है, ताकि चार पहिया वाहन न प्रयोग कर सकने वाले उपभोक्ता भी एक बार को ऐसा वाहन खरीदने का मन बना सकें कि यह वाहन स्कूटर जितने खर्चे में चल जायेगा। फिर विज्ञापन की 'बॉडी' के रूप में वाहन का आकर्षक चित्र देकर नीचे अंकित किया गया है–

"2-व्हीलर के खर्चे में गाड़ी की शान मिले तो क्या बात है. ज़्यादा माइलेज, ज़्यादा काम, तो उठाएँ गाड़ी के मज़े स्कूटर के खर्चे में."

अर्थात केवल शीर्षक में ही कम खर्चे की बात कह देने भर से तसल्ली नहीं हुई। आगे और समझाना पड़ा है। ताकि उपभोक्ता को यह विश्वास हो जाये कि वाकई यह ऐसी कार है, जिसे खरीदना ठीक रहेगा।

विज्ञापन में बारम्बारिता का सिद्धान्त अपनाया गया है।

जैसा कि स्वाभाविक है, ऐसे विज्ञापनों में फाइनेंस की सुविधा तथा आकर्षक रंगों का उल्लेख भी रहता है। वह भी है। और सबसे बड़ी बात कि स्कूटर के खर्चे से इसकी तुलना करके उपभोक्ता को वैज्ञानिक आधार पर अपनी ओर से पक्का विश्वास दिलाया गया है।

'मारुती सुजुकी' की ओर से ही एक और विज्ञापन, जो एक समय में बाज़ार पर कब्जा कर लेने वाले चिरपरिचित मॉडल 'मारुती-800' एवं नये मॉडल 'मारुती-आल्टो' के लिए है। इसमें शीर्षक दिया गया है–

"आपका सपना...आपका!
मात्र रु 800 में।"

नीचे दोनों मॉडलों का चित्र देकर विज्ञापन का बड़ा-सा काया-भाग है—*"विशाल ग्राहकों की शृंखला हमारे साथ जुड़ी है,*

अब बारी आपकी है तो देर किस बात की है.

दाम बढ़ने से पहले आयें और ले जायें अपनी

मनपसन्द मारुती और जुड़े हमारे साथ।"

इसमें 'दाम बढ़ने से पहले' वाक्यांश को बोल्ड फॉण्ट स्टाइल में दिया गया है। यह एक ऐसी सलाह है, जिसके मूल में लालच है। पुनः सलाह दी गयी है—

"ईधन के बढ़ते हुए दामों को पीछे छोड़िए और एक फायदेमंद सौदा कीजिए।" यह बोल्ड फॉण्ट में है। इसके नीचे दोनों मॉडलों की माइलेज तथा कीमतें दी गयी है, ताकि उपभोक्ता निर्णय ले सके।

बात इतने पर ही नहीं रुक गयी। समाचारपत्रों की कतरन को कोलाज के रूप में अपनाकर पुनः याद दिलाया गया है कि—*"दाम बढ़ने से पहले खरीदे।"*

विज्ञापन की भाषा में प्रायः अखबारों की कतरन का कोलाज, किसी उपभोक्ता या बड़े नाम का कथन, साक्षात्कार अंश देकर विश्वसनीयता लायी जाती है।

शेव्रोल (CHEVROLET) तथा टाटा (TATA) जैसी कम्पनियाँ भी अपने चार पहिया वाहनों का विज्ञापन हिन्दी में देती हैं। शेव्रोले तो कम, किन्तु टाटा के विज्ञापन अवश्य मिल जाते है। इनमें बचत की ओर विशेष ध्यान दिलाया जाता है।

इण्डिका

पेट्रोल की बढती कीमतों से छुटकारा

और बचाएँ रु. 30000/- साल दर साल

दी न्यू इण्डिका वी टू-मोर कार पर कार

— ज़्यादा खूबियाँ-फैदरटच पावर स्टेरिंग, सुपर सैलन्ट केबिन, इन्सटा कूल ए. सी., क्विल ब्रेक स्टाप।

— ज़्यादा बिक्री-इण्डिका वी टू नम्बर वन बिकने वाली कार (जून 2003 और जुलाई 2004-मार्च 2005 कुल विक्रय में बी श्रेणी कारों में)

इस विज्ञापन में बचत और गुणों को बताया गया है।

सैंट्रो कार

भारत की सबसे पसन्दीदा—फैमिली कार

'ए कम्पलीट फैमिली कार' के रूप में भारतीय परिवार की भावनाओं को भी ह्यूडई ने सैंट्रो के साथ जोड़ा है। तथा विश्वव्यापी तकनीक के बारे में बताया गया है।

इसी क्रम में जीप का एक विज्ञापन देखें—

महिन्द्रा बोलेरो कैम्पर

ज़िन्दगी इसी का नाम

काम का काम

आराम का आराम

नये बोलेरो कैम्पर, इसकी ताकत और नजाकत का अन्दाजा इसमें बैठते ही हो जायेगा। और इंटिरियर्स भी ऐसा कि आप जहाँ भी जायें आराम ही पाये। फिर चाहे वो ऑफिस हो, या फार्म,

क्लब हाउस हो या पहाड़। यानि जब ये हो हमसफ़र, जिन्दादिली हो हर डगर।

नये युग के नये निर्माण तथा आरामदायक के रूप में बोलरो प्रस्तुत किया गया है।

काव्यात्मक भाषा में दिया गया यह विज्ञापन बोलेरों की विशेषताएँ कम उसके बहुउपयोग की ओर अधिक ध्यान दिला रहा है। प्रभाव यह पड़ रह है कि बोलेरो खरीदकर हम आरामदायक सफ़र के लिए निश्चिन्त हो सकते हैं।

चार पहिया वाहनों में ट्रैक्टर के विज्ञापन भी ख़ूब मिलेंगे। क्योंकि इनका उपभोक्ता कृषक वर्ग है। इसलिए इनमें किफायत, मजबूती और रख-रखाव की सुविधा पर विशेष बल दिया जाता है।

देखें कुछ विज्ञापन–

आयशर

आयशर 312 सुपर डी आई

इस विज्ञापन में विशेष छूट का आकर्षण दिया गया है। लेकिन आयशर के बारे में भी बताया गया है–*डीजल (312 सुपर), बचत अधिक शक्ति और काफी कम दाम में किफायत ज़्यादा।*

महिन्द्रा

महिन्द्रा ट्रैक्टर का एक नया विज्ञापन कहीं अधिक आकर्षक है। इसमें सबसे पहले शीर्षक के रूप में अंकित किया गया है–

"गज़ब है!"

रु. 50,000' की शुरुआती छूट"

फिर इसे विज्ञापन की काया में इस तरह विस्तारपूर्वक खोला गया है–

"नये महेन्द्रा शान पर पूरे रु. 50,000 की छूट और शामिल हो जाइए ट्रैक्टर के नये दौर में. ट्रैक्टर जिसमें ज़ज्बा है नयी पीढ़ी के अरमानों को सच्चाई में बदलने का, हिसकी स्टाइल खेतों से सड़कों तक अपनी छाप छोड़ने से नहीं चूकती और जिसकी ताकत ऐसी जो जुताई और ढुलाई में फर्क नहीं समझती, तो इंतजार कैसा? आज ही अपने नज़दीकी महिन्द्रा डीलर के यहाँ टैस्ट ड्राइव कीजिए ट्रैक्टर का नया दौर।"

इतने विस्तृत 'काया' हिस्से में ढेर सारी खूबियाँ समझाकर गिनाते हुए पुनः संक्षेप में तीन बिन्दु और दिये गये हैं–

– *अनोखी बिल्ट-इन ट्राली*
– *39.5* Kmph *की बेमिसाल रफ्तार*
– *23.5* HP *की बेजोड़ से 7 टाइन कल्टीवेटर और 6×6 हैरो आसानी से खींचे।*

ये विशेषताएँ उपभोक्त को निश्चित ही आकर्षित करती हैं। इनके नीचे ट्रैक्टर के इस मॉडल का आकर्षक चित्र है, जिसके पास आधुनिक युवा किसान मुस्कुराता खड़ा हुआ है। जिसके हाव-भाव

में निश्चिन्तता दिखायी देती है। पीछे टैग पर पुराने मूल्य रु. 298981 को काटकर नया मूल्य रु. 248981 दिया गया है। तब नीचे दिया गया है कलात्मकता के साथ लोगो के रूप में ट्रैक्टर का ब्राण्ड नाम–"*नया महिन्द्रा शान।*" नीचे "*ट्रैक्टर का नया दौर।*"

विज्ञापन के शीर्ष पर महिन्द्रा का छोटा-सा मूल लोगो है जो इसकी साख को रेखांकित करते हुए घोषित करता है–महिन्द्रा ट्रैक्टर्स दशकों से नं. 1 अन्त में छोटे फोण्ट टाइप में एक लोगो देते हुए '*महेन्द्रा विश्वास के माध्यम से एक्सचेन्ज सुविधा उपलब्ध*' 'महिन्द्रा फायनांस की तरफ़ से आसान किस्तों में ऋण उपलब्ध।' पंक्तियाँ देकर उपभोक्ता को ये सुविधाएँ भी उपलब्ध होने की सूचना दी गयी है। और जैसा कि प्रायः हर विज्ञापन में होता है सम्पर्क के लिए डीलर्स के शहरों नाम और फोन नं. दिये गये है।

स्वराज

स्वराज ट्रैक्टर्स इस श्रेणी में जाना पहचाना नाम है। इसका एक विज्ञापन काव्यात्मक शीर्षक से आरम्भ होता है, जो बोल्ड फौण्ट में है–

"नयी ख़ूबसूरती चम चमा चम चम चम...
वही मज़बूती दम दमा दम दम..."
फोटो

इसमें भी "*नयी ख़ूबसूरती*' तथा '*वही मजबूती*' को और बड़े फौण्ट में दिया गया है। इसके नीचे "*बचत का बादशाह*" तथा "*4 लाख सन्तुष्ट किसानों का विश्वासपात्र*" तब नीचे ट्रैक्टर का चित्र है। नीचे पाँच बिन्दुओं में इस ट्रैक्टर की विशेषताएँ गिनाई गयी हैं–

– *कठिन चढ़ाई में भी भारी बोझ उठाने में सर्वोत्तम।*
– *गहरी जुताई के लिए श्रेष्ठतम।*
– *धान की खेती के लिए लाजवाब।*
– *कटर-थ्रशर उपयोग में सबसे सफल।*
– *Lop RPM-Hi-life Engine*

सबसे नीचे रिवर्स में दिया गया हैं–"*भारत में सबसे अधिक बिकने वाला ट्रैक्टर!* " और दाहिनी और स्वर्णिम चौखटे में "पैदायशी DI" के नीचे "*तीस सालों का साथ*" से लगा हुआ ब्राण्ड नाम "*स्वराज 735 FE*"

यह विज्ञापन थोड़े में ही सब कुछ कह देता है। उपभोक्ता पर इसका अच्छा प्रभाव पड़ता है। लम्बी चौड़ी बातें विज्ञापन की काया को स्थूल बना देती है। यह विज्ञापन इससे बचा हुआ है।

टैक्टरों की तरह ही ट्रकों के विज्ञापन होते हैं। इनमें भी मजबूती और किफायती (कम मूल्य) पर अधिक बल दिया जाता है। एक विज्ञापन देखे–

टाटा ट्रक

मानसून के रंग
टाटा के संग

मानसून महोत्सव पहली बार टाटा ट्रक एवं एल.सी.वी.एस. पर 5.95 प्रतिशत की ब्याज दर पर उपलब्ध टाटा, 407, 709, 1109 के साथ मुफ्त तिरपाल की भी योजना है।

इसी ट्रक कम्पनी का एक विज्ञापन और है–

'टाटा मोटर फाइनेंस पेश करते हैं–

कम डाउन पेंमेंट का बेमिसाल लोन आफर'

बोल्ड फॉण्ट में दिये गये इस शीर्षक के साथ, टाटा ट्रकों के दो चित्र और उनके मॉडलों की कीमत दी गयी है।

पुरानी कीमत को काटकर नयी कम कीमत अंकित है। साथ ही डाउन पेंमेंट की रकम भी दी गयी है। फिर दिया गया है–*"जल्दी कीजिए योजना 26 मार्च तक बुकिंग कराने पर डिलीवरी 31 मार्च तक पायें।"*

यह विज्ञापन टाटा मोटर फाइनेंस का हैः किन्तु लक्ष्य समूह है ट्रक उपभोक्ता, जिसे टाटा आरसीई तथा टाटा 207 डी आई जैसे भारवाहक वाहन क्रय करने के लिए प्रेरित किया गया है।

आयशर ट्रक

आयशर ट्रक का भी एक विज्ञापन देखा जा सकता है, जिसमें आरम्भ में इसकी चार खूबियों को हाइलाइट किया गया है–

"इनका ज़्यादा पेलोड मतलब आप ले जायें ज़्यादा माल..." और बोल्ड फॉण्ट में जोड़ा गया है–"कमाई है भईया।"

"इनका बेहतरीन माइलेज मतलब आप डीज़ल पर पैसे न जलाएँ..."

"बचत है भईया।"

"इनकी लम्बी, चौड़ी कार्गो बॉडी मतलब आप माल भरें जमकर..."
"फ़ायदा है भईया।"
"इनकी ज़बरदस्त मज़बूती मतलब आपको मेंटिनेंस न करे परेशान."
"सुकून है भईया।"

साथ में एक युवक का चित्र है, जो इन लाभों को गिना रहा है। शुरू में एक किनारे आयशर कम्पनी का कलात्मक लोगो है और आयशर ट्रक के औरा के रूप में लिखा गया है–*"आयशर 4 पहिया सही है भईया!"*

इसमें भी '4' अंक को बड़े फॉण्ट में दिखाकर उसकी चार पूर्वोक्त खूबियों की ओर इशारा किया गया है। साथ ही यह काव्यात्मक उक्तियाँ सहज ही आकर्षित करती है। खूबियों में संवाद की सृष्टि तथा बोल्ड फॉण्ट में उनका 'भइया' के साथ दोहराव मनोमसस्तिष्क पर बारम्बारिता के सिद्धान्त के अनुसार प्रभाव डालता है। नीचे दो मॉडलों के चित्र दिये गये हैं–

आयशर 10.50 3 टन पासिंग ट्रक तथा आयशर 10.59 3.7 टन पासिंग ट्रक। पुनः तीन विशेषताएँ दे दी गयी हैं–*'3750 मि. मी. (12.3 फीट) लम्बी बॉडी, शक्तिशाली 95 PS इंजन, बेहतरीन माइलेज के साथ।*

4.3.3.3 खाद्य पेय तथा स्वास्थ सम्बन्धी विज्ञापन

जन माध्यमों में आजकल खाद्य तथा पेय विभिन्न विज्ञापनों की भी होड़ लगी है। आज लोगों को तरह-तरह के 'फास्ट फूड' अच्छे लगने लगे हैं। जिसमें वे पुराने घरेलू सामग्री के स्थान पर बाहरी खाद्य सामग्री को अधिक पसन्द कर रहें हैं। इसी कारण अब तरह-तरह के खाद्य सामग्रियों के विज्ञापन प्रकाशित होने लगे है। जिससे स्वदेशी ब्रान्डों के साथ-साथ विदेशी ब्रान्ड ग्राहकों में अपनी पैठ बनाने में लगे हैं। एक ही सामग्री के अलग-अलग ब्रान्ड निकलते हैं, साथ ही विशेष आकर्षण के लिए छूट,

मुफ्त तथा एक के साथ एक मुफ्त का आयोजन करके ये विज्ञापन ग्राहकों को आकर्षित करते हैं। व्यावसायिक विज्ञापनों का यह एक प्रमुख लक्षण बन चुका है।

इसी तरह पेय पदार्थों के भी विज्ञापन प्रकाशित हो रहे हैं। तरह-तरह के प्युरिफाइड वॉटर तथा विभिन्न शीतल पेय (कोल्ड ड्रिंक्स), तरह-तरह के कॉफी, चाय आदि के विज्ञापन पाठकों के मन में गहरा प्रभाव छोड़ रहे हैं। जिससे युवा सादे पानी के बजाय मिनरल वॉटर या कोल्ड ड्रिंक्स पीना ज़्यादा बेहतर समझता है। इसमें भी इन्हें कई तरह के प्रलोभनों द्वारा आकर्षित किया जा रहा है तथा अनेक चर्चित चेहरों को इन पेय पदार्थों के साथ जोड़कर मनोवैज्ञानिक प्रभाव छोड़ा जा रहा है। साथ ही ये उत्पादक ग्राहकों को अपनी गुणवत्ता तथा विश्वसनीयता का समय-समय पर ध्यान दिलाते रहते हैं। जैसे-कोकाकोला और पराग दूध।

कुशाग्र व्यावसायिक विपणन नीति के अन्तर्गत बाज़ार में उतार-चढ़ाव, प्रतिस्पर्द्धा एवं फुटकर विक्रेताओं की पसंद-नापसंद का भी विशेष ध्यान रखते हैं।

आधुनिक युग में जीने वाले उपभोक्ता नवीनता को अपनाने के साथ-साथ स्वास्थ के प्रति भी विशेष ध्यान देते है, क्योंकि तभी सुख भोग सकता है तथा मन पसन्द खाद्य सामग्रियों का उपभोग कर सकता है, जब वह शारीरिक तथा मानसिक रूप से स्वस्थ्य हो। अतः ऐसे औषधीयुक्त उत्पादों की प्रस्तुति हो रही है, जो त्वचा तथा विभिन्न शारीरिक परेशानियों से मुक्त करते है। आज व्यक्ति तरह-तरह के मानसिक तनाव से भी गुजरता है। जिसके उपचार के लिए भी अनेक स्वास्थ्यवर्धक उत्पादों का विज्ञापन होता है।

इस श्रेणी के कतिपय ध्यान आकर्षक विज्ञापन देखें—

(क) खाद्य सामग्री

बलरामपुर चीनी

प्यारे, दुलारे संस्कार
शुद्धता भरी मिठास पाओ। बलरामपुर चीनी घर लाओ।
— बिल्कुल सफेद और एक समान दानेदार।
— धूल, बैक्टीरिया, सल्फर एंव अन्य उपस्थित कणों जैसी अशुद्धियाँ नहीं रहती।

इस आकर्षक विज्ञापन में अपनत्व है और उपभोक्त को मुख्य रूप से उसके स्वास्थ्य के प्रति ध्यान दिलाया गया है।

वाडीलाल

एक टूटी-फूटी
पार्टी पैक के साथ
एक
टूटी-फूटी स्पेशल
पार्टी पैक बिल्कुल मुफ्त

इस विज्ञापन में उत्पाद से ज़्यादा 'मुफ्त' को ध्यानाकर्षित करने की कोशिश की गयी है, और उत्पाद को गौण करके उपभोक्ता का ध्यान उससे हटाया गया है।

- ***प्रिया गोल्ड बिस्कुट***

हक़ से माँगो
असली मक्खन का जबरदस्त मजा।
अच्छे स्वाद पर सबका हक़ है।

इस विज्ञापन में उत्पाद पर ही पूरा जोर है तथा उसके दाम (250 ग्राम सिर्फ़ 18/- रुपये) को बताया गया है। *'हक़ से माँगो'* इसका सूत्रवाक्य तो अब एक तरह से लोकप्रिय 'नारा' बन चुका है।

इस कम्पनी के बिस्कुट का एक नया विज्ञापन है—

जंगल का राजा
शेर होता है
टाइगर नहीं'

इससे बहुत बड़े शीर्षक के रूप में कलात्मक ढंग से दिया गया है। इसके नीचे है—*"और शहर का राजा..."* नीचे दिये गये हैं। डॉन लिखे हुए प्रिया गोल्ड बिस्कुट के दो पैकेट्स के चित्र।

नीचे अंकित है—*"प्रियागोल्ड डॉन प्रिमीयम ग्लुकोज़ बिस्किट में है ज़्यादा ग्लुकोज, जो दुनिया के सबसे ज़्यादा बिकने वाले बिस्किट में भी नहीं!"*

यानी एक ऐसी विशेषता पर बल दिया गया है, जो दुनिया के सर्वश्रेष्ठ बिस्किट में भी नहीं है! अपने को सीधे-सीधे दुनिया का सबसे ज़्यादा बिकने वाला बिस्किट न कहकर भी ध्वनि यही है कि हम सर्वेश्रेष्ठ हैं।

विज्ञापन पर प्रियागोल्ड कम्पनी का स्थापित और जाना-पहचाना स्लोगन *'हक़ से माँगो'* दिया गया है, जो अब उसके 'लोगो' का हिस्सा बन चुका है।

दाण्डी नमक

इस विज्ञापन का शीर्षक 'खतरे से सावाधन' करने की मुद्रा में इस प्रकार दिया गया है—

'ज़हर' जो आप रोज़ 'खाते' है।
ज़हर यानि गंदगी

इसके बाद विज्ञापन की काया है, जो लम्बा टैक्स्ट लिए हुए है—*आज भी समुद्र से पानी लेकर चक्करदार क्यारियों में जब पानी का मन्थन होता है तो, "समुद्र की भारी गन्दगी" व "कीड़े-मकोड़े" नमक बनते वक्त उनकी डलियों में घुल-मिल कर फँस जाते हैं। जिन्हें एक-दूसरे से दूर करना बहुत ही कठिन होता है। लेकिन दाण्डी नमक वाले उन नमक की डलियों को ट्रिपल रिफाइन्ड मशीनों के द्वारा एक-एक करके तीन बार वॉश करते है और उसे नमकीन पानी में बदल देते है। जिससे समुद्र से आयी "भारी गन्दगी" व कीड़े मकोड़े अलग हो जाते हैं। और नमकीन पानी को ड्रायर के द्वारा वापस ट्रिपल रिफाइन्ड करे शुद्ध नमक में बदल देते हैं।'*

फिर है स्लोगन–

'ट्रिपल रिफाइन्ड डाण्डी नमक
अमृत है बुद्धि व शक्ति के लिए'

यह विज्ञापन दाण्डी नमक की विशेषताओं को पूरे विस्तरित रूप से बताया गया है। साधारण नमक की कमियों, गन्दगी को बताया गया है और अपने-द्वारा उत्पादित नमक की श्रेष्ठता को तुलनात्मक रूप में (छिपे हुए ढंग से) बतलाया है।

इसी तरह खाने के सोडा का यह विज्ञापन देखें–

टाटा समुन्दर

यह विज्ञापन इन काव्यात्मक पँक्तियों से शुरू किया गया है–

नरम और लाइट
खाना बनाये राइट

यह विज्ञापन का शीर्षक है, जो विशिष्ट कलात्मकता में दिया गया है। इसके बाद विज्ञापन की बॉडी है–*"टाटा समुदर-पहला शुद्ध पैक किया हुआ, फ्रूड ग्रड खाने का सोडा जो खाना बनाये नरमा-नरम और फूला-फूला, साथ ही, इससे आपके व्यंजन इतने स्वादिष्ट नज़र आयें कि बस मुँह में पानी आ जाये।"*

साथ में पैकेट्स के चित्र हैं और दाहिनी ओर कम्पनी का लोगो दिया गया है। सरल सीधे शब्दों में कोई नाटकीयता नहीं है। इसलिए इस छोटे-से विज्ञापन का प्रभाव भी सीधा-सीधा पड़ता है।

पान पराग

धूम मचा दे...रंग जमा दें,
लकी कूपन स्कीम ड्रा

इस विज्ञापन में पान पराग के विभिन्न उत्पादों को दिखाते हुए, लकी कूपन में कार, स्कूटर टी. वी आदि आकर्षक योजनाएँ दर्शाई गयी हैं।

(ख) पेय पदार्थ

एक अनुमान के अनुसार विज्ञापन बाज़ार का 25 प्रतिशत हिस्सा शीतल पेयों का है। देखें प्रमुख विज्ञापन–

पेप्सी

ये दिल माँगे मोर! आहा!!
1.5 लीटर के साथ 33 प्रतिशत एक्सट्रा,

इस विज्ञापन में मुफ़्त योजना के साथ सुप्रसिद्ध अभिनेता, अभिनेत्री को भी जोड़ा गया है।

इसी क्रम में सर्वाधिक विज्ञापन कोका कोला, थम्स अप, माज़ा आदि-आदि के विज्ञापन ख़ूब देखे-पढ़े जा सकते हैं। सब में नयी-नयी छवियाँ, नये-नये स्लोगन और नये-नये थीम दिये जाते है। *'ठण्डा मतलब कोका-कोला'* तो जैसे हमारे जीवन का ही हिस्सा बन गया है! इनके ब्राण्ड एम्बेसेडर अमिर खान और शाहरुख खान जैसे फ़िल्मी सितारों से लेकर सचिन तेन्दुलकर और युवराज जैसे क्रिकेटर तक हैं। कुछ के विज्ञापनों में सैफ अली और काजोल है, तो किसी में जाँबाजी दिखाते हुए

सलमान खान। ये लोग कहीं हवाई जहाज में कोका-कोला सर्व करते हुए हम सब की एकता को 'डकार' के ज़रिए 'सिद्ध' कर रहे हैं, तो पहाड़ की ऊँचाइयों पर चढ़-गिरकर अपनी जाँबाजी दिखा रहे हैं! फेंटेसी की दुनिया के ये दूरदर्शनी विज्ञापन अपने नयेपन के कारण विशेष रूप से युवाओं और बच्चों को अपनी गिरफ़्त में ले रहे है।

विस्लरी

बड़ा विस्लेरी
सेम प्राइज़

इस विज्ञापन से उपभोक्ता को यह जानकारी दी गयी है कि पहले के दाम पर अधिक विस्लरी वॉटर मिलेगा-एक छोटे पर आकर्षक नारे द्वारा कहा गया है। इस प्रकार पुरानी कीमत में अधिक मात्रा देना या इसी प्रकार की योजना (स्कीम) व्यावसायिक विज्ञापनों का आधार बनती दिखायी दे रही है।

कड़क फेमली चाय

आपके परिवार की राय
कड़क फेमली चाय
जो पिये एक बार, वो माँगे बार-बार

चाय बाज़ार में बढ़ती प्रतिस्पर्धा में यह एक बहुराष्ट्रीय कम्पनी नहीं एक क्षेत्रीय कम्पनी है। विदेशी, अन्तर्राष्ट्रीय अथवा विश्वस्तरीय कम्पनी के न होते हुए भी इसने काफी प्रसिद्धि प्राप्त कर ली है। काव्यात्मक स्लोगन से शुरू हुआ यह विज्ञापन आकर्षक प्रभाव छोड़ता है।

तेज़ चाय
तो जोश आ जाये

काव्यात्मक स्लोगन वाले इस विज्ञापन का प्रभाव भी कम नहीं है। इसमें भी योजना है 250 ग्राम के साथ 100 ग्राम का पैक मुफ्त तथा इसी के विज्ञापन में गृहणी को खाद्य सामग्री के तरह-तरह के टिप्स दिये गये है।

(ग) स्वास्थ्य सम्बन्धी विज्ञापन

झंडु पंचारिष्ट

हाजमा फिट
सेहत सुपरहिट
भूख जगाए, पाचन बढ़ाए

इस काव्यात्मक स्लोगन शीर्षक से आरम्भ होने वाले इस विज्ञापन में 'बॉडी' के अन्तर्गत विस्तार से समझाया गया है- *'इस प्रकार इसमें हैं द्राक्षासव, कुमारीआसव, दशमूल, अश्वगंधा, शतावरी और त्रिफला जैसे गुणकारी तत्व! इसका नियमित सेवन न केवल हाजमा ठीक रखता है, बल्कि पेट को अन्दर से तन्दुरुस्त बनाता है और जिन्हें भूख न लगे, उनके लिए तो मानों यह एक वरदान है, साथ ही इसमें है आयुर्वेद विशेषज्ञ झंडु के वर्षो का विश्वास।'*

इस प्रकार के तर्क से स्वस्थ्य परिवार का राज झंडु पंचारिष्ट को बताया गया है।

शिवानन्द स्पेशल च्यवनप्राश

हर मौसम पूरे परिवार की सुरक्षा

इस विज्ञापन के मुख्य भाग (बॉडी) में यह बताया गया है कि 54 जड़ी-बूटियों के संयोग से ही यह च्यवनप्राश बना है। बिक्री के लिए 200 ग्राम का पैक मुफ्त दिया गया है।

– हिमालया प्योर हर्ब्स

इस उत्पाद के सभी प्रकारों के उत्पादों को एक साथ उनके उपयोगों के साथ बताया गया है–

अश्वगंधा–	*तनाव से मुक्ति,*	*आँवला–*	*उपचयन रोधक*
अर्जुन–	*खून का सही संचार*	*करैला–*	*चयपच्य नियमित करें।*
ब्राहमी–	*सतर्क रखे*	*लहसून–*	*कोलेस्ट्राल सुरक्षा*
नीम–	*त्वचा का देखभाल*	*राल्लकी–*	*जोड़ो के दर्द में राहत*
शुद्धगुग्गुल–	*बसा नियन्त्रक*	*तगरा–*	*आरामदायक*
त्रिफला–	*आँत की सफाई*	*तुलसी–*	*सर्दी और खाँसी*

इस प्रकार उत्पाद के गुणों को भी बताया गया है। इससे उपभोक्ता को वैज्ञानिक जानकारी देकर विश्वास में लेने की चेष्टा की गयी है।

सेरेलॅक

यह बच्चों के स्वास्थ्यवर्धक उत्पाद है। इसमें बच्चों के स्वास्थ्य के लिए उचित तत्व हैं।

इसमें मुफ्त योजना है–
50 ग्राम जॉनसंस बेबी सोप
हर 400 ग्राम सेरेलॅक पैक के साथ।

4.3.3.4 घरेलू सामान का विज्ञापन

आज हर कोई हर चीज स्पेशल चाहता है, चाहे यह आरामदायक कुर्सी हो या चाहे कोई आलमारी, चाहे कोई दरवाजा हो या बाथरूम का टब, कोई कुकर या प्रेशर पैन। हर वस्तु के विज्ञापन में हर कोई अपने उत्पाद को श्रेष्ठ दिखाना चाहता है। एक ही वस्तु के विभिन्न प्रकार के निर्माणकर्ता हो गये है। इससे ग्राहक भ्रमित हो जाते है।

आज घर की ज़रूरत के सामानों में फर्नीचर का विशेष महत्व है। फर्नीचर के महत्व बढ़ने से इनके विज्ञापन भी अधिक प्रकाशित होने लगे है। विभिन्न प्रकार के फर्नीचरों के साथ *'विशेष योजना'* जैसे विज्ञापन प्रकाशित हो रहे है।

इसी तरह अनेक प्रकार के वर्तनों के भी निर्माता अपने उत्पाद की खासियत बताते दिखायी देते हैं। हर तरह से अपनी वस्तु को महत्वपूर्ण बताते हुए ग्राहकों को अपनी ओर आकर्षित करना चाहते हैं। इसी के साथ विज्ञापनों में डिटर्जेन्ट तथा केक आदि के भी काफी विज्ञापन प्रकाशित होते हैं। ये भी अपने उत्पाद की विश्वसनीयता को उपभोक्ता के सामने प्रस्तुत करते तथा नकली माल से सावधान करते हैं। विज्ञापन में सास-बहू की तकरार, गृहणी की सूझबूझ आदि के संयोग से गृहिणियों को इस प्रकार आकर्षित कर उत्पादों की ज़रूरतों को अनुभव कराया जाता है। विज्ञापनों के प्रस्तुतीकरण को देखकर ही उपभोक्ता पर इनका प्रभाव समझा जा सकता है।

इन घरेलू सामानों के मुख्यतः तीन वर्ग निर्धारित किये जा सकते है, जो इस प्रकार है–

1. फर्नीचर सम्बन्धी विज्ञापन।
2. बर्तन सम्बन्धी विज्ञापन।
3. डिटर्जेन्ट, साबुन व केक सम्बन्धी विज्ञापन।

क. फर्नीचर सम्बन्धी विज्ञापन

गोदरेज स्टोरवेल

रु. 1500.00 तक की छूट

इस छोटे से विज्ञापन में छूट की रकम को इतना अधिक उभारा गया है कि उपभोक्ता अलमारी के दाम पर ध्यान देने के बजाय छूट पर अधिक ध्यान दे। साथ ही सीमित शर्तो का भी उल्लेख किया गया है।

सिन्टेक्स

दुनिया की नं. 1 पानी की टंकिया

सिन्टेक्स फैक्टरी निर्मित दरवाजे सिन्टेक्स के दो विज्ञापनों में पानी की टंकी जिसके नारे से ही वह अपनी श्रेष्ठता को दर्शाया है, तथा दूसरे में सिन्टेक्स के तरह-तरह के दरवाजों का विज्ञापन है। हर कमरे के दरवाजे की खासियत बताई गयी है।

सेलो कुर्सियाँ

महाबचत ऑफर
सेलो मयूर की 4 कुर्सियाँ मूल्य 999/- की खरीद पर 1 सैलो ऑरचिड टेबुल मूल्य 500/- एंव 1 सेलो सैमुराई स्टूल मूल्य रु. 110/- का बिल्कुल मुफ्त लीजिए।

इस विज्ञापन में आकर्षक मुफ्त योजना का प्रलोभन दिया गया है।

कर्लान

कर्लान मेटरेस के साथ कर्लान पिलो या बेड सीट
जल्दी स्टाक सीमित रहने तक

कर्लान मेटरेस के साथ भी मुफ्त योजना से उपभोक्ता को प्रलोभित किया जा रहा है, और सीमित ऑफर का ध्यान भी दिलाया गया है।

ख. बर्तन सम्बन्धी विज्ञापन

यूनाइटेड प्रेशर कुकर

प्रेशर कुकर, प्रेशर पैन
खाए जाओ, खाए जाओ
यूनाइटेड के गुण गाए जाओ

इस काव्यात्मक स्लोगन ने अब पर्याप्त लोकप्रियता अर्जित करली है। इसके माध्यम से शुरू में उत्पाद के नाम से परिचित कराया गया था।

इसमें कहा गया है कि *"40 वर्षो से प्यार, विश्वास और सुरक्षा के साथ भरोसे का प्रतीक"* साथ में सभी साइजों के प्रेशर कुकर के चित्र हैं। नीचे टीवी कलाकारों की एक जोड़ी (सुमित और कुमकुम) को दर्शाया गया है। जो घरेलू धारावाहिक "कुमकुम" में अपनी पहचान बना चुकी है। (यह कम्पनी बीच-बीच में इसी तरह जोड़ियाँ बदलती रहती है!)

कम शब्दों में सारी बातें कह दी गयी हैं। इसका प्रभाव उपभोक्ता पर सकारात्मक पड़ता है।

फ्यूचुरा

प्रेशर कुकर बहुत तेज बहुत आसान

इस विज्ञापन में प्रेशर कुकर के चित्र से ही इसकी आधुनिकता का ज्ञान कराया गया है। इसलिए इसके बारे में अधिक कहा नहीं गया है। किन्तु आगे इसकी विशेषताएँ बतादी गयी हैं–

"फ्यूचुरा कुकवेअर की सतह अत्यंत कड़ी और टिकाऊ होती है जो तेज आंच से खराब नहीं होती। आप धातु की कलछी बिना हिचक इस्तेमाल कर सकते हैं। फ्यूचुरा कुकवेअर बदरंग नहीं होगा। इसमें छेद नहीं होंगे, जंग नहीं लगेगी या खरोंच नहीं पड़ेगी और बरसों तक नया दिखता रहेगा।"

इसी के दूसरे विज्ञापन में फ्यूचुरा के कुकवेअर की गारण्टी दी गयी है साथ ही कुकवेअर के बारे में सारी जानकारियाँ भी दी गयी है। पुराने कुकवेअर के बदलने पर 20 प्रतिशत कीमत वापस (शर्तों के साथ) की स्कीम को भी दे दिया गया है।

ऐसे प्रलोभन गृहिणियों को विशेष रूप से आकर्षित करते हैं।

हॉकिन्स प्रेशर कुकर

"आप सोच रहे थे कि पिछले इतने सालों में खास कुछ नहीं बदला..."

इस शीर्षक से आरम्भ होने वाले विज्ञापन में उपभोक्ता की जिज्ञासा का समाधान कुछ इस प्रकार है–

'हाकिन्स के नये बेहतर बनाये 'मॉडल'आपको अचरज में डाल देंगे। उदाहरण के लिए, कॉन्टयुरा की गोलाकार! बॉडी' का डिजाइन आसानी से चलाने के लिए बनाया गया है। गाजर का हलवा जैसे मुश्किल पकवान भी बनाये आसान 30 मिनट में हैवीबेस 'माडल' चपटा बना रहता है, कभी फूलेगा नहीं, हलका तल कर प्रेशर कुकर में पकाने के लिए आदर्श है और हॉकिन्स के नये नाम पकाने के उन कामों के लिए खास तौर से सुविधाजनक है जो आपको अक्सर करने पड़ते हैं। कम मात्रा में, खास तौर पर किसी बच्चे या बुजुर्ग के लिए पकाने में हॉकिन्स 1.5 लीटर इतना जल्द और किफायती है और 8 लीटर जम्बो को आप उस समय सचमुच सराहेंगी, जब आप त्यौहार के अवसर पर ज़्यादा मात्राएँ पका रही होंगी।'

इस विज्ञापन की स्थूल काया का टैक्स्ट अपने उत्पाद की सारी विशेषताएँ सामने रख देता है। और अन्त में स्लोगन देता है–

"आपके ग्राहक आनन्द उठायेंगे बचत का।"

निश्चय ही ऐसे विज्ञापनों को विभिन्न प्रकार के व्यवसाय से जोड़कर उत्पाद से लाभान्वित होना दिखाया गया है। साथ ही किस्त में भी पाने का अवसर बताया गया है। इस प्रकार के विज्ञापन से ग्राहकों में विश्वास पैदा करते हैं।

ग्लेन

मेरी लाइफ़ हो गयी ईजी!

आश्चर्य प्रकट करने वाले इस कथन के शीर्षक का समाधान आगे विज्ञापन की काया में इस तरह कर दिया गया है– *'अपने पुराने स्टोब के बदले ग्लेन कुकटॉप लाने के फैसले पर मैं बहुत खुश हूँ। अब कुकिंग का आनन्द ही कुछ और है।'* पुनः *इसकी विशेषताएँ गिनादी गयी हैं–*

'ग्लेन के कुकटॉप में है आटो इग्नीशन, इससे मुझे मिली माचिस से आजादी। साथ ही ट्रिपल रिंग बर्नर जो खाना झट से पकाए साथ ही बनाये नर्म फूली-फली रोटियाँ। इसके ख़ूबसूरत अन्तर्राष्ट्रीय मैट स्टील की ख़ूबसूरती का तो क्या कहना। यह मेरी लाईफ है।'

अन्त में प्रस्ताव/सुझाव है– *"तो इन्तजार किस बात का है, आज ही ले आईये ग्लेन कुकटॉप और कीजिए अनमोल अनुभव की शुरुआत।"*

एक उपभोक्ता के अनुभव से इस उत्पाद के लक्ष्य समूह को विश्वास में लेने की यह तकनीक नयी है। यह तकनीक कई अन्य विज्ञापनों में अपनाई जा रही है।

ग. डिटर्जेन्ट, साबुन व केक सम्बन्धी विज्ञापन

घड़ी डिटर्जेन्ट

पहले इस्तेमाल करें
फिर विश्वास करें

यह काव्यात्मक शीर्षक इस उत्पाद का स्लोगन बन चुका है। इसके विज्ञापन में उपभोक्ताओं को नकली डिटर्जेन्ट से सावधान करते हुए सूचित किया है। जिससे उपभोक्ताओं में अपने उत्पाद की विश्वासनीयता भी पैदा करनी चाही है। साथ ही प्रयोगशाला का दृश्य दिखाकर इसके वैज्ञानिकता परीक्षण का भरोसा दिलाया गया है।

निरमा केक

कम दाम में ज़्यादा काम

यह स्लोगन ही इसका शीर्षक है। साथ ही उत्पाद की विशेषता बताई गयी है– *'पहले के साथ ही 25 प्रतिशत ज़्यादा पाईए।'* लेकिन उत्पाद के बारे में कोई खास जानकारी नहीं दे गयी है।

सर्फ

फ्रेन्डली वाश

यह शीर्षक है, यही स्लोगन। इसके बाद प्रलोभन-20 रु. किलो सर्फ 10 जनवरी तक।

सर्फ का यह स्लोगन बहुत लोकप्रिय रहा है– *"अब सर्फ की खरीददारी में ही समझदारी है।"* याद करें वह दृश्य जब दूरदर्शन पर ललिता जी इस वाक्य को कहती हैं। इस विज्ञापन में अपने उत्पाद की विश्वसनीयता पैदा करने के साथ ही बताया गया है कि कम कीमत पर सीमित समय तक बिक्री की जा रही है। (भाव यह है कि खरीदने में जल्दी कीजिए!)

जेन्टील

यह ऊनी और खास कपड़ों के सुरक्षा के लिए प्रयोग किया जाता है। साथ में मुफ्त साबुन की भी योजना दी गयी है।

विम

खरीदो विम बार
जीतो 400 ग्राम गोल्ड बार

जैसी घोषणा के साथ बाज़ार में उतरे इस विज्ञापन में उम्मीद भरे ऑफर से उपभोक्ताओं को आकर्षित किया गया है।

उजाला

नयी शर्ट?
कब तक रहेगी सफेद?
जब तक उजाला है तब तक!

प्रश्नाकुलता और आश्चर्यमिश्रित सीधे-सरल समाधान के शीर्षक से आरम्भ हुआ यह विज्ञापन आगे विज्ञापन की बॉडी में वैज्ञानिक ढंग से समझाता है कि-*"पानी में मौजूदा धातु से सफेदी पीली पड़ जाती है, सिर्फ़ उजाला इंस्टाव्हाइटनिंग सिस्टम सफ़ेदी रखे बरकरार, सालों साल,"*

"सफेदी रखे बरकरार, सालों साल"-जैसा पंक्ति आगे चलकर स्लोगन बन जाती है।

इस उत्पाद के एक अन्य विज्ञापन का यह स्लोगन आज भी सब की जुबान पर है-*"आया नया उजाला, चार बूँदों वाला!"*

ऐसे विज्ञापनों की भाषा उपभोक्ता पर मनोवैज्ञानिक प्रभाव डालती है। वस्तुओं की गुणवत्ता और टिकाऊपन पर विशेष बल दिया जाता है। साथ ही विश्वास दिलाया जाता है कि इससे बेहतर कोई वस्तु बाज़ार में नहीं है, इसलिए आप इसे ही खरीदें।

4.3.3.5 विद्युत उपकरण एंव इलैक्ट्रानिक उपकरण सम्बन्धी विज्ञापन

हर इन्सान को आराम और सुख के लिए तीन चीजों की आवश्यकता होती थी-रोटी, कपड़ा और मकान। अर्थात् भोजन, वस्त्र, घर। इन तीनों चीजों को आज भी हर इन्सान प्राथमिकता तो देती है, लेकिन अब कुछ ऐसी चीजें प्रचलित हो गयी है, जो चौथी प्राथमिकता के रूप में दिखायी देती है। जिसके बिना घर अधूरा-सा लगता है। घर में हर कोई सभी तरह के सुख का भोग करना चाहता है तथा हर प्रकार के आराम चाहता है। और इन्हीं को ध्यान में रखकर आज तरह-तरह के विद्युत उपकरणों एंव इलैक्ट्रंनिक सामान का निर्माण होता जा रहा है। आज इन्सान हर तरफ सुन्दरता और सन्तुष्टि को पूरा करने के लिए एक के बाद इन उत्पादों को आदी होता जा रहा है। यह सभी उत्पाद उपभोक्ताओं पर ऐसे हावी हो रहे हैं कि उपभोक्ता को लगता है कि इनके बिना उनका जीवन कुछ अधूरा सा है। सामान्यतः ये चीजें हैः

टी. वी., वाशिंग मशीन, एयरकंडिशनर, कम्प्यूटर, वीसीडी प्लेयर्स, कूलर, गीजर, ऑडियों प्लेयर्स, वाटर हीटर, डिश एंटीना, मोबाइल फोन आदि।

आधुनिक जीवन को खास ज़रूरत के रूप में दिखायी देता है इन चीजों की तरफ उपभोक्ता का ध्यान आकर्षित करने के लिए विभिन्न तरीके अपनाए जा रहे हैं। जैसे-बढ़ते दाम को घटाना, छूट देना, पुराने के बदले नया, एक पर एक, किस्त योजना, लकी ड्रा योजना तथा विभिन्न विद्युत उपकरणों का उपहार आदि से सभी उत्पादनकर्त्ता उपभोक्ता को दिग्भ्रमित करके सिर्फ़ अपने उत्पाद की ओर ध्यान आकृष्ट कराना चाहते है। यह बाज़ारवाद का नया युग है। इसमें आम आदमी बुरी तरह 'गिरफ्तार' हो रहा है।

आइए इन विज्ञापनों को देखते हैं।

वाशिंग मशीन

विभिन्न वाशिंग मशीन जैसे-वीडियोकॉन, महाराजा, व्हाइटलाइन, नेशनल, सैमसंग आदि सभी के विज्ञापनों में अपने-अपने उपकरण के दाम व खूबियों के बारे में बताया गया है। महाराजा वाशिंग

मशीन अब सारे घर के कपड़ों की धुलाई एक बार में। कभी जंग न लगने वाली मजबूत पीपी बॉडी। आटोमैटिक वॉश टाईमर के साथ, 3 आकर्षक रंगों में उपलब्ध।-जैसा दावा करती दिखायी देती है।

सैमसंग वॉशिंग मशीन

सैमसंग टेलीविजन की तरह ही इस कम्पनी की वााशिंग मशीन का विज्ञापन भी आकर्षक है। इसकी शुरुआत होती है बोल्ड फॉण्ट में दिये गये इस शीर्षक से—

"सैमसंग लाए हैं
कपड़ो की धुलाई
में नयी क्रान्ति!
नयी Silver Nano
वॉशिंग मशीन।"

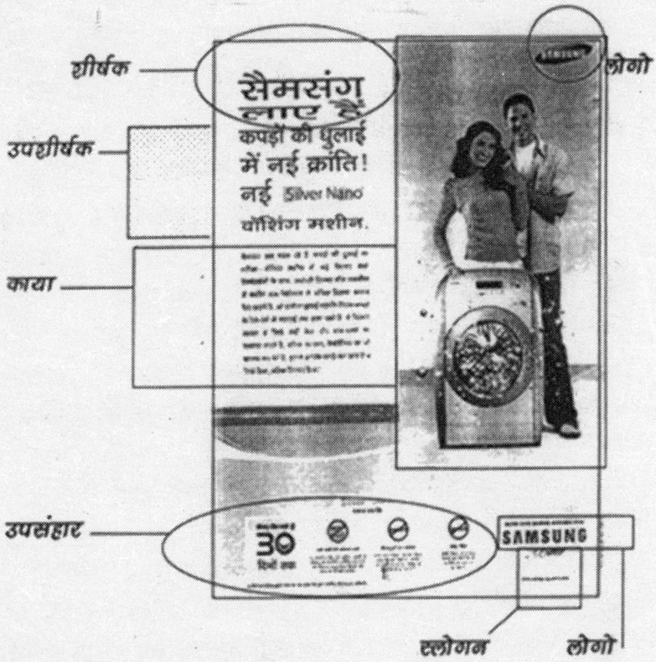

इसके बाद विज्ञापन की 'काया' में इस नये मॉडल की खूबियों को कुछ इस प्रकार दर्शाया गया है—*"सैमसंग अब बदल रहे हैं कपड़ों की धुलाई का तरीका-वॉशिंग मशीन में नयी सिल्वर नैनों टेक्नोलॉजी के साथ। अनोखी सिल्वर वॉश तकनीक से मशीन 400 बिलियन से अधिक सिल्वर आयन पैदा करती है, जो प्रत्येक धुलाई चक्र के दौरान कपड़ों के रेशे-रेशे में गहराई तक समा जाते हैं। ये सिल्वर आयन न सिर्फ़ कड़ी मैल और दाग-धब्बों का सफाया करते है, बल्कि 99.99%* बैक्टीरिया का भी खात्मा कर देते हैं। इससे आपके कपड़े बन जाते हैं न सिर्फ़ फ्रैश, बल्कि सिल्वर फ्रैश!"

दाहिनी और आकर्षक चित्र है इस वॉशिंग के मॉडल का जिसके पीछे खड़े हैं युवा पति-पत्नी, जिनकी मुस्कान सन्तुष्टि को दर्शा रही है।

विज्ञापन के अन्त में पुनः संक्षेप में Silver Wash के फ़ायदे गिना दिये गये है, जो कलात्मक ढंग से संयोजित किये गये हैं–

– जीवाणु रहित कपड़े पूरे 30 दिनों तक (अपेक्षाकृत बोल्ड फॉण्ट में)
– *(गोले में लिखा गया है Hot Wear Needed, जिसे काट दिया गया है) गर्म पानी की ज़रूरत नहीं। (क्योंकि) यह तकनीक, बिना, गर्म पानी के, कपड़ो को कीटाणुमुक्त बनाती है। इसलिए यह कपड़ों की कोमलता से धुलाई कर बिजली और समय की बचत करती है।*
– *(गोले में लिखा गया है–ODOUR* जिसको काट दिया गया है*) बदबू रहित। इसके सिल्वर आयन बदबू फैलाने वाले बैक्टीरिया को 30 दिनों तक कपड़ों से दूर रखते हैं।*

इन्हें देखकर निश्चय ही उपभोक्ता इस उत्पाद को खरीदने के लिए प्रेरित हो सकते हैं।

इसी से लगा हुआ है दाहिनी और खास कम्पनी का लोगो, जिसके नीचे कम्पनी का चिरपरिचित नारा (स्लोग) है-*"तुमसे है ज़िन्दगी"*

वीडियोकॉन वॉशिंग मशीन

अन्य वॉशिंग मशीनों के समानान्तर वीडियोकॉन कम्पनी की वॉशिंग मशीन का विज्ञापन देखें।

इस विज्ञापन में बायें हिस्से में सबसे ऊपर लिखा गया है– *'जंग लगेगा'* जिसके नीचे लोहे की जंग लगी चेन है। दहिनी और वॉशिंग मशीन का चित्र है, जिसके ऊपर लिखा है– *'जंग नहीं लगेगा।'*

तब विज्ञापन का शीर्षक है–

"भारत की पहली रस्ट फ्री वॉशिंग मशीन"

इसके बाद विज्ञापन का 'बॉडी' भाग है, जिसमें विस्तारपूर्वक इस ब्राण्ड की वॉशिंग मशीन के बारे में बताया गया है। यह टैक्स्ट इस प्रकार है–*"वीडियोकॉन का एक और ज़बरदस्त आविष्कार। वीडियोकॉन रस्ट फ्री वॉशिंग मशीन शक्तिशाली CP3 मटेरियल से बनी है। जिसके बहुत से फायदे है।" अब ये फायदे गिनाए गये हैं–*

"– CP3 रस्ट फ्री होने के कारण मशीन की उम्र लम्बी होती है।
– CP3 है एक शक्तिशाली मटिरीयल जो इस मशीन को बनाये बेहद मजबूत।
– CP3 बिजली का कुचालक होने के कारण मशीन को शॉक प्रूफ बनाये।

इनके साथ-साथ और फायदे भी हैं। इसमें है जर्म फ्री टेक्नोलॉजी और मल्टी पल्सेटर, जो हर धुलाई को बनाये बेहद साफ़-सुथरी। यह सब रेस्ट फ्री वॉशिंग को सचमुच ऑल-इन-वन मशीन बनाये। वॉशिंग मशीन्स में अग्रणी, वीडियोकॉन की एक और पहली पेशकश।"

इन विशेषताओं को पुनः संक्षेप में संकेत चिह्नों के साथ अंकित कर दिया गया है–

– गोले में No Entry for Germs लिखकर काट दिया गया है, जिसके नीचे अंकित किया गया है-"जर्म फ्री। वॉश टब में ऍटीबैक्टीरियल तत्व की लाइनिंग है, जो कपड़ों को दे जर्म फ्री धुलाई।
– घूमती हुई चक्री के नीचे दिया गया है-मल्टि पल्सेटर। पानी में ज्यादा हलचल पैदा करे, जिससे आपके कपड़ों को मिले उलझन रहित धुलाई
– गोले में विद्युत शॉक का संकेत बनाकर काट दिया गया है, नीचे लिखा गया है-शॉक फ्री। शॉक फ्री होने की वजह से सुरक्षित है। तब भी जब आप इसे नमी वाली स्थिति में

इस्तेमाल कर रहे हों। सबसे नीचे दिया गया है वीडियोकॉन का अंग्रेजी में लोगो, जिसके नीचे अंग्रेजी में ही स्लोगन है–Technology for Health and Pleasure"

लेक्सस वाटर हीटर

बस नॉब घुमाओ
हर साल रु. 3350 बचाओ

इसमें गारन्टी के साथ-साथ कई अन्य खूबियों की भी जानकारी दी गयी है।

एक्वागार्ड

इसके विज्ञापन में परिवार को जोड़कर मनोवैज्ञानिक प्रभाव डालने की कोशिश की गयी है तथा पीने के पानी की सुरक्षा के लिए उपयुक्त विशेषतओं को भी बताया गया है।

विज्ञापन का आरम्भ इन पंक्तियों से हुआ है–

"अपने बच्चों की सेहत के लिए,
श्योर, सुरक्षित और शुद्ध पानी को कहें हाँ।"

यह शीर्ष पंक्तियाँ है, जो बोल्ड फॉण्ट में लिखी गयी है।

परिवार के सबसे कोमल सदस्य के प्रति सुरक्षित पानी की ओर ध्यान आकर्षित करते हुए सही का निशान लगाकर वैज्ञानिक ढंग से समझाया गया है कि–*"कम से कम 20 मिनट तक पानी को उबालने के बाद ही तो पानी शुद्ध बनता है। ऐसा न होने पर, उस पानी से परिवार की सेहत को खतरा बना रहता है।"*

यह एक चेतावनी भी है। तुरन्त सुझाव है– *"एक्वाश्योर एकमात्र ऐसा स्टोरेज वॉटर प्यूरीफायर है जो प्रमाणित है इंडियन मेडिकल असोसिएशन के 1,78,000 डॉक्टर्स द्वारा।"* इसी क्रम में विज्ञापन की बॉडी का अगला हिस्सा है– *"एक्वाश्योर का अनोखा 4-स्टेज प्यूरी फिकेशन प्रोसेस न सिर्फ़ नजर आने वाली अशुद्धियों, आर्गेनिक केमिकल्स, बदबू और गन्दे स्वाद को हटाए बल्कि ये बीमारी का कारण बननेवाले बैक्टिरिया और वायरस को भी नष्ट करता है। आपको मिले शुद्ध और उबले पानी जितना सुरक्षित और शुद्ध पानी। तो आज ही अपने परिवार को एक्वाश्योर से दीजिए सेहत का भरोसा।"*

यह उपभोक्ता को वैज्ञानिक तरीके से समझाते हुए विश्वास दिलाने के लिए लिखा गया है। इसके दाहिनी ओर उपकरण का चित्र है, जिसमें से नन्ही बालिका पानी ले रही है। उपकरण पर

विशेष रूप से रेखांकित करते हुए लिख दिया गया है–*"प्रमाणित इंडियन मेडिकल असोसिएशन द्वारा।"* बॉडी टेक्स्ट के नीचे एक्वाश्योर का लोगो है। इसके नीचे अंकित है–*"सेहत है तो सब कुछ है।"* पुनः कहा गया है-*"बिजली और बहते पानी की ज़रूरत नहीं।"*

कहना न होगा इस विज्ञापन का अच्छा प्रभाव पड़ता है। आज यह अपनी तरह का सर्वाधिक लोकप्रिय उत्पाद बन चुका है।

फिलिप्स ज्यूसर मिक्सर

इस विज्ञापन का आरम्भ इस शीर्षक से होता है–

ज्यूस अब कड़वा अनुभव नहीं

यह विज्ञापन आगे अपने 'काया' भाग में बताता है–*"आपने हमेशा से चाहा है कि अपने परिवार को सबसे बेहतर चीजें चीज परोसें, अब आपकी इसी चाहत को पूरी करता है फिलिप्स का अनोखा फ्रुट फिल्टर, ये ज्यूस को फलों के पिसे हुए गूदे और बीजों से अलग करता है। स्वाभाविक है कि अब आपके बच्चे ज़्यादा स्वादिष्ट और ताज़े ज्यूस का मज़ा ले सकते हैं। इसके अलावा इसमें है हमारी आधुनिक रिवर्स स्पाइरल सीव और 500 वॉट की शक्तिशाली मोटर। यानी अब आपके पास है खुशहाल और स्वस्थ परिवार का सबसे आसान उपाय।"*

फिलिप्स का चिरपरिचित लोगो दर्शाते हुए सचित्र रूप में यह विज्ञापन उपभोक्तओं को उपर्युक्त विशेषताओं से अपने प्रभाव में ले लेता है।

वीडियोकॉन रेफ्रिजरेटर

इस विज्ञापन में हर छोटे बड़े रेफ्रिजरेटर की विशेषता तथा दाम को बताया गया है तथा उत्पाद की तकनीकी जानकारियों को दिया गया है।

बेलटेक

आखिर क्यों है बेलटेक ही एक समझदार पसंद
सही ईमानदार कीमत
कोई छुपी कीमत नहीं

इस काव्यात्मक शीर्ष वाक्य से बतलाया गया है कि दूसरे उत्पाद सही दाम की जानकारी नहीं देते, ये एक तुलनात्मक ढंग है।

कोई इन्तजार नहीं, तुरन्त पाओ!

मैगनासाउण्ड की तीन वीडियो सीडी (रुपये 600) मुफ्त प्रत्येक 5-इन-1 मल्टीप्लेयर सिस्टम के साथ

इस प्रकार से उपभोक्तओं को मुफ्त वीडियो सीडी की योजना देकर आकर्षित किया गया है।

सैमसंग

इस बहुश्रुत टेलीविजन का एक विज्ञापन इन पंक्तियों से आरम्भ होता है– *'अखिरकार टीवी देखना, आपकी आँखों के लिए सुखकारी'*

पुनः इसकी व्याख्या इन शब्दों में की गयी है– *'सैमसंग की सन्सुई कोरसिरीज टीवी में है–सन्सुई कोर सिरीज में है एंटी ग्योयर फ्लिटर ग्लास, एक ऐसी नयी अनूठी खोज जो आँखों को देर तक टीवी देखने से उन पर पड़ने वाले दबाव से बचाती है, इसके अलावा टीवी की इस अनूठी श्रेणी में*

समायी है एसआरएस टू बास टेक्नोलॉजी सभी सन्सुई टेलीविजनों में एक या दूसरी अनूठी ख़ूबी तो होती है, जैसे एंटी ग्लेयर फिल्टर ग्लास के साथ कोर सिरीज, 750 वॉट के साथ सन्सुई फ्लैटोट्रॉन और आटोसर्फ टेक्नोलॉजी के साथ सन्सुई सिरीज, सन्सुई के साथ सिर्फ़ आश्चर्यजनक खूबियाँ ही नहीं मिलतीं, बल्कि 7 वर्षों तक मन की शान्ति भी मिलती है, क्यों न हो, सन्सुई जो देता है 7 साल की वारन्टी।'

तकनीकी जानकारी देकर उपभोक्ता के मन में यह बात ढूढ करने की कोशिश की गयी है कि बाज़ार में मिलने वाले अन्य ब्राण्ड नाम के टेलीविज़न सेट से हमारा सेट उन्नत श्रेणी का है। आश्चर्यजनक खूबियों के साथ 7 साल की वारंटी का भरोसा उपभोक्ता को स्वतः ही आकर्षित करेगा।

इसके एक विज्ञापन में तीन तरह के टीवी मॉडल के दाम और खूबियों को बताया गया है।

मॉडल 14ई4 (36 सेमी) रु. 8090/- ऑफर दाम-7990/-

मॉडल 21ई4 (53 सेमी) रु. 11990/- ऑफर दाम- 10200/-

मॉडल 20ई4 (21 सेमी) रु. 10200/- ऑफर दाम-9990/-

इसके ही एक अन्य विज्ञापन में हर सैमसंग टीवी के साथ 15 करोड़ रुपये के उपहार का प्रलोभन तथा उपभोक्तओं को आकर्षित करने के लिए क्रिकेट टीम को जोड़ा गया है।

अकाई टेलीविजन

अकाई के टेलीविज़न सैट्स का एक विज्ञापन शदियों के मौसम का है। सबसे पहले शादी के बन्धन की तस्वीर को दिखाकर उसके नीचे अंकित कर दिया गया है–7 फेरे।

बराबर में पक्की सील का प्रभाव दर्शाने के लिए सीलिंग वैक्स के गोलाकार में लिखा गया है– *"7 साल की सम्पूर्ण वॉरंटी। फ्लैट सीटीवी पर"* नीचे पुनः अंकित है– *"7 साल की वॉरंटी।"* जो *"7 फेरे"* के समानान्तर दिखायी देती है।

इसके नीचे अंकित हैं इस कम्पनी के टेलीविज़न के विभिन्न मॉडलों के चित्र, अपनी-अपनी विशेषताओं के साथ।

पुनः कोमल शब्दावली में अंकित किया गया है–"भरोसा ज़िन्दगी भर का। साथ सालों साल का। सिर्फ़ अकाई ही समझे रिश्तों की सही कीमत। इसीलिए हम पूरे प्रॉडक्ट्स की रेंज पर दे रहे हैं 7 साल की वॉरन्टी। ऐसे प्रॉडक्ट्स जिनकी खूबियाँ हैं कमाल, पर दाम-बहुत ही किफायती। अकाई मज़ा लीजिए टैक्नोलॉजी का। मजा लीजिए आपसी रिश्तों की मजबूती का।"

दाहिनी ओर कम्पनी का लोगो है, जो अंग्रजी में इसके ब्राण्ड नाम को दर्शाता है और अंग्रेजी में ही इसके स्लोगन को। स्लोगन है–Truely Japanese. Truely Advanced.

विज्ञापन में रंगों का भी ध्यान रखा गया है। वैवाहिक अवसर पर दुल्हन को लाल रंग के जोड़े में दर्शाया गया है।

इसी तरह हम यह भी पाते हैं कि विद्युत उपकरणों के अतिरितक्त इलैक्ट्रॉनिक उपकरणों का भी व्यापक विज्ञापन होता है। चाहे वे घड़ियाँ हो या फिर मोबाइल फोन। इनमें आज मोबाइल फोन, हैंडसेट और मोबाइल कनैक्शन की नयी-नयी स्कीमें आ रही है। उपभोक्ताओं को आकर्षित करने के लिए सभी उत्पादक, नयी-नयी पेशकश कर रहे है। इनमें रियलाइंस, टाटा, बीएसएनल, हच, एअरटेल, आइडिया, स्पीड जैसे कनैक्शन प्रदाता आमने-सामने है, तो हैंडसेट विक्रेताओं में नोकिया, सैमसंग, मोटोरोला, एलजी जैसी कम्पनियाँ शीर्ष पर हैं। अब तो भारत की ही बीपीएल कम्पनी भी मैदान में हैं। कई कम्पनियों ने एक-दूसरे के साथ मिलकर स्कीमें निकाली है, जिसमें दोनों का ही लाभ है। जैसे–रियलाइंस ने एलजी तथा सैमसंग के साथ कनैक्शन दिये है, बाद में नोकिया के साथ भी। इसी तरह एअरटैल ने मोटोरोला के सेट दिये, बाद में नोकिया के भी। हच ने फ्रांस की कम्पनी सजेम के हैंडसेट के साथ कनैक्शन देने की पेशकश की। इसके विज्ञापन को देखें–

"अब हच प्रीपेड या पोस्टपेड कनेक्शन के साथ यूरोप में सबसे ज़्यादा बिकने वाले फोन्स में से एक, सेजेम फोन लेजाइए सिर्फ़ रु. 1,799 में...इतना ही नहीं इस फोन में ये खूबियाँ भी है–0 हेंन्ड्स फ्री स्पीकर 0 पोलीफोनिक/हाई-फाई रिंगटान्स 0 कॉन्फ्रेंस कॉल की सुविधा आप सिर्फ़ रु. 3,299 में जीपीआरएस सेजेम फोन या सिर्फ़ रु. 6,299 में कैमरा फोन भी सुन सकते हैं। ये हुआ न छोटे से मूल्य में बड़ा ऑफर। तो अपने नजदीकी हच रिटेल आउटलेट में चले जाये या 9811000007 पर कॉल करें।"

स्पाइस मोबाइल फोन

इस अपेक्षाकृत नये उत्पाद के कई विज्ञापन देखने को मिलते हैं। एक विज्ञापन देखें–

विज्ञापन में शीर्षक पंक्ति है–*"FM में स्पाइस और स्पाइस में FM"*

इसकी व्याख्या अगली पंक्तियों में करदी गयी है–

"स्पाइस पेश करते हैं दो जानदार FM फोन्स। लाउड एंड क्लीअर S-450 लॉंग-लास्टिंग बेटरी वाला *S-540"*

पुनः नीचे दोनों मॉडल के चित्र दिये गये हैं। पहले चित्र में मोबाइल के दोनों ओर चार

लाउडस्पीकर्स को दर्शाया गया है। दूसरे में ध्वनि के स्तर को। दोनों मॉडल की विशेषताएँ भी दे दी गयी हैं। क्रमशः देखें–

S-450 लाउड FM रेडियो। 950 mAh बैटरी। हाई टॉक टाइम। हिन्दी भाषा मनमोहक कलर स्क्रीन। स्पीकर फोन। सिंगटोन्स।"

दोनों की कीमत भी दर्शाई गयी है-*"सबसे अच्छी खरीद रु. 2449/- तथा रु. 2849/-"*

सबसे नीचे लोगो है, तो अंग्रेजी में है। विज्ञापन में प्रचलित 'रिंगटोन' के स्थान पर 'सिंगटोन' का प्रयोग नये पद का परिचय करता है। विज्ञापन के साथ दिया गया युवती मॉडल का चित्र आकर्षक है, जिसके हाथ में टांजिस्टर लगा हुआ है। यानी यह मोबाइल ट्रांजिस्टर का काम भी करेगा!

एल जी के मोबाइल

एल जी कम्पनी के मोबाइल फोन्स के अनेक विज्ञापन है। एक विज्ञापन में इसे नये मॉडल डाइनामाइट-200 और 300 को प्रक्षेपित किया गया है। शीर्षक दिया गया है- *"नये जमाने का मल्टीमीडिया अनुभव। अब सिर्फ़ रु. 6,490 में!"* दाहिनी ओर मोबाइल के मॉडल का चित्र है, बीच में लिखा गया है- *Dynamite 200 एक दमदार फोन। MRP*: (रु. 10,000 को काटकर) *रु. 6,490"* लिखी गयी है, जो उपभेक्ताओं को लोभ में डालती है।

दाहिनी ओर डायनामाइट 200 की 7 खूबियाँ दर्शाई गयी है।

– *रिकार्डिंग के साथ FM*

लाइव गाने रिकॉर्ड करें या अपनी रिकॉर्डिंग का समय निर्धारित करे। इसके साथ ही, सेव किये गानों की रिंगटोन्स बनायें।

– *वीडियो कॉलर ID*

इनकमिंग कॉल्स के लिए वीडियो कॉलर ID बनाने के लिए एक वीडियो बनाये, और उसे फोन नम्बर पर स्टोर कर दें।

– *कॉल बातचीत रिकॉर्डिंग*

खास कॉल्स को रिकार्ड करके, उन्हें सदा के लिए संजोयें।

– *इन-फ्लाइट मोड*

जब कॉल्स प्राप्त नहीं करना चाहते, उस समय अपने मनपसन्द MP3 गाने सुनें, गेम्स खेलें या डाटा स्टोर करें।

– *1.3 मैगापिक्लस कैमरा लगातार वीडियो रिकार्डिग के साथ बेहद स्पष्ट तस्वीरें खीचें और उन्हें अपने PC पर कॉपी करें या प्रिंट्स निकालें।*

– *एक्सपेंडेबल मैमोरी*

60 MB की इंटर्नल मैमोरी और 1 GB तक एक्सपेंडेबल एक्सअर्नल मैमोरी कार्ड स्लाट

– *ग्राफिक इक्वलाज़इर्स के साथ MP3*

MP3 गाने स्टोर करके, प्ले करें और ग्राफिक इक्वलाइज़र्स के साथ अपने मनपंसन्द गाने सुनें।

नीचे बायीं ओर एक चित्र डाइनामाइट 300 मॉडल का भी दिया गया है, जिसकी कीमत रु. 13000 काटकर रु. 8,990 दी गयी है।

अन्त में दिया गया है *"रु. 1,500/- मूल्य की मुफ्त एक्सेसरीज़: डाटा केबल व स्टीरियोफोनिक हैडसैट किट।"*

एल जी मोबाइल कम्पनी के चिपिरिचित लोगो को अंकित कर श्रेष्ठता का विश्वास दिलाया गया है। जिसके नीचे उसी गोलाई में कम्पनी का स्लोगन अंग्रेजी दिलाया गया है। जिसके नीचे उसी गोलाई में कम्पनी का स्लोगन अंग्रेजी में अंकित है–"Life's Good"

कहना न होगा कि युवाओं को आकर्षित करने वाली ये खूबियाँ तकनीकी शब्दावली से युक्त हैं, जो युवाओं के बीच जानी पहचानी है। इसलिए युवावर्ग इन मोबाइल फोन्स के मॉडल्स के प्रति अवश्य ही आकर्षित होंगे। आज तो बाजार में नये-नये स्मार्ट फोन्स अपने नये-नये विज्ञापन दे रहे हैं। जो अनूठे हैं।

इसी तरह कम्प्यूटर जैसी इलैक्ट्रॉनिक वस्तुओं का बाज़ार हर वर्ग के उपभोक्ता को नये-नये ऑफर देकर अपनी ओर आकर्षित कर रहा है। हालाँकि कम्प्यूटर के अधिकांश विज्ञापन अंग्रेजी में ही मिलते हैं, फिर भी हिन्दी के विज्ञापन भी है। एक उदाहरण कम्प्यूटर के हिन्दी विज्ञापन को देखें।

लॅनोवो लॅपटॉप

इस लॅपटॉप का यह विज्ञापन निम्नंकित शीर्षक से आरम्भ होता है–

"अब, आपका चेहरा ही आपका पासवर्ड है।" इसके नीचे उप-शीर्षक है–

"पेश करते हैं लॅनोवों सीरीज़ जो चेहरा पहचाने।" इसके बाद इसकी विशेषता को इन शब्दों में खोला गया है–

"लॅनोवो Y सीराज़ के लिए सिर्फ़ आपका चेहरा ही आपका पासवर्ड है। फीचर्स जैसे डॉलबी होमथियेटर tm टीवी ट्यूनर कार्ड और शटल सेन्टर से लैस। यह ऐसा लॅपटॉप है जो आपकी पहचान बन जायेगा।"

विज्ञापन के लिए युवाओं में लोकप्रिय सिने नायक सैफ अली का युवा चेहरा चुना गया है।

विज्ञापन में intel को दर्शाता Dual-core. Do more. का स्लोगन लिए हुए प्रतीक चिह्न है। साथ ही स्वयं lenovo का लोगो भी जिसका स्लोगन इस रूप अंकित है–

New World. New Thinking.

लॅपटॉप के इस मॉडल का चित्र देकर उसके नीचे विशेषताएँ अंकित की गयी है, जो स्पष्ट है, अंग्रेजी में ही हैं। साथ ही कीमत भी देदी गयी हैं Rs. 65,740/- साथ ही यह भी बता दिया गया है कि "Lenovo Y Series range sarts a Rs. 31,490/-"

टाटा स्काई

इसी क्रम में TATA Sky ब्राण्ड नाम से बाज़ार में आया Wizkids का विज्ञापन भी देखने योग्य है, जो टेलीविजन पर मनपसन्द कार्यक्रम देखने के लिए बनाया गया विशेष सैटेलाइट टेलीविज़न उपकरण है।

इस विज्ञापन का शीर्षक दिया गया है–

"Wizkids लगाओ आइंस्टाइन जैसा जीनियस बनाओ।

इसके नीचे इस की बहुत सारी विशेषताएँ बताई गयी हैं–"*Active Wizkids एक शैक्षणिक सेवा होने के अलावा, मनोरंजन और मौजमस्ती से भी भरपूर है। यह बच्चे की सीखने की प्रक्रिया को लगातार बढ़ावा देने के लिए खासतौर पर तैयार की गयी है। इसके अन्तर्गत अंग्रेजी भाषा, गणित और सामान्य जानकारी जैसे विषयों को शामिल किया गया है। तो आज ही घर पर TATA Sky लगाइए और अपने बच्चे को टी वी पर दीजिए सीखने-जानने लायक बातों का अनोखा संसार। अगर इतना काफी नहीं, तो इसके साथ-साथ आप अपने टी वी पर डी वी डी क्वालिटी जैसी पिक्चर और सी डी क्वालिटी जैसी साउंड के साथ 100 से भी अधिक चैनल्स का भी आनन्द उठा सकते हैं। दूसरे शब्दों में कहें तो, इसको लगा डाला तो लाइफ जिंगालाला!"*

कहना न होगा कि इस विज्ञापन की भाषा में अंग्रेजी शब्दों का प्रयोग किया गया है, जो प्रचलन में हैं। इनका प्रभाव भी सकारात्मक पड़ता है। अन्त में दिया वाक्य–*"इसको लगा डाला तो लाइफ जिंगलाला"* इस उत्पाद का लगभग स्लोगन ही बन चुका है।

विज्ञापन का मुख्य हिस्सा यदि यह टैक्स्ट है, तो आंइस्टाइन की वेशभूषा में दिये गये एक स्कूली बच्चे के चित्र को हम मुख्य सन्देश कह सकते हैं। जो अपील करता है। अन्त में कम्पनी का लोगो है।

इसी उत्पाद का एक विज्ञापन टेलीविज़न पर भी ख़ूब लोकप्रिय हुआ है। क्रिकेट विश्वकप के दौरान एक पात्र अपने शरीर पर हरे रंग की घास पहनकर वेस्टइंडीज जा रहा है। युवाओं का चहेता चेहरा ऋतिक रोशन उससे पूछता है-"ओए पापे कहाँ?" वह बड़े मज़े से इशारों में क्रिकेट के बैट से खोलने का इशारा करते हुए जवाब देता है, "वेस्टइंडीज!" ऋतिक रोशन उसे अपने घर ले जाता है और प्रभावशाली साउंड इफैक्ट के साथ अच्छे वातावरण में मैच दिखाता है। "ओए पापे..." के संगीतमय शब्दो के बीच फिर वही स्लोगन गूजता है–*"इसको लगा डाला तो लाइफ जिंगालाला।"*

इस प्रकार हम पाते है कि विज्ञापन असंख्य हैं। हिन्दी विज्ञापनों की भाषा भी विविधता से परिपूर्ण है। सभी विज्ञापनों और उनकी भाषा का वैशिष्ट्य विस्तरपूर्वक देना संभाव नहीं है। हर विज्ञापन अपने आप में विशिष्ट होता है। फिर भी हम विज्ञापनों की हिन्दी के स्वरूप का विश्लेषण सामान्य लक्षणों को ध्यान में रखकर कर सकते है।

4.4 विज्ञापनों में प्रयुक्त हिन्दी का विश्लेषण

विज्ञापनों में हिन्दी का जैसा रूप मिलता है वह अन्यत्र कम ही मिलता है। यहाँ हिन्दी 'नवाचार' है। एक नूतन प्रयोजन। एक नवीनतम प्रकार्य। विज्ञापन का मूल उद्देश्य होता है रोचक ढंग से, अपने उत्पाद के प्रति ग्राहकों का ध्यान आकर्षित करना। यहाँ भाषा का व्याकरण नहीं, 'अर्थ' तथा 'दृश्य' का व्याकरण देखा जाता है। किस तरह हम अपने ग्राहक को, टेलीविजन पर दर्शक को और रेडियो पर रेडियो के श्रोता को अपनी ओर खींच सकते है? यह दृष्टि रहती है। यह अलग बात है कि अधिकांश विज्ञापनों में स्त्री को एक 'वस्तु' या 'माल' (कमोडिटी) के रूप में दिखाने की प्रवृत्ति आज आम हो चली है, जिसकी भर्त्सना होनी चाहिए। आलोचना हो भी रही है। फिर भी विज्ञापन एजेंसियाँ अभी इस ओर अधिक ध्यान नहीं दे रहीं। ऐसे में कई बार स्त्री देह मुख्य बन जाती है, सन्देश पीछे रह जाता है।

यहाँ हम फिलहाल विज्ञापन की हिन्दी बात कर रहे हैं। इस 'विज्ञापन की हिन्दी' की कतिपय विशेषताएँ इस प्रकार देखी जा सकती हैं, जो विज्ञापन के लक्ष्य श्रोता समूह (Target Audience Group) पर विस्मयकारी प्रभाव पैदा करती हैं। यह स्थिति सर्वोच्च मस्तिष्क (Top Mind Awareness Toma) जागरूकता कहलाती है।

1. अंग्रेजी शब्दों का सहज प्रयोग : भाषिक संकरता

विज्ञापन की इस हिन्दी में अंग्रेजी की प्रधानता है। यहाँ 'हिंग्लिश' का बहुत ही रोचक उपयोग किया जा रहा है। अनेक तरह के विज्ञापनों से कुछ विज्ञापनों की भाषा यहाँ मात्र उदाहरण के लिए दी जा रही है—

(1) दाँतों में दर्द है। नया tooth paste try किया। दाँतों के साथ experiment? कभी नहीं।

दाँतों को चाहिए सुरक्षा। super शक्ति-युक्त...tow way action एक-इसका असरदार झाग दाँतों में सड़न पैदा करने वाले कीटाणुओं का खात्मा करे, दो-कीटाणुओं के खिलाफ बनाये सुरक्षा कवच।...

(2) खुशियों का offer,....के दिल से...सारे के सारे....products पर, warranty है, refregerator और television पर, बढ़िया से बढ़िया exchange offer] zero percent finance scheme है...आखिरी दिन है, साथ में suitcase और trolly free है,...जल्दी से जल्दी ...के दिल से।

(3) एसे वाक्यांश ख़ूब प्रचलित हैं—

- ये दिल माँगे more
- No रूखपान, no चिपचिपाहट
- यही है right choice baby
- हमें लिख भेजिए right now

यह 'चटनीफाइड इंग्लिश' या 'हिंग्लिश' है। "Hungry Kya", "Bheja Fry? 7 Up Try" जैसे वाक्य और क्या हैं,

2. सहज-सरल हिन्दी का आकर्षक प्रयोग

ऐसे बहुत-से विज्ञापन हैं, जिनमें सहज-सरल हिन्दी का अच्छा प्रयोग किया गया है। शुद्ध हिन्दी में

लिखे सरल-सहज विज्ञापन एक मिठास लिए होते हैं और सहज ही हमारा ध्यान खींचते हैं। ऐसे एक विज्ञापन की पंक्तियाँ पढ़कर देखें—

बेटी—(अपने बालों से परेशान होती हुई)...माँ मुझे लड़का बना दो।

माँ—बेटा, यही तो तेरा गहना है।

बेटी—ये गहना टूटता झड़ता है।

माँ—अच्छे से अच्छा साबुन नाकाम। मैंने अपने परिवार को दिया एक अटूट रिश्ता।

बैंकग्राउंड से पुरुष स्वर-साबुन से बाल टूटते-झड़ते है।

नया...दे लगातार पोषण। बाल इतने स्वस्थ कि दमके-दमके-दमके...

माँ—(मुस्कुरा कर) अब भी लड़का बनेगी?

(संगीत के साथ)...जीवनभर देख-भाल। दे इतने स्वस्थ बाल कि दमके-दमके-दमके...

इसी तरह यह काव्यात्मक विज्ञापन लें—

"देखो-देखो हर चेहरे को,
मेरा दिल मचलता देखो,
कोमलता को मन से छूलो,
जीवन में क्या रौनक लाए।
ऐसा मासूमियत दिनभर रहे कैसे?.......से।"

अब हम टेलीविजन और रेडियो पर प्रसारित विज्ञापनों की ओर ध्यान दें। इनमें प्रायः शुद्ध या मानक हिन्दी और सरलता के लिए कहीं-कही हिन्दुस्तानी की शब्दावली को अपनाया जाता है, ताकि जनसामान्य सन्देश को आसानी से समझ सके, ग्रहण कर सके। ऐसा ही एक सन्देश देखें-

"कहे समय का इकतारा
अक्षर-अक्षर दीप जले...फैले शिक्षा का उजियारा...
बड़ा ज्ञान से धन ना दूजा/करती दुनिया ज्ञान की पूजा।
शिक्षा है अनमोल रतन/पढ़ने का सब करो जतन।
कहे समय का इकतारा
अक्षर-अक्षर दीप जले...
फैले शिक्षा का उजियारा।"

इसके बाद उद्घोषणा—

"पढ़ने-लिखने का मजा ही कुछ और है।
पढ़ें-पढ़ायें-जीवन में खुशियाँ फैलायें।"

—राष्ट्रीयता साक्षरता मिशन

इसी तरह का एक और सन्देश है—

"पूरब से सूर्य उगा, फैला उजियारा।
जागी हर दिशा-दिशा जागा जग सारा।
चलो पढ़ायें। कुछ कर दिखायें।।

—राष्ट्रीयता साक्षरता मिशन

यहाँ इस ओर हमारा ध्यान देने का आग्रह है कि प्रायः सूचना और शिक्षाप्रधान विज्ञापनों में मानक हिन्दी का प्रयोग ही किया जाता है। विषय के अनूकूल कभी-कभी उस विषय की परिभाषिक

शब्दावली अपनाई जाती है, जो या तो अंग्रेजी में होती है अथवा उसका अनुवाद, जो संस्कृतनिष्ठ हिन्दी में किया गया होता है।

3. भाषा पर जैविक आवश्कताओं का दबाव

विज्ञापनों की भाषा का विश्लेषण किया जाये तो इस भाषा के ऊपर पड़ने वाले दबावों और भाषा के प्रयोजनमूलक स्वरूप को भली-भांति समझ सकते हैं। हिन्दी भाषा किस तरह लचीली है और इस दृष्टि से प्रयोजनीय है, इसे इन कुछ विशेषताओं से जाना जा सकता है।

विज्ञापनों की भाषा पर मुख्य रूप से दो बड़ी मानवीय आवश्यकताओं की पूर्ति का दबाव रहता है—जैविक आवश्कताएँ, मनोवैज्ञानिक आवश्यकताएँ।

सांस लेना, भूख प्यास, स्वास्थ्य आदि जैविक आवश्कताएँ हैं। समाज-द्वारा अनुमोदन, प्रतिष्ठा, प्रभुत्व, प्रेम, करुणा, घृणा, आदि मनुष्य की मनोवैज्ञानिक आवश्यकताएँ है।

विज्ञापन कहीं-न-कही इन आवश्यकतओं से जुड़े रहते है, इसलिए वे ऐसी भाषा की तलाश करते हैं, जो इन आवश्कताओं के अनुरूप मनुष्य को प्रभावित कर सके।

उदाहरण के लिए एक विज्ञापन की हिन्दी का यह रूप देखें जो उपर्युक्त आवश्यकतओं की पूर्ति बख़ूबी करता है—

"गुणकारी शक्ति तो आपके हाथ में है।
मोच, पेशियों में खिचाव, जोडों की जकड़न
ओर बदन दर्द के लिए आयोडेक्स—
गुणकारी शक्ति से भरपूर खास बाम।"

कहना न होगा इन पंक्तियों में जैविक और मनोवैज्ञानिक दोनों तरह की मानवीय आवश्यकताओं को बख़ूबी साथ लिया गया है। इसी तरह—

"पढ़ाई के बदलते बोझ का जवाब
बढ़ता होमवर्क, अच्छे स्कूल में दाखिले के लिए होड़ और
जीवन के हर दायरे में बढ़ती स्पर्धा-यह सब चीजें
बच्चों पर दबाव डालती है। तभी तो हमने बच्चों के लिए
अलग च्यवनप्राश बनाया है। शिवानंन्द बाल च्यवनप्राश।

बाल च्यवनप्राश में स्मरण शक्ति और एकाग्रता बढ़ाने के लिए शंखपुष्पी और ब्रहमबूटी डाली गयी है। यही नहीं, बाल च्यवनप्राश के सारे पोषक तत्व और उनकी मात्रा बच्चों की ज़रूरत के अनुसार ही निर्धारित की गयी है।"

एक और विज्ञापन की भाषा देखें—

"ठण्डा मतलब कोकाकोला!"

इसी तरह—*"पड़ोसी की जले जान, आपकी बढ़े शान।"*

या

"क्लिनिक स्पेशल शैम्पू आपको डैण्ड्रफ से छुटकारा दिलाता है फिर तो आप महफिल पर छा जाते हैं।

क्लिनिक स्पेशल शैम्पू—
साफ़, स्वच्छ और डैण्ड्रफ रहित बालों के लिए।"

इन विज्ञापनों में मनुष्य की जैविक और मनोवैज्ञानिक दोनों आवश्यकताओं की पूर्ति के लिए प्रभावकारी शब्दावली चुनी गयी है।

4. तरंगित शब्दों के चयन से लयात्मकता की सृष्टि : बनाम स्लोगन

विज्ञापन की भाषा के रूप में हिन्दी की सक्रियता शब्द और अर्थ की आकर्षक पाठ्य, श्रव्य और दृश्य विशिष्टताओं से युक्त है। विज्ञापन के शीर्षक, उपशीर्षक, काया (बॉडी) या जिसे विस्तार कह सकते हैं तथा समापन में भाषा की क्षमता का प्रदर्शन विज्ञापन को अपेक्षित लोकप्रियता प्रदान करता हैं। तरंगित करने वाले शब्दों का चयन विज्ञापन को एक अनूठी लयात्मकता भी प्रदान करता है। जैसे-

- *आया नया उजाला चार बूँदों वाला।*
- *सफेदी हो तो सर्फ जैसी, और कहाँ सफेदी ऐसी*
- *मैल फरार, कपड़े बरकरार*
- *बोतल में आम, माजा है नाम*
- *मुक्ता पीढिए, आगे बढ़िए*
- *आयोडैक्स मलिए, काम पर चलिए*
- *स्वाद का खजाना, कर दे सबको दीवाना।*
- *दाम में फिट काम में भी हिट*

कहना न होगा कि ऐसे आकर्षक वाक्य लोकप्रियता पाकर प्रायः उस उत्पाद या कम्पनी के स्लोगन बन जाते हैं। स्लोगन-निर्माण में उत्सुकता और आकर्षण के लिए की गयी संक्षिप्त वाक्य-रचना भी सफल होती है।

5. उत्सुकता और आकर्षण के लिए प्रभावशाली वाक्य-रचना

विज्ञापन में औत्सुक्य एवं आकर्षण का स्थायी सौष्ठव लाने के लिए प्रभावशाली वाक्यों की रचना की जाती है। ऐसे वाक्य प्रायः प्रश्नमूलक एवं विस्मयमूलक अधिक होते है। लेकिन कभी-कभी निश्चयात्मक एंव निषेधात्मक वाक्यों का प्रयोग भी किया जाता है। उद्देश्य होता है विज्ञापन को उपभोक्ता के मनोमस्तिष्क पर स्थापित करना। उदाहरण स्वरूप दिलोदिमाग पर छा जाने के लक्ष्य को लेकर तैयार किये जाने वाले ऐसे कुछ विज्ञापनों के अंश देखे—

सर्फ की खरीददारी में ही समझदारी है।

- *अब आप समझे मैंने यह टिकिया क्यों ली?*
- *पहले इस्तेमाल करें, तब विश्वास करें।*
- *जब दर्द सताए तब कौन याद आये?*
- *समझदार लोग उचित निर्णय*
- *हीरा है सदा के लिए।*

इस वाक्य रचना के कई रूप है। इनमें से प्रमुख है-आज्ञार्थक, अनुनयात्मक, सुझात्मक और चेतावनीपूर्ण वाक्य-रचना। इस सन्दर्भ में कुछ उदाहरण और पढ़कर देखें—

- *जल्दी कीजिए ऑफर सीमित समय के लिए*
- *हमारी मानें*
- *आज ही घर ले आइए*

- *ऐसा मौका बार-बार नहीं आता*
- *मौका चूक न जायें*
- *हम आपके लिए लाए हैं*
- *तो देर किस बात की*
- *नक्कालों से सावधान।*

6. क्रियाओं और विशेषणों की नवीनता

विज्ञापनों में प्रयुक्त हिन्दी में विज्ञापित उत्पादनों के गुण उनकी प्रकृति के अनुसार व्यक्त किये गये हैं। तदनुसार उनमें श्रृंगारिक भाषा, विशेषणों और क्रियाओं के नये-नये प्रयोग मिलते हैं। जैसा कि हमने पीछे देखा कि विज्ञापनों में काव्यात्मकता और संकर (हाइब्रिड) शब्दों का प्रयोग ख़ूब किया गया है। ध्वनि-संयोजन, समानांतरता और अभिसरण इस विज्ञापन-भाषा का प्रभावकारी रूप हैं।

उदाहरण के लिए बहुत सारे विज्ञापनों में पद्यात्मकता, लय-तालबद्धता और तुकांतता लाने के लिए अभिसारी शैली का प्रयोग किया गया है। यथा–

"हाजमा फिट, तो लाइफ सुपरहिट!"

"धुलाई का hero कर दे मैल को zero!"

"जो अन्दर fit वह बाहर भी hit!"

इसी तरह "खाओ Britania fifty-fifty, very-very tastey-tastey" जैसे विज्ञापनों में अनुरणात्मक शब्दों का प्रयोग विज्ञापनों को एक अलग रूप देकर उपभोक्ताओं को अपनी ओर आकर्षित करता है। यह प्रतिलिपिक अभिसारी शैली है।

हाइब्रिड या संकर भाषा का प्रयोग तो खैर ख़ूब प्रचलन में है ही। चाहे वह 'डबल-ताकत' या 'डबल मजा' हो, 'छोटा प्राइस' या 'सबसे ज़्यादा इंटेलीजेंट हों, सब जगह यह प्रवृत्ति विद्यमान है। और 'सुपर शक्ति' या 'कुछ ज़्यादा ही सालिड' अथवा 'व्हाइटेस्ट व्हाइट कपड़े' का तो कहना ही क्या!

जहाँ तक विशेषणों और क्रिया विशेषणों की बात है, हिन्दी विज्ञापनों में विशेषणें का प्रयोग बहुत मिलता है। ये विशेषण चौंकानेवाले तथा अतिशयोक्तिपूर्ण होते हैं। कोशिश यह रहती है कि उनमें नवीनता हो। इनमें एक ओर *असाधारण, अपूर्व, अद्भुत, अनुपम, अनोखा, अनूठा, बेमिसाल, बेजोड़, लाजवाब आदि है तो–मनमोहक, मनभावन, मनोरम, मनोहारी जैसे* संयुक्त विशेषणों वाले शब्द भी मिलते हैं। *चमत्कारपूर्ण, चमत्कारी, लोकप्रिय, सुहाना, लुभावना, सजीला, शानदार, दमदार, गुणकारी, आदर्श, खुशनुमा, सुखद, आनन्ददायक, मजेदार, आरामदेह, नया, नवीन, नवेला, नया-नवेला, टिकाऊ, शीतल, आधुनिक, मजबूत, कुदरती आदि भी* ध्यातव्य हैं। कहीं-कहीं *'कितना'* जोड़कर विशेषणों को नवीनता दी गयी है, जैसे-*कितना सुगंधित, कितना मुलायम, कितना सुन्दर आदि।* इसी तरह मलावस्था, उत्तरावस्था और उत्तमावस्था वाले शब्द नये विशेषणों की सर्जना करते हैं। यथा-*सर्वोत्तम, सर्वाधिक, सबसे तेज, अधिक, सबसे अच्छा, सर्वोत्तम, सर्वश्रेष्ठ, सबसे बढ़िया, दूसरों से आगे, औरों से अलग आदि।* अवधि की संक्षिप्तता के लिए भी कई बार विशेषणों को अपनाया गया है। यथा–*झटपट, सिर्फ़ पाँच मिनट में, चुटकियों में* इत्यादि। ऐसे वाक्यांश विज्ञापन की अपील बढ़ाते है। समयपरक विशेषणों से युक्त वाक्यांशों का प्रयोग उन्हें अलग ही पहचान दे देता है। जैसे-आज ही, मिनटों में, फौरन, जल्दी कीजिए, तुरन्त पहुँचिए, झटपट, हर क्षण, हर पल, हर दिन, सुबह-शाम आदि। औषधियों के विज्ञापनों में ऐसे विशेषणयुक्त शब्दों का प्रयोग बहुत होता है, जिनसे

मानसिक और शारीरिक राहत का अहसास जागता है। यथा—*आराम, राहत, छुटकारा, मुक्ति, असर, नियन्त्रण। या फिर टॉनिक* आदि के लिए—*शक्तिवर्द्धक, बलशाली या बलवर्द्धक, ताजगी, स्फूर्ति, तन्दुरुस्ती, पोषक* इत्यादि।

वस्त्रों तथा गहनों अथवा श्रृंगार प्रसाधनों के विज्ञापनों में ऐसी शब्दावली का प्रयोग ख़ूब किया जाता है, जिनमें-*कोमल/कोमलता, सुन्दर/सुन्दरता/सौन्दर्य, रूपछटा, रूपकांति, आकर्षक, अनूठा, अनुपम, अद्‌भुत* का सम्मिश्रण हो। सब कह उठें वाह!

इन विशेषणों को हम इस रूप में सूचीबद्ध कर सकते हैं—

प्रवृत्ति	*विशेषण*
आधुनिक	आधुनिकतम, अत्याधुनिक
आराम	आरामदेह, आरामदायक, शानदार
आकर्षण	आकर्षक, मोहक, चित्ताकर्षक, आलीशान, मनमोहक, मोहक, मनभावन, चमकदार, दिलकश, लुभावना
उत्तमता	उच्च, उत्तम, उम्दा, अपूर्व, अद्वितीय, बेजोड़, लाजवाब, बेमिसाल, सर्वोत्तम, बेहतरीन, बढ़िया, अनोखा, न्यारा, निराला, बे-आवाज, बहुमूल्य, श्रेष्ठ, श्रेष्ठतम
कोमलता	कोमल, सौम्य, मुलायम, मृदु, नर्म, नाजुक
टिकाऊपन	टिकाऊ, मजबूत, दमदार, सख्त, जानदार
ताजगी	तरोताजा, ताजा, शीतल, सुखद, स्वच्छ, साफ़, उज्ज्वल,
नवीनता	नवीन, नया, नवीनतम
भरोसा	भरोसेमन्द, भरोसे योग्य, भरोसे वाला, गांरटी, विश्वसनीय अधिक, अधिकतम, अधिकांश, पूर्ण, परिपूर्ण, सम्पूर्ण, सबसे ज़्यादा, ज़्यादा से ज़्यादा, अतिरिक्त, कम, केवल, अपार, एकमात्र तनिक
शीघ्रता	तुरन्त, फौरन, जल्द, जल्दी, शीघ्र
सुन्दरता	सुन्दर, अतिसुन्दर, ख़ूबसूरत
सुगन्ध	खुश्बूदार, भीनी-भीनी, सुगन्धित, सुगन्धयुक्त
विविधता	अनेकानेक, भांति-भांति
आमन्त्रण	आइए, अजामाइए, पधारिए, कीजिए, आज ही लीजिए।

विशेषणों के प्रयोग के पाँच स्तर मिलते हैं—

1. केवल एक विशेषण का प्रयोग

जैसे—नया लिरिलः ताजगी का साबुन, राजदूतः सबसे अधिक बिकने वाली मोटरसाइकिल, आरमदेह बनावटः टापर्स बाटा, अपनी त्वचा को कोमल बनाये रखिए, मजेदार भोजन का राजः डालडा।

2. दो विशेषणों का प्रयोग

जैसे—तुरन्त जले बरसों चले : अमर इलैक्ट्रनिक गैस लाइटर्स, रेक्सोनाः आपकी त्वचा को कोमल और उज्ज्वल रखता है, इस टिकिया का वादा घुले कम, चले ज़्यादा, बेजोड़ चाय, किफायती दाम-रेड लेबल चाय, अब बिल्कुल नया, नीला डिटर्जेन्ट पाउडरः नया बेस्टो।

3. तीन विशेषणों का प्रयोग

जैसे—हमेशा शीतल, ताजा, खुश्बूदार...। साफ़, स्वस्थ और डेण्ड्रफ रहित बालों के लिए...। अलबेली और निराली, ज़्यादा गारंटी वाली-घड़ी। मनपसन्द, सजीव और स्फूर्तिदायक-नेस्काफी। लम्बे,

चमकीले और काले बालों के लिए...। कम खर्च सुरक्षित और कभी परेशान न करने वाली मोटर साइकिल...।

4. विशेषण ही विशेषण

जैसे—डबल डाइमण्ड चायः स्वाद में, तेजी में, आपके खयालों में ताजगी। इतना स्पष्ट मानो सजीव हो, शत प्रतिशत असली जापानी तोशिबा जीवन भर के मनोरंजन के लिए सारा दिन रंगीन व ब्लैक एण्ड वाइट टी.वी.। भीनी-भीनी सुगन्धयुक्त, चिपचिपाहट रहित केशतेल स्वस्थ केश-सुन्दर केश...। भारत में मशहूर-हाट टाइम प्रेशर कुकर, सुरक्षित एवं आधुनिक तकनीक से बना, मजबूत एवं टिकाऊ हैण्डल, समय एवं ईधन की बचत, सुन्दर एवं उपहार योग्य।

5. प्रविशेषण का प्रयोग

जैसे—अत्यन्त सुन्दर, पहले से अधिक टिकाऊ, अनेकानेक विविधता का असीमित भण्डार, ख़ूबसूरत हवा अधिक गतिशील अधिक शक्तिशाली।

7. मुहावरों का रचनात्मक प्रयोग

हिन्दी विज्ञापनों में मुहावरों का प्रयोग चार चाँद लगा देता है! ऐसे प्रयोग जन-अपील को प्रबोधकारी बनाने में बहुत सक्षम होते हैं। सच तो यह है कि मुहावरेदार भाषा ने विज्ञापनों को नयी गहराई प्रदान की है। कुछ विशिष्ट प्रयोग देखें जिनमें मुहावरों का अच्छा समावेश है—

— *एक सफेद सत्य।*
— *पड़ोसवाले प्रशंसा के पुल बाँधते नहीं थकते।*
— *क्या आप चाहते है कि सफलता आपके कदम चूमे?*
— *इसके सुहाने प्रिंट आपके सौन्दर्य में चार चाँद लगा देंगे।*
— *उत्पादन दिन दूना रात चौगूना बढ़ रहा है।*
— *पहली नजर में ही आप इसे अपना दिल दे बैठेंगे।*
— *अब सब चाहें आपको पलकों पर बिठाना।*
— *पलक झपकिए और कीजिए अपने सपनों को साकार।*

8. अलंकारों का प्रयोग

विज्ञापनों में आलंकारिक भाषा का प्रयोग उन्हें प्रभावपूर्ण बना देता है। ऐसे विज्ञापनों में अलंकारों के कारण एक माहौल बनता है। इसके लिए उपमा, रूपक, रूपकातिशयोक्ति, मानवीकरण तथा अनुप्रास और कहीं-कहीं श्लेष जैसे अलंकारों का प्रयोग किया जाता है। कुछ उदाहरण देखें—

— *नयी चाँदनी की-सी मनोहरता।*
— *कम से कम खर्च से ज़्यादा से ज़्यादा उजले कपड़े।*
— *महँगें होते हुए भी सस्ते।*
— *जैसा रंग वैसा स्वाद।*
— *आज है कल गायब।*
— *फूलों जैसी नाजुक और लजीली।*
— *पनामा तो बस पनामा ही है।*
— *कमनीय कोमल कांति।*
— *संग संग रहने की उमंग।*

अन्त में यह कि विज्ञापनों में हिन्दी के जो विभिन्न रूप और शैलियाँ आज प्रयुक्त हो रही है, वे चार प्रकार की हैं–

(1) मानक हिन्दी।

(2) बोलचाल की हिन्दी-जिसमें स्थानीयता अथवा क्षेत्रीयता का पुट रहता है। हिन्दी की बोलियों की आँचलिक शब्दावली का प्रयोग होने के साथ-साथ उसमें सरलता-सहजात कें लिए अरबी-फारसी की प्रचलित सरल शब्दावली भी प्रयुक्त होती है।

(3) अंग्रेजी-मिश्रित हिन्दी, जिसे आलोचकों ने 'हिग्लिश' नाम दिया है।

(4) हिन्दी के साथ अन्य भारतीय भाषाओं की शब्दावली मिलाकर बनी हिन्दी। जैसे-तमिल, पंजाबी, गुजारती, बंग्ला आदि।

कुछ अन्य वैशिष्ट्य : अतिशयोक्ति एवं तुलना, सूत्रात्मकता, लेखमिक प्रयोग आदि भी उल्लेखनीय है।

4.5 मौखिक भाषा से इतर दैहिक, ध्वनि एवं रंग भाषा का वैशिष्ट्य

कुछ टेलीविज़न चैनल्स पर एक खास इनवर्टर बेटरी (सु-केम) का प्रचार आता है। यह एक शब्द-रहित प्रचार है, जिसमें संकेतों (देह-भाषा) का अच्छा उपयोग किया गया है। एक शान्त हॉल में घर के सदस्य योग क्रियाएँ करते दिखाए गये हैं। अचानक बिजली चली जाती है और इनवर्टर की बैटरी भी काम नहीं कर रही। पिता चिन्तित हो इशारों में ही पुत्र की ओर देख रहे हैं। पुत्र संकेत में ही आशीर्वाद और आश्वासन की मुद्रा में आश्वस्त करता है। वह चुपचाप मोबाइल फोन से कम्पनी को एस. एम. एस. भेजता है। दिखाया गया है Su-kem कम्पनी के लोग बैटरी उठाए चले आ रहे हैं और पुरानी बैटरी को हटाकर नयी बैटरी लगा देते है। खुशी में योग क्रिया करते-करते ही युवक (पुत्र) हवा में उठ जाता है। पिता उसे आश्चर्य के साथ देखता है। युवक निश्चिन्त और प्रसन्न है। तब दिखायी जाती है इस निश्चिन्तता और प्रसन्नता के मूल में 'सु-कम' बैटरी! संगीत का प्रभाव इसे और अर्थवान बना देता है। अर्थात बिना शब्दों के इस्तेमाल के एक बड़ा सन्देश प्रभावशाली ढंग से सम्प्रेषित हो गया है। केवल दृश्यों, देह-भाषा और संगीत के प्रयोग से। यह दृश्य और देह भाषा शुद्ध हवा को भी इंगित करते है। जो इस बैटरी की खास विशेषता बताई गयी है।

इसी तरह एक विज्ञापन और है किसी इनवर्टर कम्पनी का। दूल्हा दुल्हन के गले में खुशी-खुशी जयमाला डालने जा रहे हैं कि अचानक बिजली चली जाती है। अँधेरे में वह दुल्हन के स्थान पर किसी अन्य महिला के गले में जयमाला डालने को होता है कि अचानक रोशनी हो जाती है। दूल्हा शरमा जाता है। बैकग्राउंड में पुरुष स्वर उभरता है–"धोखा दे गयी न बत्ती!...(अमुक) इनवर्टर घर ले आइए ताकि खुशियों की बत्ती चलती रहें!"

एक विज्ञापन में दिखाया गया है कि एक खास ब्राण्ड की मोटर बाइक (बजाज प्लेटिनम) पर युवक सवार चला आ रहा है। प्रेमी-प्रेमिका का एक जोड़ा खड़ा हुआ बातें कर रहा है। प्रमिका की दृष्टि मोटर साइकिल पर पड़ती है। वह प्रेमी की ओर न देखकर, उसकी बातों पर ध्यान न देती हुई मोटरबाइक पर सवार युवक की ओर देख रही है। प्रेमी पेरेशान हो जाता है और प्रेमिका की आँखें अपने हाथ से बन्द कर देता है। स्वयं अब उस मोटरबाइक की ओर हसरत भरी नज़र से देखने लगता है। बैकग्राउंड में चर्चित फ़िल्मी गीत बज रहा है–

"झलक दिखाला जा। झलक दिखला जा।...आजा-आजा...आजा-आजा...आ..आ...झलक दिखलाजा...!"

विज्ञापन में निहित अर्थ स्वतः स्पष्ट हो जाता है—बाइक इतनी स्टाइलिश है कि कोई भी युवा-दिल अपनी सबसे प्रिय चीज को छोड़कर भी इसकी ओर आकर्षित हो जायेगा।

यह सब केवल दृश्यों और दैहिक भाषा के माध्यम से उभरता है। शब्दों में नहीं कहा गया।

रंगों के महत्व और उनमें निहित मनोवैज्ञानिक प्रभाव आदि की चर्चा हम पहले ही विस्तारपूर्वक कर चुके हैं। यहाँ यह बताना चाहेंगे कि रंगों का टेलीविज़न विज्ञापनों में विशेष महत्व हैं। इस सन्दर्भ में विशेष रूप से पेण्टस के विज्ञापन देखे जा सकते हैं। एशियन पेन्ट के विविधतापूर्ण विज्ञापन बहुत ही कोमल हैं। इसी तरह ड्यूरा पेंट के विज्ञापन भी नयानाभिराम और प्रभावपूर्ण है। इनकी शब्दों में व्याख्या नहीं की जा सकती। रंगों का चमत्कारपर्ण, मनभावन और स्थिरता लिए प्रयोग हम बार-बार देख सकते हैं। ऐसा ही एक विज्ञापन एक टेलीविजन चैनल पर ख़ूब दिखाया जाता रहा है जिसका तीन तरह की मुद्राओं और नाटकीय ढंग से बोला गया स्लोगन बहुत लोकप्रिय हो गया है—*"वाह सुनील बाबू! बढ़िया है!!"* समय को सुनील और उसकी पत्नी की उम्र से दर्शाते हुए उनके मकान के सौन्दर्य को उस पेन्ट के इस्तेमाल के कारण सालों-साल वैसा ही सुन्दर दिखाया गया है! निहितार्थ वही है जिसे दर्शक और श्रोता आसानी से ग्रहण कर लेते हैं-आप बूढ़े भले ही जो जायें आपके मकान पर एक बार किया हुआ इस कम्पनी का पेंट कभी खराब नहीं होगा! आपकी आने वाली पीढ़ियाँ भी इसका आनन्द लेती रहेंगी। (क्योंकि एक बार को तो जीवन बीमा निगम का चैक लेकर वर्षो बाद आया पोस्टमैन भी धोखा खा जाता है!) इस विज्ञापन में भी रंगो, पात्रों के चेहरों के हाव-भाव, उनकी कथन-भंगिमा आदि अर्थपूर्ण हैं।

इसी तरह एक पेन्ट के विज्ञापन में कहा गया है-*"बाहरी दीवारों पर धूल को टिकने न दे..."* जिसमें सफेद वस्त्रों में एक युवा ज़मींदार को गर्व से खड़ा हुआ दिखाया गया है। घोड़ों की टापों और धूलभरी आँधी के कारण वह युवा जमींदार धूलधूसरित हो जाता है। लोग एक साथ चिल्लाते हुए कहते हैं—*"चमत्कार ताऊ...!* युवा जमींदार समझता है कि ये लोग मेरे सफेद कपड़ों के खराब न होने की बात कर रहे हैं। इसके बाद विज्ञापन में धूल में उभरती हुई हवेली दिखायी गयी है, जिसकी चमचमाती हुई सफेद दीवारें हैं। उन चमचमाती दीवरों की ओर देखकर लोगों के मुँह से कहलवाया गया है—*"बाहरी दीवारों पर धूल को टिकने न दे!"*

इस विज्ञापन में रंग के प्रभाव के साथ ही पात्रों की देह-भाषा का प्रभावपूर्ण संयोजन है।

अशोक ब्ल्यू लिक्वड (नील) का यह विज्ञापन देखें। इसमें शीर्षक दिया गया है—

"जो दे...सादा सफेद से ज़्यादा सफेद..."

'सादा' सफेद की तुक में 'ज़्यादा' सफेद जैसे विशेषण का नया प्रयोग आकर्षित करता है। साथ ही बड़े-बड़े अक्षरों में घोषित किया गया है—"नीला सोना"। सोने के सुनहरी रंग के कांसेप्ट उलटते हुए उसे नीला बताकर अपने 'अशोक ब्लू' लिक्विड नील को सोने जैसा कीमती/मूल्यवान कहा गया है। विज्ञापन इस प्रयोग के कारण उपभोक्ताओं को आकर्षित करने वाला है।

इसी क्रम में एक विज्ञापन है 'रिन' कपड़ा धोने के साबुन का। इस टेलीविज़न विज्ञापन में किसी शहर की कॉलोनी का दृश्य है। नीचे से बच्चे जोर से आवाज लगाते हैं-"मम्मी! मम्मी!! आज की दो नयी खबरें हैं। एक अच्छी खबर है, एक बुरी खबर है!! ऊपर घर की महिलाएँ आ खड़ी होती हैं। एक महिला अपने बच्चे से पूछती है—"बुरी खबर क्या है?" बच्चा जवाब देता है, "अब रिन

नहीं मिलेगा।" गृहिणियों के चेहरों पर चिन्ता के भाव उभर आते हैं। वह स्त्री पूछती है-"और अच्छी खबर क्या है?" बच्चे की ओर से जवाब मिलता है–"आज की अच्छी खबर है कि रिन सुप्रीम बार बन गया है अब सिर्फ़ एक्सल बार!" सब खुश हो जाते हैं इसी बीच टीव़ी स्क्रकीन पर उभरता है साबुन का पैकेट, जिस पर बायीं ओ के आधे हिस्से पर लिखा है–रिन सुप्रीम' और दूसरे आधे हिस्से पर लिखा है–'सिर्फ़ एक्सल!' दूसरे वाला हिस्सा बच्चे की मुट्ठी के नीचे से उभरकर सामने आता है। बैकग्राउंड में उभरता है यह स्वर-'दाम वही। काम और ज़्यादा शक्तिशाली।'

कहने का अर्थ यह है कि पात्रों के हाव-भाव अथवा देह-भाषा का ऐसे विज्ञापनों में विशेष महत्व है। चेहरे के भाव, सबके चेहरों पर दौड़ पड़ने वाली खुशी की लहर सब कुछ व्यक्त कर देती है।

इसी क्रम में Air Tel का वह भावपूर्ण विज्ञापन देखें, जिसमें एक युवा अपने पुश्तैनी घर लौटता है। लम्बी प्रतीक्षा के बाद लौटे उस युवक को उसकी दादी माँ अपना बेटा समझकर गले मिलती है–"बेटा राजू!" युवक कहता है कि वह राजू नहीं है, आपका पोता है। तो वृद्धा दादी माँ वहीं से अपने वृद्ध पति को आवाज लगाती है, "देखो जी कौन आया है?" उसके चेहरे और आवाज में खुशी छलक रही है। अन्दर से वृद्ध बड़बड़ाता है–"अब यह क्या लेने आया है यहाँ?" कहते हुए वह अपनी कलाई में पुरानी घड़ी, बाँधता है। समय को प्रतीकात्मक रूप से दर्शाने के लिए ऐसा किया गया है। युवक झुककर पैर छूता है और अपने मोबाइल फोन से अपने पिता का नम्बर मिलाकर दादू से बात कराता है। यहाँ वृद्ध पिता के चेहरे के भाव विशेष रूप से देखने याग्य हैं। उधर से बोल रहे अपने बेटे से वह काँपते हुए इतना ही कहता है–"चुप पगले!" उसकी आँखें छलक आती हैं। वृद्धा पति के आँसू पोंछती है और उसके काँपते हाथों से मोबाइल फोन लेकर स्वयं बात करती है। युवक के चेहरे पर मुस्कान है। बैकग्राउंड में आत्मीयतापूर्ण स्वर उभरता है–*"कुछ बन्धन अटूट होते हैं। जैसे Air Tel का नैटवर्क!"* इसके बाद सब कुछ डिज़ाल्व हो जाता है और उभर आता है 'एअर टेल' का लोगो।

विज्ञापनों में 'जिंगल' (Jingle) का उपयोग बहुत ही ख़ूबसूरती के साथ किया जाता है। ये काव्यात्मक वाक्य होते हैं, जो संगीतबद्ध होकर प्रायः बैकग्राउंड में बजाये जाते हैं। इन्हे छनछनाती हुई तुकबन्दी भी कह सकते हैं। इसका प्रयोग कई बार स्लोगन के रूप में भी होता है। कालान्तर में यूँ विज्ञापन की अपनी पहचान बन जाते हैं। यथा-वााशिंग पाउडर निरमा, दूध सी सफेदी निरमा से आये, रंगीन कपड़ा भी खिल-खिल जाये। सबकी पसन्द निरमा। वाशिंग पाउडर निरमा।" 'निरमा' का यह विज्ञापन ख़ूब लोकप्रिय रहा है। इसी तरह केवल दृश्य के पार्श्व में बजता हुआ गीतात्मक जिंगल एक साबुन को विज्ञापित करता है–"बूँदों में...बूँदों में...बूँदों में...।" विज्ञापनों के स्लोगन और सूक्ति पंतिक्यों (Tag Lines) तथा छाप पंक्तियों (Panch Lines) में प्रायः हम पाते हैं कि हिन्दी के साथ विशेषतः अंग्रेजी एवं अन्य भाषाओं की शब्दावली का ही मिश्रण नहीं है, बल्कि कोड मिश्रण, लिपि मिश्रण तथा विस्मयकारी भाषिक तत्वों का समावेश रहता है। एक अलग तरह का भाषिक विचलन तथा शब्दों से खिलवाड़ भी देखने को मिलता है।

निष्कर्षतः हम पाते हैं, जैसा कि *समरसेट मॉम* ने कहा था, *'शब्दों में वजन होता है, ध्वनि होती है और आकृति होती है। इन्हीं बातों को ध्यान में रखकर आप ऐसा वाक्य लिख सकते हैं जो देखने तथा सुनने में अच्छा लगता है।'* यह बात विज्ञापन पर पूरी तरह लागू होती है। भाषा की निर्मिति हमेशा बाज़ार में हुई है। इसी से उसमें गतिशीलता आती है। विज्ञापन और छवियों का खेल नयी बाज़ार संस्कृति का मूल अस्त्र है। हिन्दी भाषा इसकें बीच नया आकार ले रही है।

अध्याय-5

हिन्दी विज्ञापन : प्रभाव का विश्लेषण

5.1 पृष्ठभूमि

टी. न्यूफील्ड्स की एक अंग्रेजी कविता है, जिसका हिन्दी अनुवाद है—

बहुत पहले प्रतिकृतियों के होने के
था कोक® ही आदि कारण
अन्य उत्पादों के अस्तित्व से युगों पूर्व
कोक® के सिन्धुओं को चमकाते थे सूर्यनारायण
घटिया कोलाओं को मनुष्य के पीने से कल्पों पहले
महान ऋषियों ने अभिकल्पित किया कोक® का सार
विश्व के सम्पूर्ण होने के मन्वन्तरों पूर्व
गंगा ने बहाई कोक® की धार
काल के अन्त पर जब सब विलय हो जाता है अलबत्ता
कोक® मात्र की ही होगी सत्ता
अतः विश्व के गुलामों, इन बुलबुलों में मज़ा लो
इस दिव्य आसव की प्रशस्ति गाओ
और याद रखो ज्ञानियों का उदगार

चेतना के कोका-कालोनीकरण पर *न्यूफील्ड* की यह अद्‌भुत कविता भारतीय सन्दर्भो, संस्कारों और स्मृतियों के साथ जब लिखी गयी होगी तब इसके कवि को क्या मालूम था कि कभी भारत कोक का इतना गुलाम हो जायेगा कि इसी में ही उसे 'आजादी मन की' दिखायी पड़ेगी। इस तथ्य को रेखांकित करते हुए मनोजकुमार श्रीवास्तव ने अपनी एक टिप्पणी में कहा है, "*जब आपको चीज की तलब लगाई जाती है तब आप उसके वशाधीन होते है या स्वच्छन्द? कोक-पेप्सी की विज्ञापित दुनिया मौज-मज़े की दुनिया है। अनिरुद्ध, अनिर्बन्ध। लेकिन क्या पह खुदइख़्तियारी की दुनिया भी है? क्या वह किसी स्वराज्य या स्वसत्ता को सिद्ध करती है? आप कोक जबरन या मजबूरन तो नहीं पीते। फिर उसमें कोई वैराज्य या विनिग्रहण कहाँ है? तो फिर यह क्या बखेड़ा खड़ा कर रखा है। हमें कोई टंटा नहीं चाहिए। ठण्डा चाहिए। ठण्डा मतलब कोका-कोला।*" (पठनीय : श्रीवास्तव, मनोज कुमार, यथाकाल, पृ. 101)

उनकी यह टिप्पणी विज्ञापन और विज्ञापन के भी केन्द्र में रखे शीतल पेय 'कोका-कोला'

को प्रतीक मानकर हमारे विकल्पों के बन्द कर दिये जाने को लेकर महत्वपूर्ण है। वे इसे तल्खी से अनुभव करते हुए बताते हैं कि, *"यदि ठण्डा मतलब कोका-कोला ही है तो क्या यह हमारी निरूपायता है, निर्विकल्प होना है? कि अब कोई शरबत नहीं और शिकंजी भी नहीं, अब कोई पना नहीं, पुदीना नहीं, कोई काँजी नहीं, ठण्डाई नहीं, कोई सोम नहीं, सत्तू नहीं, कोई शिवप्रिया नहीं, गन्ने की चरखी नहीं, अब यदि विकल्प हैं भी तो उसी कोका-कैम्पस के भीतर। कोका-कोला नहीं स्प्राइट सहीं। कम्पनी के कंपाउंड के भीतर जितने जतन हैं, करलें। बाहर हाथ-पैर मारलें। पेप्सी ब्ल्यू, टिवस्ट, डाइट, लेमन कोक, जो चाहे आजमा लें। यह अनन्तभिधेय है। चतुरों की चतुस्सीमा ऐसी ही होती है। ठण्डा के पर्यावाची पूछने पर अब हमारे बच्चों को कोका-कोला ही याद आता है। पहले तो इस शब्द को सुनकर ठिठुरन होती थी, कँपकँपी होती थी, फुरहरी होती थी, सिहरन होती थी, बत्तीसी बजती थी, जूड़ी चढ़ती थी। लेकिन वैश्वीकरण की दुनिया पर्यायों की सीमितता सुनिश्चित करती है, यह-अस्तित्व नहीं। इसके उथले उपभोक्तावाद में एक जैसी प्यास हो न हो प्यास की पूर्ति-आपूर्ति एक ही है। इसीलिए सन् 1999 तक विश्व में कोका-कोला की प्रति व्यक्ति खपत दो ओंस प्रतिदिन थी।"*[1]

इसी क्रम में एक रोचक तथ्य को रेंखाकित करने के लिए हम पुनः श्रीवास्तव जी के ही एक ही कथन को उद्धृत करना चाहेंगे कि, *"कोका-कोला के मुख्य कार्यपालन अधिकारी रोबर्ट गोईजुएटा ने अप्रैल 1997 में गर्व से कहा था : एक बिलियन घण्टों पहले मानव जीवन पृथ्वी पर आया था, एक बिलियन मिनटों पहले ईसाईयत, एक बिलियन सेंकड़ो पहले बीटल्स ने संगीत में परिवर्तन किया था और एक बिलियन कोका-कोला पहले कल सुबह थी।"*[2]

यह कथन क्या सिद्ध करता है? यही कि विज्ञापित कोका-कोला आज समय का पैमाना भी बन गया है। भला क्यों नहीं बने? विज्ञापन ने हमारी दुनिया बदल डाली है।

निस्सन्देह विज्ञापन ने नये उपभोक्तावाद को जन्म दिया है। यह नया उपभोक्तावाद ही हमारी जीवन-शैली तय करता है। इसने नये सामाजिक तनावों, द्वेषों और झगड़ों के हिंसक रूप दिया है। केन्द्रीय सत्य यह है कि विज्ञापन बेशक उपभोक्ता सामान और सेवाओं की मुद्रा में हों, किन्तु वे भोग-विलास की चीजें ही कहे जा सकते हैं।

डॉ. सुधीश पचौरी के अनुसार, *"भारत में व्यावसायिक घराने कुल मिलाकर 500 करोड़ रुपये से ऊपर विज्ञापन बजट बनाते हैं। एक समय ऐसा था जब इस बजट का एक बड़ा हिस्सा अखबारों, पत्रपत्रिकाओं पर खर्च किया जाता था। किन्तु पिछले दो-ढाई साल से स्थिति बदल गयी है। 'एडवर्ल्ड' में विज्ञापन विशेषज्ञ हेलेन एंचन ने बताया है कि सन् 1985 में भारत में विज्ञापनों पर जो कुल खर्च हुआ उसमें टेलीविजन, रेडियों आदि का हिस्सा काफी बढ़ा है। दूरदर्शन को होने वाली आया को दर्शाने वाली तालिका से हेलेन एंचन की तालिका से मिलान करें तो पायेंगे कि देश के कुल विज्ञापन बजट का दस प्रतिशत से भी कहीं ज़्यादा हिस्सा हड़प लिया है।"*

1. श्रीवास्तव, मनोज कुमार, यथाकाल, मनस्वी प्रकाशन, इंदौर, पृ. 102
2. वही, पृ. 103

तालिका

माध्यम	करोड़ रुपये में
अखबार	365
टेलीविजन	60
रेडियो	19
सिनेमा	13
आउटडोर	30
कुल योग	487

इन बड़ी कम्पनियों ने अब उपभोक्ता सामान के विज्ञापन के बजट को भी बेतहाशा बढ़ाया है। सन् 1985 में यदि इन कम्पनियों के कुल विज्ञापन बजट का 32 प्रतिशत हिस्सा उपभोक्त सामान के विज्ञापन पर खर्च किया गया है, और उद्योग सम्बन्धी विज्ञापनों पर सकल बजट का 6 प्रतिशत दिखायी देता है। तो आज स्थिति और भी बदली हुई है। यह प्रतिशत 32 से 40 तक हो गया है, ऐसा अनुमान है।

इसका कारण है समाज द्वारा विज्ञापनों की स्वीकार्यता, उनक प्रति आकर्षण और उत्पादों की बिक्री में बढ़ोत्तरी। बरहाल डॉ. *सुधीश* पचौरी के ही शब्दों में कहें तो, "*यहाँ देखने की बात वह प्रभाव है जो दूरदर्शन के विज्ञापन हम पर असर डालते है। सबसे बड़ी बात यह है कि ये विज्ञापन जिस आक्रमक और हठी भाषा एंव गर्वीले खुशहाल छवियों के साथ हमें पीटते-लुभाते है। उनसे अनजाने ही हम एक नयी जीवन-पद्धति को प्राप्त करने के लिए ललक उठते है। इस जीवन-पद्धति में निश्चिन्त सुख-संचय और उसका भोग प्रमुख है। सम्पन्न जीवन जीने का स्तर स्थिर किया जाता है जिसे न पा सकने वाला खुद को सहज ही वंचित, पिछड़ा और गिरा हुआ समझ सकता है।*"[3]

विज्ञापन एवं छवियों का खेल इस नयी बाज़ार संस्कृति का अस्त्र है। यह बाज़ार लोगों में स्वप्न और इच्छाएँ जगाता है। उनके भीतर समानों से जुड़ी नयी ज़रूरतें पैदा करता है। यह पुरी दुनिया में समान जीवन शैली, रहन-सहन, खान-पान, सौन्दर्य चेतना और मूलबोध की एकता पैदा कर रहा है। मुनाफा कमाने की इस रणनीति में सांस्कृतिक रूपों की एक नयी गतिशीलता तैयार हो रही है। व्यवसाय और संस्कृति अब एक ही सिक्के के दो पहलू है।

इसी परिप्रेक्ष्य में हम विज्ञापनों के, मुख्यतः हिन्दी विज्ञापनों के प्रभाव का विश्लेषण करेंगे।

5.2 विज्ञापन का मनोविज्ञान

कहा जाये कि 'विज्ञापन' और मनोविज्ञान' एक दूसरे के पूरक है तो अतिशयोक्ति नहीं होगी। उपभोक्ता किसी उत्पाद को क्यों खरीदता है? इसके पीछे मनोवैज्ञानिक कारणों की खोज की आती है। मनुष्य की कुछ मूल प्रवृत्तियाँ है जो उसे किसी भी कार्य की ओर प्रेरित करती है। ऐसी ही कुछ मूल प्रवृत्तियाँ है—सामजिक सुरक्षा की भावना, यश और सम्मान पाने की चाह, अहं की तुष्टि, सृजनशीलता, देश के प्रति एंव स्वयं के प्रति प्रेम, काम भावना, प्रेम भावना, शक्ति संग्रह की भावना

3. सुधीश पचौरी, मीडिया और साहित्य, राजसूर्य प्रकाशन, नयी दिल्ली, पृ. 15

आदि। मनुष्य की इन्हीं प्रवृत्तियों, भावनाओं आदि को उभार कर किसी विशेष उत्पाद की ओर इस प्रकार ध्यान आकृष्ट कराया जाता है कि उपभोक्ता वह उत्पाद खरीदने पर बाध्य हो जाये।

जैसा कि हम कि हम सब जानते हैं मनोविज्ञान मनुष्य के व्यवहार का विज्ञान है, जबकि विज्ञापन एक व्यापारिक अभिव्यक्ति, जो उपभोक्ता मनुष्य को अपनी ओर और आकृष्ट करती है। इस विचार से हम पाते है कि विज्ञापनों का मुख्य आधार मनोविज्ञान है। विज्ञापन अपने धनोपार्जन के उद्देश्य में तभी सफल होगा जब वह मनोविज्ञान से अधिक से अधिक सम्बद्ध होगा। वैज्ञानिक अध्ययन की दृष्टि से निम्नांकित कारक मुख्य हैं, जो विज्ञापन तथा मनोविज्ञान से जुड़े हुए है–

1. विज्ञापन की प्रकृति तथा उपभोक्ता।
2. विज्ञापन में चित्रों का प्रभाव।
3. विज्ञापन में रंगो का प्रभाव।
4. विज्ञापन के प्रति रुचि तथा ध्यान।
5. विज्ञापन की प्रक्रिया तथा स्मृति।
6. विज्ञापन पर उपभोक्ता की अभिरुचि का प्रभाव।

इन कारकों का अनुसंधानपरक अध्ययन *डॉ. तारेश भटिया ने व्यवस्थित* ढंग से किया है। वे विज्ञापन की प्रकृति तथा उपभोक्ता के सन्दर्भ में कहते हैं कि विज्ञापन प्रत्यक्ष रूप में उपभोक्ता को प्रभावित करता है। अतः उपभोक्ता की मनोवैज्ञानिक विशेषताओं के अनुरूप ही विज्ञापन निर्मित होना चाहिए। ताकि वह और अधिक प्रभावी बन सके। उनके अनुसार निम्नलिखित विशेषताएँ उपभोक्ता से सम्बन्धित हैं–

क. उपभोक्ता की आवश्यकता।
ख. उपभोक्ता की बुद्धि।
ग. उपभोक्ता का शैक्षिक स्तर।
घ. अहं केन्द्रित उपभोक्ता वर्ग।
च. उपभोक्ता की संवेगात्मकता।

मनुष्य जीवन की आठ आधारभूत आवश्यकताएँ होती हैं, जिनको ध्यान में रखकर प्रायः विज्ञापन तैयार किये जाते है। ये मूलभूत आवश्यकताएँ हैं-भोजन तथा पेय, आराम, विपरीत लिंग के प्रति आकर्षण, अपने प्रिय का शुभ चाहना, भय तथा ख़तरे से मुक्ति, श्रेष्ठ बनना, दीर्घायु होना, सामाजिक पहचान अथवा अनुमोदन। इसीलिए विज्ञापन तैयार करने के मूल में एक सूत्र काम करता दिखायी देता है–"Find out what people want, make more of it. Find out what people do't want, make less of it,"

विज्ञापनों पर, जहाँ तक चित्रों के प्रभाव की बात है; विज्ञापन में प्रयुक्त चिह्न सार्वभौमिक भाषा में अपनी अभिव्यक्ति करते हैं। एक चीनी कहावत है, *"एक चित्र दस हजार शब्दों के बराबर है।"* (A picture is worth ten thousand words.) चित्रों के भावों को समझने के लिए किसी विशिष्ट प्रशिक्षण की आवश्यकता नहीं होती। भाषा के आभाव में सबसे पहले चित्र ही सम्प्रेषण का माध्यम हुआ करते थे। चीनी भाषा तो है ही चित्रात्मक।

निश्चय ही विज्ञापनों में चित्रों का विशेष महत्व है। सभी मनोविज्ञानिक अध्ययन बताते हैं कि चित्रों का उपभोक्तओं पर अच्छा प्रभाव पड़ता है। *डॉ. जार्ज गैलथ* ने अपने 29000 पाठकों के अध्ययन में यह पाया है कि प्रत्येक चित्र का हर व्यक्ति पर अलग प्रभाव पड़ता है। सर्वाधिक

प्रभाव बच्चों पर पड़ता है। इसके बाद क्रमिक रूप से युवकों के समूहों, खेल के दृश्यों, जानवरों तथा प्राकृतिक दृश्यों का प्रभाव पड़ता है।

इसी तरह *डेनियल स्टार्च* ने भी एक अध्ययन किया, जिसमें हजारों प्रमुख पत्रिकाओं में प्रकाशित विज्ञापनों का अध्ययन कर निम्नांकित विज्ञापनों को क्रमिक रूप में आकर्षक बताया–

1. पाँच सैनिकों की पंक्ति का चित्र।
2. छह माह के बेबी के सिर तथा कन्धे का चित्र।
3. माँ तथा बच्चे का चित्र।
4. आकर्षक विवाहित दम्पती का चित्र।
5. सोते हुए बच्चे का चित्र।
6. सफेद तथा काले कुत्ते का चित्र।
7. स्कर्ट पहने आकर्षक लड़की के आलिंगन का चित्र।

विज्ञापनों के रंगो का भी मनोवैज्ञानिक प्रभाव पड़ता है। अध्ययन बताते हैं कि श्वेत-श्याम चित्रों की तुलना में रंगीन चित्रों वाले विज्ञापन अधिक प्रभावकारी होते हैं। देश-काल-वातावरण के अनुसार रंगों का प्रभाव होता है। मूड भी इनसे प्रभावित होता है। रंगों के विषय में हम पहलें भी चर्चा कर चुके है। चार रंग मुख्य हैं-लाल, हरा, नीला और पीला। किन्तु सर्वाधिक प्रभाव डालने वाले रंग नारंगी, लाल और नीले हैं।

विज्ञापनों के प्रति रुचि तथा ध्यान का कारक भी महत्वपूर्ण है। विज्ञापन में इस बात का ध्यान रखा जाता है कि विज्ञापन रोचक तथा आकर्षक हो, उपभोक्ता का ध्यान उस पर तुरन्त केन्द्रित हो तथा उपोभक्ता उसमें पूरी रुचि ले। विज्ञापन का स्वरूप, आकार, विज्ञापन की स्थिति, विज्ञापन की तीव्रता, विज्ञापन का रंग, विज्ञापन की पुनरावृति, विज्ञापन में परिवर्तन, नवीनता, गति, विज्ञापन की अवधि आदि बहुत सी बातें हैं, जो उपभोक्ता पर मनोवैज्ञानिक प्रभाव डालती हैं।

इसी तरह विज्ञापन में प्रयुक्त शब्दावली का भी प्रभाव पड़ता है। कुछ विशेष शब्द उपभोक्तओं को संवेगात्मक रूप से प्रभावित करते है। मनोवैज्ञानिकों ने अपने अध्ययनों से इस प्रकार के शब्दों की एक सूची तैयार की है, जो प्रभावित करते हैं। ऐसे उद्‌दीपक शब्दों की सामान्य सूची इस प्रकार देखी जा सकती है–

सर्वाधिक प्रभावी शब्द		बहुत कम प्रभावी शब्द	
उद्‌दीपक शब्द	**Psychological vanomete reading**	उद्‌दीपक शब्द	**Psychological Venomete reading**
चुम्बन (Kiss)	17.8%	पेंसिल (Pencil)	15.4%
प्यार (Love)	59.5%	फूल (Flower)	16.1%
विवाह (Marry)	58.5%	सफेद (White)	17.8%
तलाक (Divorce)	50.8%	कार्य (Word)	18.3%
युवती (Woman)	40.4%	गाय (Cow)	19.0%
धन (Money)	35.6%	पुराना (Old)	1.3%
बच्चा (Child)	35%	चिड़िया (Bird)	19.6%

परिवार (Family)	33.6	धनी (Rich)	19.9%
खुश (Happy)	33%	ग्राम (Village)	19.9%
मित्र (Friend)	32.2%	जहाज (Ship)	20.5%

विज्ञापन की प्रक्रिया और स्मृति बहुत महत्वपूर्ण है। माना जाता है कि अल्पकालिक स्मृति प्रायः 30 सैकण्ड तक रहती है। जबकि दीर्घकालिक स्मृति कई वर्षों तक बनी रहती है। स्मृति वास्तव में व्यक्ति की वह योग्यता है, जिसके द्वारा पहले अधिगम की हुई प्रक्रियाओं से सूचना एकत्र करता है, फिर इस सूचना को विशिष्ट उत्तेजनाओं के प्रत्युत्तर में पुनरोत्पादित करता है।

विज्ञापन के निर्माण के समय उपभोक्तओं की दीर्घकालिक स्मृति का विशेष ध्यान रखा जाता है। इसके लिए प्रायः इन बातों पर विशेष ध्यान देना होता है–

अ. विज्ञापन की अधिकाधिक पुनरावृति।

ब. विज्ञापन का प्रथमिक प्रभाव।

स. विज्ञापन स्थिति।

द. सुखद-दुःखद विज्ञापनों का प्रभाव।

विज्ञापन पर उपभोक्ता की रुचि का भी प्रभाव पड़ता है। यदि विज्ञापति वस्तु उपभोक्ता के लिए रुचिप्रद है, तो वह उसे स्मरण रखेगा। इसलिए विज्ञापन ऐसा होना चाहिए कि वह उपभोक्ता में रुचि जगाए। इसके लिए प्रायः विशेषणों का रचनात्मक और प्रभावशाली प्रयोग किया जाता है।

आज 'भूमंडलीकरण' का युग है, जहाँ बहुचर्चित रूप से सब ओर 'ग्लोबल विलेज' का सिद्धान्त चलता है। पर यह भारतीय संस्कृति के आधारभूत तत्व "वसुधैव कुटुम्बकम्" के इस अर्थ में अलग है कि जहाँ इस तत्व का अर्थ है कि सम्पूर्ण विश्व एक परिवार है वहीं 'ग्लोबल विलेज' का अर्थ है–सम्पूर्ण संसार एक बाज़ार है और मनुष्य उपभोक्ता मात्र है जिसके मन मस्तिष्क में अपने उत्पाद की पहुँच इस कदर बनानी है कि वह उत्पाद खरीदने पर बाध्य हो जाये। माँग के अनुसार उत्पाद का सिद्धान्त अब समाप्त हो चला है। आज ज़रूरतें पैदा की जा रही हैं। और उत्पाद बेचा जा रहा है। उदाहरण के तौर पर पहले एक साबुन ही शरीर की सफाई के लिए काफी था, पर अब चेहरे धोने के लिए बाज़ार में 'फेस वॉश' मौजूद है, साथ ही साथ धोने के लिए अलग साबुन उपलब्ध है। साधारण साबुन शरीर की सफाई तो कर सकता है पर हाथ के कीटाणुओं को दूर भगाने के लिए व्यक्ति (उपभोक्ता) अलग साबुन खरीदने को बाध्य है (मनोवैज्ञानिक दबाव के अन्तर्गत) इस कीटाणु का भय 'उपभोक्ता' में इस तरह पैदा किया जाता है कि अगर उसने 'लाइफबॉय' में स्नान नहीं किया है, तो यह अस्पताल में पैदा हुई बच्ची/बच्चा को छू भी नहीं सकता, चाहे यह डॉक्टर ही क्यों न हो!

5.3 विज्ञापन का प्रभावः सामाजिक

उपभोक्त का क्रय व्यवहार कई बातों से प्रभावित होता है। मुख्य रूप से तीन कारक ऐसे हैं जो उपभोक्ता की निर्णय प्रक्रिया को प्रभावित करते हैं। ये हैं–व्यक्तिगत कारक, और सांस्कृतिक कारक।

इनको पुनः इस रूप में देख सकते हैं–

- व्यक्तिगत कारक (Individual Factors)
  - प्रेरणा
  - व्यक्तित्व
  - अधिगम
  - प्रत्यक्षीकरण
  - अभिवृत्ति
  - विश्वास
  - मत
  - पूर्वग्रह

- सामाजिक कारक (Social Factors)
  - सन्दर्भ समूह
  - परिवार
  - व्यक्तिगत प्रभाव

- सांस्कृतिक कारक (Culcural Factors)
  - सामाजिक वर्ग
  - उप संस्कृति
  - राष्ट्रीयता
  - जाति
  - धर्म
  - भौगोलिक क्षेत्र

आज के सन्दर्भ में *कैनन* और *रिचर्ड* का यह कहना बिल्कुल सही है कि विज्ञापन का उद्देश्य उपभोक्ता के क्रय आचरण को प्रभावित करना होता है। यहाँ आचरण का आशय सिर्फ़ व्यक्तिगत आचरण से नहीं है क्योंकि विज्ञापन का प्रभाव व्यक्ति से प्रारम्भ होकर सम्पूर्ण समाज तक जाता है। हर विज्ञापन का अपना एक खास उपभोक्ता वर्ग होता है। आज लगभग हर वर्ग के लोगों के लिए खास विज्ञापन दर्शाए जा रहे हैं। क्या बच्चे, क्या प्रौढ़, क्या वृद्ध, क्या किशोर और क्या महिलाएँ, लगभग समाज के हर व्यक्ति को विज्ञापन प्रभावित करता है। यह 'वर्ग' सिर्फ़ उम्र तक सीमित नहीं है बल्कि समाज के लगभग हर तबके को विज्ञापन में शामिल किया जाता है। यहाँ सामाजिक मनोविज्ञान को ध्यान में रखकर निम्न वर्ग, मध्य वर्ग पर पड़ने वाले प्रभावों के बारे में बारी-बारी से उल्लेख किया जा रहा है–

5.3.1 बच्चों पर विज्ञापन का प्रभाव

चूंकि विज्ञापन द्वारा व्यक्ति और समाज के आचरण को प्रभावित करने का कार्य मनोवैज्ञानिक ढंग से किया जाता है, इसलिए जाने-अनजाने उपभोक्ता उससे प्रभावित होता चला जाता है। उपभोक्ता वर्ग में अगर आसानी से और तेजी से किसी को प्रभावित किया जा सकता है तो वह बच्चे ही हैं। आजकल 'चाइल्ड साइकोलॉजी' यानी 'बाल मनोविज्ञान' को ध्यान में रखकर विभिन्न उत्पादों के

विज्ञापन तैयार किये जा रहे हैं। उदाहरण के लिए 'पैप्सोडेंट' के विज्ञापन में दो बच्चों को दिखाया जाता है जिसमें एक बच्चा तो कुछ भी खा-पी रहा है क्योंकि वह 'पैप्सोडेंट' का इस्तेमाल करता है और कीटाणुओं से लड़ने का कार्य तो वह टूथपेस्ट कर रहा है। दूसरा बच्चा ऐसा नहीं कर सकता क्योंकि मम्मी से ख़ूब डाँट पड़ेगी! दूसरा बच्चा माँ की नकल उतारकर कहता है–"ये मत खाओ, वो मत खाओ!" अपनी नाराजगी व्यक्त कर रहा है। पहला बच्चा अपनी माँ से पूछता है–"ढिशूम-ढिशूम तो पेप्सोडेंट का काम है न?" इस छोटे से विज्ञापन का गहराई से अध्ययन किया जाये तो हम यह पाते हैं कि बाल मनोविज्ञान का इस्तेमाल कर अपने उत्पाद बेचने की मची होड़ की यह एक कड़ी मात्र है।

भारतीय समाज में बच्चों को उतनी स्वतन्त्रता प्राप्त नहीं है जितनी कि पश्चिमी देशों में है जहाँ छोटा से छोटा बच्चा भी अपने अधिकारों के प्रति सजग है। विज्ञापन बनाने वाला 'चाइल्ड साइकोलॉजी' अर्थात् 'बाल मनोविज्ञान' बख़ूबी जानता है, इसलिए वह उपर्युक्त विज्ञापन के माध्यम से बच्चों को कुछ भी अपनी मर्जी से खाने-पीने के लिए उकसा रहा है (ताकि उस उत्पाद की ख़ूब बिक्री हो)। ऐसा करने में वह सफल भी होता है। यहीं से 'आचरण प्रभावित' होने की बात सह साबित होती है। आज के छोटे-छोटे बच्चे अपेक्षाकृत अधिक स्वतन्त्रता की माँग करते हैं। साथ ही वे काफी तेजतर्रार, साहसी व स्वयं के अधिकारों के प्रति अत्यंत ही सजग हैं।

एक अन्य विज्ञापन का उदाहरण लेते हैं। मेडिकर शैम्पू के विज्ञापन में बच्ची कहती है–मेरी मम्मी वर्ल्ड की 'बेस्ट मम्मी' है। पर, तुरन्त ही बच्ची के चेहरे का भाव बदल जाता है और परेशान भाव लिए वह यह बताने का प्रयास करती है कि जुएँ निकालते समय मम्मी उसे सबसे भयावह लगती है। डॉक्टर मम्मी को बताती है–हमारा जमाना कुछ और था, इनको तो 'बेस्ट' चाहिए। तात्पर्य यह है कि नयी पीढ़ी के बच्चे क्वालिटी के साथ कोई समझौता नहीं कर सकते। निश्चित ही यह अत्यन्त प्रभावशाली विज्ञापन है। बच्चों के व्यवहार से सम्बन्धित एक ओर विज्ञापन का उदाहरण लिया जा सकता है जो इसमें बिग बी यानी अमिताभ बच्चन की मौजूदगी के कारण चर्चा में रहा है। वह विज्ञापन है पेप्सी का। विज्ञापन में अमिताभ 4–5 वर्ष के एक छोटे से बच्चे को काफी देर तक बहलाते-फुसलाते हैं ताकि वह बच्चा उन्हें पेप्सी दे, पर वह बच्चा बिल्कुल टस से मस नहीं होता। बिग बी उसे अपना 'ऑटोग्राफ' ऑफर कर रहा है और न जाने क्या-क्या, पर उस बच्चे को कोई फर्क नहीं पड़ता और अन्त में वह बिग बी से कहता है–आप मुझे उल्लू समझते हैं क्या? अत्यन्त ध्यान देने की बात है कि एक बच्चे में पेप्सी के प्रति इतना लगाव दिखाया गया है कि अमिताभ की उपस्थिति भी उसे प्रभावित नहीं करती। दूसरी तरफ उसके बोलने का लहजा (जो रूखापन दिखाया गया है वह भारतीय समाज में एक छोटे बच्चे से अनापेक्षित है) जिसमें यह झलक मिलती है कि उसे आसानी से बद्धू नहीं बनाया जा सकता। अगर बच्चे इस विज्ञापन को देखकर बड़ों के साथ या अन्य किसी के भी साथ रुक्षता या उद्दंडता से पेश आ रहे हैं तो इसमें आश्चर्य की कोई बात नहीं होनी चाहिए। ऐसा नहीं है कि इसी विज्ञापन को देखकर ऐसा हो रहा है पर इसने बढ़ावा तो दिया ही है।

बच्चों में सकारात्मक प्रभाव की बात करें तो यह ठीक लगता है कि बच्चे ज़्यादा तेज निकल रहे हैं, स्वयं के प्रति सजग हैं पर सच यह है कि इन सबका नकारात्मक प्रभाव ज़्यादा पड़ रहा है और बच्चों में उच्छ्शृंखलता की प्रवृत्ति बढ़ रही है। भारतीय समाज 'कर्तव्य और अधिकार' के सन्तुलन पर टिका है जो बाल्यावस्था से मनुष्य के अन्दर विकसित होने लगती है। पर धीरे-धीरे यह सन्तुलन बिगड़ रहा है। 'अधिकार', 'कर्तव्य' पर हावी है और हम इसे चाह कर भी रोकने में असमर्थ हैं

क्योंकि आज का युग विज्ञापन का युग है और आने वाले समय में भी इसी की तूती बोलेगी।

5.3.2 प्रौढ़ वर्ग पर प्रभाव

यह सच है कि आज रेडियो, टीवी, समाचार–पत्र, होर्डिंग्स इत्यादि के माध्यम से जो विज्ञापन प्रदर्शित किये जा रहे हैं उनमें से अधिकांशतः बच्चों के मनो–मस्तिष्क में स्वयं के प्रति अत्यधिक सजगता उतारने का प्रयास कर रहे हैं। प्रौढ़ वर्ग के लोग स्वयं को युवा बनाये रखने के प्रति ज़्यादा सजग रहते हैं। हेयर गोदरेज डाई के विज्ञापन में यह दिखाया जाता है कि अगर कोई महिला आंटी के बजाय 'दीदी' कहलवाना चाहती है तो सफेद बालों को छुपाने हेतु 'डाई' का इस्तेमाल करना होगा और अगर उस महिला का पति 'डाई' का इस्तेमाल नहीं कर रहा है तो वह 'अंकल' द्वारा सम्बोधित किया जायेगा जबकि उसके सामने ही उसकी पत्नी 'दीदी' कहकर सम्बोधित की जायेगी और वह शर्मिन्दगी महसूस करेगा। इस विज्ञापन का प्रभाव जबरदस्त है। जैसे 'खाना' हमारे जीवन का ज़रूरी अंग है वैसे ही 'डाई' का इस्तेमाल भी प्रौढ़ व्यक्तियों के लिए उतना ही ज़रूरी है! युवा दिखने की चाह में 'साइड इफेक्ट' की परवाह किसे है?

ऐसा नहीं है कि उत्पादक उम्र छिपाने की ओर ही प्रेरित कर रहा है। एक अन्य विज्ञापन 'झंडू केसरी जीवन' में एक प्रौढ़ दंपति व एक युवा दंपति को दिखाया जाता है जिसमें प्रौढ़ व्यक्ति ज़्यादा चुस्त दुरुस्त है और वह उछलकर काफी ऊँचाई से फूल तोड़कर अपनी पत्नी को देता है दूसरी ओर युवा व्यक्ति ऐसा नहीं कर पाता। इस विज्ञापन की मुख्य सूक्ति है–बढ़ती उम्र थम सी जाये। चाहे कोई 'झंडू केसरी जीवन' का इस्तेमाल कर चुस्त दुरुस्त रह पायें पर जाने अनजाने अवश्य ही वह प्रभावित होता है और उसे खरीदने पर मजबूर है। आखिर बढ़ती उम्र को कौन नहीं थामना चाहेगा?!

5.3.3 युवा वर्ग पर विज्ञापन का प्रभाव

भारत में आज वस्तुओं के उपभोग में भारी वृद्धि हुई है। उपभोग संस्कृति से सबसे ज़्यादा युवा वर्ग प्रभावित हो रहे हैं। अच्छा खाना, पहनना, अच्छे वेतनमान, विभिन्न निजी संस्थानों में बढ़ते अवसर इत्यादि युवा वर्ग को आकर्षित कर रहे हैं। उनके सपनों व आकांक्षाओं को विज्ञापन ने एक नया आयाम प्रदान किया है। युवा अपनी चीजों को अपने नियन्त्रण में रखना चाहते हैं। और स्वयं के विस्तार में वे निजी चीजों का चुनाव करते हैं। चाहे ये युवा वर्ग उच्च, मध्यम या निम्न आय वर्ग में बँटे हों उनमें आकांक्षा स्तर (Aspiration Lebel) एक सा रहता है। विज्ञापनदाता इसे अच्छी तरह समझते हैं। आर्थिक उदारीकरण के इस युग में Sony, Panasonic, जूता उद्योग में रीबॉक (Reebok) और नाईक (Nike) जैसे विदेशी ब्रांड जो युवाओं को काफी लुभाते थे आज भारत में आसानी से उपलब्ध हैं। पहले भारतीय बाज़ार में पीपरमिंट प्रचलित नहीं था पर पोलो (Polo) ने व्यापक प्रचार अभियान चलाकर इसे सफलतापूर्वक स्थापित ब्रांड बना दिया है। आज 'अंकल चिप्स' पेप्सी की 'भुजिया' डाबर का 'हाजमोला कैंडी', पेनजॉन के 'स्वाद' तथा 'कैरी' आदि ब्रांड युवाओं की हिस्सेदारी सबसे अधिक हैं। बजाज, काइनेटिक, एस्कॉर्टस् इत्यादि कम्पनियाँ इतने उत्पादों के विज्ञापन के माध्यम से युवाओं को अपनी तरफ खींचने में काफी सफल हुई हैं।

युवा वर्ग को लुभाने के लिए विज्ञापनदाता युवाओं के प्रिय चेहरों को सामने लाते हैं। सचिन का 'वर्ल्ड टेल' (World tel) के साथ जुड़ना इसका उदाहरण है। सचिन तो पहले से ही पेप्सी, जिलेट

इत्यादि विज्ञापनों में नजर आते रहे हैं। पेप्सी व कोलाकोला वाले फ़िल्मी सितारों के माध्यम से ख़ूब प्रचार कर रहे हैं। युवाओं के चहेते शाहरुख पेप्सी में व नये सुपर सितारे रितिक रोशन तथा आमिर खान कोकाकोला में नजर आते हैं। कुछ वर्ष पूर्व पेप्सी द्वारा दिखाए गये विज्ञापन को लेकर काफी विवाद पैदा हुआ था जिससे अन्ततः इन दोनों कम्पनियों को ख़ूब प्रचार मिला। विज्ञापनदाता समझते हैं कि हर फ़िल्मी सितारे का अपना एक अलग प्रशंसकों का वर्ग होता है। इसी को वे भुनाते हैं। ऋतिक अगर कोका कोला पीते हैं तो उनके प्रशंसक कोका कोला पीयेंगे ही। इसी प्रकार शाहरुख के प्रशंसक पेप्सी पीना चाहेंगे। लक्स साबुन कम्पनी शिखर अभिनेत्री को मॉडल के रूप में लेकर युवतियों को लुभाने का प्रयास करती हैं। सिगरेट और शराब के विज्ञापनों में भी नामचीन हस्तियों को लिया जाता है जहाँ आकृष्ट होना युवाओं के लिए स्वाभाविक हैं। आखिर कम्पनी को तो अपना उत्पाद बेचकर लाभ कमाना है तो वह परवाह क्यों करें?

आज विज्ञापन और स्पांसर वहाँ तक पहुँच चुके हैं जहाँ उनके होने की कुछ साल पहले तक किसी ने कल्पना नहीं की होगी। कोक और पेप्सी अब सिर्फ़ दुकानों तक या रेस्तरा तक सीमित नहीं है बल्कि आज कॉलेजों व विश्वविद्यालयों में सांस्कृतिक प्रबन्धन की भूमिका निभा रहे हैं। कोक और पेप्सी के बगैर कॉलेजों और विश्वविद्यालयों में कोई सांस्कृतिक आयोजन नहीं होता है। विज्ञापनों का जादू युवाओं के सिर चढ़ कर बोल रहा है।

5.3.4 महिलाओं पर विज्ञापन का प्रभाव

'सर्फ की खरीददारी में ही समझदारी है'—कहती हुई अभिनेत्री—मॉडल कविता चौधरी जब 'सर्फ' का प्रचार करती हुई नजर आती थीं तब वह मात्र उत्पाद की प्रचारक ही नहीं थीं बल्कि वह आम मध्यमवर्गीय भारतीय महिला का प्रतिनिधित्व करती थीं। कहने की ज़रूरत नहीं कि इस विज्ञापन की बदौलत 'सर्फ' ने भारतीय बाज़ार में अपनी कितनी गहरी पैठ बनायी। तात्पर्य यह है कि विज्ञापन चाहे साबुन का हो या किसी अन्य चीज का महिलाओं के बगैर शायद विज्ञापन की कल्पना भी मुश्किल है।

चूँकि परिवार के आवश्यकताओं की पूर्ति की जिम्मेदारी प्रायः स्त्रियों पर निर्भर करती है, अतः विविध विज्ञापनों में स्त्रियों के माध्यम से मनोवैज्ञानिक तरीके से प्रचार किया जाता है।

पुरुष जीविकोपार्जन के क्षेत्र में व्यस्त रहता है पर गृहणियों के पास घर के कार्य निपटा लेने के बाद इतना समय ज़रूर मिल जाता है जिसमें वह टीवी देखती हैं, रेडियो सुनती हैं या पत्र-पत्रिकाएँ पलट लेती हैं। अतः महिलाओं को विज्ञापन के माध्यम से आकर्षित किया जाता है। विज्ञापनदाता इसमें सफल भी होता है क्योंकि वास्तव में घर में खाने—पीने की, धोने की या अन्य चीजों के बारे में घर की महिलाएँ ही ये तय करती हैं कि क्या लाना है, चाहे वह कामकाजी महिला हो या गृहणी।

आजकल विज्ञापनों में नारी—देह का खुला प्रदर्शन किया जाता है। अगर यह कहा जाय कि आधुनिक उपभोक्तावादी संस्कृति में नारी उपभोग की वस्तु बनकर रह गयी है, तो अतिशयोक्ति नहीं होगी। इसके पीछे वह तर्क दिया जाता है कि पुरुषों को रिझाने वाली नारी और नारी-देह ही है। इसी भावना को पल्लवित पुष्पित करते हुए नग्नता की सीमा ध्वस्त होती जा रही है। विज्ञापनों में बहुत कुछ महिलाओं के लिए सकारात्मक भी है। आजकल महिलाएँ अधिकारों के प्रति सजग हैं, अतः इस भावना को ख़ूब भुनाया जाता हैं। उन्हें समाझदार तेज-तर्रार दिखाया जाता है। वैसे एक तरफ विज्ञापन जगत में नग्नता प्रदर्शित करती मॉडल हैं तो दूसरी तरफ़ अमृता सलूजा जैसी मॉडल

भी हैं जो आधुनिक माँ की भूमिकाओं में नजर आती हैं। मगर यह माँ 'टिपीकल माँ' न होकर मनमौजी हैं, नये तरह के कपड़े पहनती है और दोस्तों के साथ मौज-मस्ती करती है। कई तरह के सामाजिक बंधनों में बंधी भारतीय माँ के लिए यह सकारात्मक उन्मुक्तता है जिसमें अश्लीलता नहीं है। विज्ञापन एक तरफ़ आधुनिकता का दावा करते हैं और दूसरी तरफ़ पुराने दकियानूस विचारों को भी ढोते रहने की ओर प्रेरित करते हैं। क्रीम, पाउडर इत्यादि उत्पादों के विज्ञापनों में अक्सर रंग, सुन्दरता को लेकर लड़कियों/स्त्रियों को हीन भावन से ग्रसित दिखाया जाता है। उत्पाद के इस्तेमाल के बाद उन्हें ब्यूटी कॉन्टेस्ट जीतते, एअर हॉस्टेस बनते या 'विवाह लायक' होते दिखाया जाता है, यानी स्त्रियों की स्थिति तथाकथित दोयम दर्जे की है, वह बने—सँवरे और लोग उसे पसन्द-नापसन्द करते रहें! सजावट का सामान बनकर रहें!!

5.3.5 समाज के विपन्न, सम्पन्न एवं मध्य-वर्ग पर विज्ञापन का प्रभाव

विज्ञापन की मायावी दुनिया के कुछ पक्ष चिंताजनक हैं। उपभोक्तावादी संस्कृति भारतीय समाज पर हावी जोती जा रही हैं। धन-दौलत व चीजों की कोई सीमा नहीं होती। खरीदने के चक्कर में मनुष्य अपना विवेक खोकर उपभोक्ता मात्र बन गया है।

सच और झूठ का अन्तर मिटा देने वाले ये विज्ञापन हमें बुरी तरह ललचाते हैं। हम तमाम तरह की भौतिक चीजें इकट्ठा कर अपने आप को धनाढ्य और विशिष्ट दिखाना चाहते हैं। यह दिखावा, धन-प्रदर्शन हमें समाज में उच्च दिखाने के लिए प्रेरित करता है। इस सन्दर्भ में सुधीश पचौरी का यह कहना किसी सीमा तक सच है, *"सामाजिक सन्दर्भ में पहले से ही दलित शोषित सामाजिक तबकों में ये विज्ञापन क्या गुल खिलायेंगे यह तो भविष्य ही बतायेगा किन्तु इतना निश्चत है कि वंचितों की अधिकाधिक वंचित होती जा रही दुनिया में हताशा, और अराजकता की मात्रा बढ़ सकती है। विघटनकारी आन्दोलन का साम्प्रदायिक दंगों का साक्षात कारण भले ही विज्ञापन न बने, किन्तु जगह—जगह फूटने वाले दंगों और उपद्रवों की तीव्रता के पीछे इन हताशाओं का भी हाथ है।"*

विज्ञापन सम्पन्न, विपन्न व मध्यवर्ग के बीच की दूरियाँ बढ़ाते हैं। विपन्न वर्ग हताशा की गर्त में चला जाता है। क्योंकि आर्थिक कारणों से वह अपनी ज़रूरत की चीज़ें नहीं खरीद सकता। हताशा के फलस्वरूप आपराधिक प्रवृत्तियाँ बढ़ने लगती हैं। मध्यवर्ग उच्चवर्ग के रहन-सहन अपनाना चाहता है और उच्चवर्ग अपनी सम्पन्नता में और वृद्धि करना चाहता है। टीवी पर मारुति के विज्ञापन में मध्यवर्ग के भीतर कार की लालसा को अत्यन्त मनोवैज्ञानिक तरीके से दिखाया गया है। अपने बेटे को स्कूल से लाता पिता जब एक अन्य पिता-पुत्र की जोड़ी को मारुति कार में देखता है तो थोड़ा रुआँसे होते दिखाया जाता है। मारुति ने सदैव ही विज्ञापन माध्यम से मनोवैज्ञानिक प्रभाव डालते हुए कार बाज़ार में अपनी पहचान बनाये रखी है। मारुती आज मध्यवर्ग की पहचान है।

5.4. विज्ञापन का प्रभावः आर्थिक

विज्ञापन का सम्बन्ध धन से है। धन के बिना विज्ञापन नहीं हो सकता। धन की चाह में विज्ञापन होते हैं। इसलिए विज्ञापन का सबसे अधिक प्रभाव अर्थ-तन्त्र पर पड़ता है। जैसा कि हम *समाज के विपन्न, सम्पन्न व मध्य-वर्ग पर विज्ञापन के प्रभाव* के अन्तर्गत देख चुके हैं, विज्ञापन ने विभिन्न आय वर्ग के लोगों को प्रभावित करते हुए सामाजिक आर्थिक खाई उत्पन्न कर दी है। हमारी जीवन-

पद्धति को नकारात्मक रूप से प्रभावित कर दिया है। विलास की वस्तुओं के लगातार दिखाए जाने और साथ ही उनसे बाज़ार पाट देने से एक भ्रम यह भी फैला है हमारे यहाँ किसी चीज की कमी नहीं है। यदि आप में क्षमता है तो आप कुछ भी खरीद सकते हैं। पूँजीवाद की अन्धी दौड़ ने मनुष्य को एक उपभोक्ता और खरीददार बना दिया है। उसे यह विज्ञापन तन्त्र मनुष्य मात्र न मानकर सिर्फ़ उपभोक्ता और खरीददार मानकर चलता है, जिसकी जेब में पैसा है। या पैसा नहीं है तो वह उसे पैसा उधार देकर सामान दे सकता है। पैसा तो वह कैसे भी वसूल कर ही लेगा!

इस सम्पन्नता के दिखावे में हम इस कदर शामिल किये जा सकते हैं कि आसपास की दरिद्रता और गरीबी हमें दिखायी न पड़े। गरीबी और दीनता से एक अमानवीय रिश्ता बनाते ही हमें सीख मिलती है। इनसे। अपने सुख-संचय में हम अधिक से अधिक कृपण, लोभी और लालची होते चले जाते हैं।

हमें याद दिलाना है कि सन् 1981 में इंडोनेशिया की सरकार ने वहाँ के टेलीविजन पर विज्ञापन देने पर रोक लगा दी थी। इसका कारण यह था कि सरकार ने पाया विज्ञापनों के माध्यम से ज़रूरतों का अहसास गहराने लगा है, जबकि सरकार, सभी पूँजीवादी सरकारों की तरह, उन ज़रूरतों को पूरा नहीं कर सकती थी। अतः देश में अस्थिरता का वातावरण बनने लगा था।

विज्ञापनों और प्रायोजनों से विराट् उपभोक्ता संस्कृति फैल रही है, उससे देश के विकास में कितना योगदान हो रहा है, यह इसी से जाहिर है कि मध्य वर्ग के विभिन्न स्तर अपनी आय से अधिक खर्च करने लगे हैं। पूँजीवादी घराने जिस 'बाज़ार बूम' की गाथा गाते दिखायी दे रहे हैं, वे बाज़ार को गर्मा रहे हैं और इसी मध्यवर्ग की जेब तराश रहे हैं। उधर सरकार की नीतियाँ ऐसी हैं कि आयात-निर्यात की खुली छूट है। मध्यवर्ग को थोड़ी-सी राहत घोषित की जा रही है। पूँजी वितरण की इस आपाधापी में यह नहीं भूला जा सकता कि ये अतिरिक्त पूँजी इन्हीं वंचितों से खींची जा रही है जो गरीबी- रेखा के चित्रकार हैं और यह पूँजी मध्यवर्ग के पास भी रुक नहीं रही, सीधे इजारेदारों की तिजोरियों में जा रही है। विज्ञापनों ने इजारेदार घरानों को अधिक आक्रामक, सक्षम और अजनबी बना दिया है।

पिछल दिनों यह चिन्ता व्यक्त की गयी थी कि दूरदर्शन और टेलीविजन चैनल्स पर कितने प्रतिशत विज्ञापन दिखाये जाने चाहिए। एक नीति भी तय की गयी थी। यह सीमा कभी दस प्रतिशत रखी गयी थी। किन्तु देखा गया कि 20 से 25 प्रतिशत तक हो गयी है। लेकिन मूल सवाल यह नहीं कि विज्ञापनों का प्रतिशत कितना है। मूल सवाल विज्ञापनों के प्रभाव का है। कारण वही कि 'विज्ञापन चोरी-चुपके फुसलाने की क्षमता रखने वाली विधा है।' वह 'हिडेन पर्सुएडर' है।

आइए हम एक दृष्टि भारत में विज्ञापन पर बढ़ते हुए व्यय पर डालें

हमारी प्रधानमन्त्री **स्व. इन्दिरा गाँधी** ने 1981 में माध्यमों पर उपभोक्तावाद से फैलने वाले भ्रस्टाचार के बारे में लगभग सावधान करते हुए कहा था, "संचार माध्यमों में भौतिक चीजों एवं विकसित देशों के विलास के सामानों के दृश्यांकन धार्मिक और नैतिक बंधनों का टूट जाना, स्वच्छंद आचरण के बढ़ाव आदि भ्रगष्टाचार को बढ़ाते हैं।" 1983 में उन्होंने बेलग्रेड में भी एक भाषण में दोहराया था, "*बहुराष्ट्रीय विज्ञापन नयी कामनाएँ पैदा करते हैं जो आर्थिक प्राथमिकताओं को गड़बड़ाती हैं और लोगों को कृत्रिम किस्म की उपभोक्तावादी आदतों का शिकार बनाती हैं।*" उसी वर्ष 1983 में संयुक्त राष्ट्र संघ में इन्दिरा जी ने कहा था, "*विश्व को घेर लेने वाली सूचना तकनीक के इस युग में सम्पन्नता की छवियों के माध्यम से हमारी आँखों को चकाचौंध कर रहे हैं। कानों को बहरा बना*

रहे हैं। जब कि हमारे लोगों की न्यूनतम ज़रूरतें भी हमारे साधनों के वश से बाहर हैं।"[4] कालान्तर में उनके निधन के बाद संभवतः इन चेतावनियों और चिन्ताओं पर कोई ध्यान नहीं दिया गया।

बाज़ार के गणित के अनुसार विज्ञापनदाताओं/व्यवसाइयों की सारी शक्ति मध्यवर्ग को लुभाने की ओर लगी हुई है। इस बात को **मैक्चेस्ने** ने भी स्वीकार किया है, *"भारत की आधी से ज़्यादा जनसंख्या भले ही भूमंडलीय मडिया बाज़ार के अनुपयुक्त है और आगे भी कई पीढ़ियों तक ऐसे ही अनुपयुक्त रहेगी। मगर अकेले भारत में पच्चीस करोड़ लोग मध्य वर्ग की परिधि में आते हैं। यही आबादी इस बाज़ार में फैलाव का रास्ता देती है यही कारण है कि पिछले दस वर्षों में भूमंडलीय मीडिया ने इसी वर्ग को अपने से जोड़ने में अपनी ऊर्जा खर्च की है।"*[5]

5.5 विज्ञापन का प्रभाव : नैतिकता का पक्ष

विज्ञापन व्यक्ति और समाज को गहराई तक प्रभावित करते हैं। आर्थिक एवं सामाजिक दृष्टि से इन प्रभाओ का विश्लेषण और मूल्यांकन किया जा सकता है। मनोवैज्ञानिक कारण भी बहुत से हो सकते हैं। किन्तु विज्ञापन के कई प्रभाव ऐसे हैं जो सांस्कृति और नैतिक मूल्यों से जुड़े हुए हैं।

सांस्कृतिक एवं नैतिक पक्षों में स्त्री के प्रति दृष्टिकोण विशेष रूप से चर्चा का विषय है। जिस तरह की स्त्री छवियाँ विज्ञापनों में दर्शाई जाती हैं, वे हमेशा से आलोचना की दृष्टि से देखी जाती रही हैं। इस सन्दर्भ में **डॉ. तारेश भाटिया** का तर्क है, *"विज्ञापन पर उसके आलोचकों द्वारा एक और गम्भीर आरोप लगाया जाता कि उसमें नारी के शरीर का अनचाहा प्रदर्शन होता है, किन्तु यदि नारी से सम्बन्धित किसी प्रसाधन वस्तु का हमें विज्ञापन करना है तो ऐसी स्थिति में नारी को विज्ञापन में दिखाना आवश्यक हो जाता है तो ऐसी स्थिति में नारी को विज्ञापन में दिखाना आवश्यक हो जाता है। सामान्य रूप से हर पत्रिका का मुखपृष्ठ किसी न किसी महिला का होता है लेकिन उस पर लोग अपने असहमति क्यों प्रकट करतते हैं। इन लोगों को एतराज होता है तो सिर्फ़ विज्ञापन पर और महिला-मुक्ति की माँग करने वाली महिलाएँ प्रदर्शन करने लगती हैं। इसके साथ-ही-साथ एक मनोवैज्ञानिक कारण इस बात पर भी आधारित है कि विज्ञापन का उद्देश्य उपभोक्ताओं को अपनी ओर आकृष्ट कर सूचनाएँ प्रदान करना है। इसके लिए वह अपने विज्ञापनों में नारियों को प्रमुखता प्रदान करता है।"*[6]

सांस्कृतिक एवं नैतिक पक्षों से जुड़ा सर्वाधिक सटीक उदाहरण हाल ही में (15 अप्रैल, 2007) को चर्चा में आया एक कार्यक्रम है। इस कार्यक्रम में मशहूर भारतीय फ़िल्म अभिनेत्री शिल्पा शेट्टी ने एड्स जागरूकता अभियान के लिए मंच पर खुलेआम हॉलीवुड के प्रसिद्ध अभिनेता रिचर्ड गेर को चुम्बन दिये। रिचर्ड गेर द्वारा दिल्ली में आयोजित एड्स जागरूकता पर आयोजित इस सार्वजनिक कार्यक्रम के दौरान मंच पर सरेआम बाँहों में भरने और बार-बार चूमने से देशभर में खासा बबाल पैदा हो गया। देश के कई भागों में इसके विरूद्ध प्रदर्शन हुए। लोगों ने इस पर तीखी प्रतिक्रिया व्यक्त की। मीडिया में इसकी खासी चर्चा रही। 'सीना तान के' थीम वाले इस कार्यक्रम की मुख्य आकर्षण शिल्पा शेट्टी का तर्क था कि हम लोग यह सन्देश देना चाहते थे कि चुम्बन से एड्स नहीं

---

4. सुधीश पचौरी, मीडिया और साहित्य, राजसूर्य, दिल्ली, 2000 पृ. 38
5. कुमुद शर्मा, भूमंडलीकरण और मीडिया, ग्रन्थ अकादमी, नयी दिल्ली, 2003, पृ. 131
6. डॉ. तारेश भाटिया, आधुनिक विज्ञापन और जनसम्पर्क, तक्षशिला प्रकाशन, नयी दिल्ली, 2000, पृ. 86

फैलता। सन्देश की बात अपनी जगह है। लेकिन, भारतीय सांस्कृतिक परम्परा और भारतीय समाज में प्रचलित नैतिक मूल्यों, जीवन पद्धति और अवधारणाओं से उन दोनों का यह कृत्य मेल नहीं खाता।

निश्चय ही *रिचर्ड गेर* को भारतीय सांस्कृतिक परम्पराओं और नैतिक मूल्यों का इतना बोध नहीं था। लेकिन इसके आयोजकों और शिल्पा शेट्टी को इसका ज्ञान होना चाहिए था। सन्तुलित ढंग से यही कार्यक्रम निर्विवाद रूप में सम्पन्न हो सकता था और एक अच्छा विज्ञापन तैयार हो सकता था। एड्स जागरूकता के ऐसे कई विज्ञापन पहले आते रहे हैं। शबाना आज़मी ऐसे कई विज्ञापन कर चुकी हैं, उनमें भारतीय संस्कृति, नैतिक मूल्यों तथा नारी छवि का पूरा ध्यान रखा गया है।

कुल मिलाकर बात यह सामने आती है कि विज्ञापनदाताओं को अपने समाज और देश के प्रति उत्तरदायी होना चाहिए।

यहीं विचारणीय है अश्लीलता का प्रश्न। यह बहुत व्यापक तथा गहरा प्रश्न है। कई बार अश्लील कह दिये जाने वाले विज्ञापन व्यक्ति, समाज और राष्ट्र के हित में होते हैं। उन्हें 'अनैतिकता' की श्रेणी में रख दिया जाता है। किन्तु उनका 'मूल सन्देश' व्यापक होता है और अनैतिक अथवा अश्लील नहीं कहा जा सकता। उदाहरण के लिए 'निरोध' का एक विज्ञापन लें। इस खास ब्राण्ड की निरोध निर्माता कम्पनी ने इसे जारी करते हुए 'तीन गुने आनन्द' को साकार किया है। इसके रचनाकार ने फैंटेसी' को किस ख़ूबसूरती के साथ बिम्बायित किया है, यह देखते ही बनता है। उसने तस्वीर में दर्पण के प्रयोग से त्रिआयमी दृश्य पैदाकर सन्देश को सार्थक ढंग से पहुँचाने की सफल चेष्टा की है। देखें यह विज्ञापन–

फिर भी इसमें कोई सन्देह नहीं कि विज्ञापन और नैतिकता का प्रश्न बहुत चिन्ताजनक है। 'नैतिकता' उचित तथा अनुचित आचरण से सम्बन्धित विज्ञान है। उसे हम मानव के रीति-रिवाजों या अभ्यासों का विज्ञान भी कह सकते हैं। ऐसे कार्य जिनको कि वर्तमान सामाजिक मूल्य, परम्पराएँ और विश्वास अपनाते हैं तथा व्यवहार में लाते हैं या जिन्हें हम सामान्यतः स्वीकार करते हैं, 'नैतिक' कहतलाते हैं। इसके विपरीत जो कार्य वर्तमान सामाजिक मूल्यों, परम्पराओं एवं विश्वास के विरुद्ध हों वे 'अनैतिक' कहलायेंगे।

विज्ञापन व्यवसाय का हिस्सा है। अतः व्यवसाय की नैतिकता विज्ञापन पर भी लागू होती है। इस विचार से जब हम देखते हैं तो पाते हैं कि–

1. यदि वस्तुओं का विपणन निर्धारित गुण अर्थात् उपादेयता के अनुसार किया जाये तो वह नैतिक कहलाएगा। इसके विपरीत यदि उस वस्तु में अपेक्षित गुण या उपयोगिता नहीं पायी जाये, तो वह अनैतिक होगा। उदाहरण के लिए यदि कोई पान सुपारी निर्माता अपने उत्पाद में जिन पदार्थों का होना विज्ञापित करता है, यदि वास्तव में वे पदार्थ उस उत्पाद में न हों तो यह अनैतिक होगा। जैसे यह विज्ञापन देखें–

इसमें 'रजनीगंधा' में छह तत्त्व बताए गये हैं। यदि ये हैं तो ठीक है, अन्यथा इसे 'अनैतिक' कहा जायेगा।

2. यदि वस्तु की उचित कीमत या प्रचलित कीमत या सरकार/प्रशासन द्वारा निर्धारित कीमत से अधिक कीमत दर्शाई जाये, तो वह अनैतिक होगा। इसमें छुपी हुई कीमत, टैक्स आदि आते हैं।

3. यदि विक्रय बढ़ाने के लिए वस्तु के साथ कोई उपहार या छूट दिया जाये और इसके लिए वस्तु की वास्तविक कीमत बढ़ादी जाय, तो यह अनैतिक है। इसी तरह विज्ञापन में असत्य बातों का सहारा लेकर विक्रय संवर्द्धन किया जाये तो वह अनैतिक कहे जायेंगे।

4. कई विज्ञापनों में विक्रय के उपरान्त की सेवाओं का उल्लेख भी रहता है। बड़े-बड़े दावे और वादे किये जाते हैं। यदि वे सेवाएँ प्रदान नहीं की जातीं, तो यह अनैतिक कहलाएगा।

आज के प्रतिस्पर्धा के इस युग में विपणन में अनैतिकता का समावेश बहुत हो रहा है। कुल मिलाकर यह तथ्य सामने आते हैं कि विकासशील देशों में विपणन क्रियाओं में अनैतिकता का बोलबाला है। कम तोल, उत्पाद में मिलावट, अधिक कीमत, काला बाज़ारी, गलाकाट प्रतिस्पर्द्धा, उत्पाद को धोखे से बेचना इसके उदाहरण हैं।

आज हमारे पूरे देश में अनैतिकता का पर्यावरण व्याप्त है। जैसे-सामाजिक, आर्थिक, राजनीतिक अनैतिकता। तो व्यवसाय जगत् इससे अछूता कैसे रह सकता है? इसका प्रत्यक्ष एवं परोक्ष प्रभाव विज्ञापन पर भी पड़ रहा है। क्योंकि विज्ञापन विक्रय सम्वर्द्धन के प्रमुख स्रोत हैं।

ये घटक कैसे एक-दूसरे के साथ सम्बद्ध हैं, और ये कैसे विज्ञापन जगत् को प्रभावित करते हैं, इसे इस चित्र से समझा जा सकता है–

व्यवसाय के स्वीकृत नैतिक स्तर एवं पहलू बदलते रहते हैं। ये पहलू हैं–

1. ईमानदारी एवं कानून पालन सम्बन्धी नैतिक पहलू।
2. कीमत सम्बन्धी नैतिक पहलू।
3. विज्ञापन व विक्रय कला सम्बन्धी नैतिक पहलू।
4. प्रतिस्पर्धा सम्बन्धी नैतिक पहलू।

सच तो यह है कि ऐसे वातावरण के निर्माण की आवश्यकता है, जिसमें सभी पक्ष नैतिकता के इन पहलुओं को मन से स्वीकार करें।

विज्ञापन में नैतिकता का पहले बहुत महत्त्वपूर्ण है। आज के प्रतिस्पर्धा-युग में विज्ञापनकर्त्ता अपने

उत्पाद को बाज़ार में उतारने उसके एवं विक्रय-संवर्द्धन-हेतु उपभोक्ता को येनेकेन प्रकारेण प्रभावित करते हैं। इसके लिए आधुनिक जन माध्यमों का सहयोग लेकन विज्ञापन करते हैं। इस प्रक्रिया में वे प्रायः नैतिक मूल्यों की ओर ध्यान नहीं देते। **राहुल भटनागर** का कहना है कि, *"विज्ञापन का उद्देश्य उपभोक्ता की व्यक्तिगत मनोवृत्ति को बदलना तथा इच्छित क्रय व्यवहार को प्रभावित करना होता है, परन्तु क्या वह उचित तरीकों द्वारा उपभोक्ताओं की मनोवृत्ति में परिवर्तन लाता है। नैतिकता की स्वीकार्य विचारधारा के आधार पर ऐसा विज्ञापन जो सत्य को तोड़-मरोड़कर प्रस्तुत करे, जो विज्ञापन के तरीके पर प्रश्नचिह्न लगाता है, अनैतिक विज्ञापन कहलाता है।"*[7]

यदि विज्ञापन का उद्देश्य लोगों को उत्पाद की किस्म के बारे में जानकारी देना हो तथा सभी उपभोक्ताओं को चयन की पूरी स्वतन्त्रता दी जाये तो विज्ञापन के कुछ नैतिक मानदण्ड बनाये जा सकते हैं, किन्तु विज्ञापन का मूल उद्देश्य ही होता है उपभोक्ता के क्रय व्यवहार में परिवर्तन लाना। इसलिए इस उद्देश्य को प्राप्त करने के लिए जोड़-तोड़ की नीति अपनाई जाती है।

प्युफेरी के अनुसार, *"ये मनोवैज्ञानिक लाभों पर अधिक जोर देते हैं। हमारे समाज के द्वारा कुछ बढ़ा-चढ़ाकर किये गये दावे नैतिक रूप से स्वीकार्य किये जा सकते हैं। यदि विज्ञापन में "Best, Most oftenly used, Most recommonded by doctors* अथवा *Long lasting"* आदि *शब्दों द्वारा प्रसारित किये जायें तो वे नैतिक रूप से स्वीकार्य होंगे, परन्तु जो दावे उद्देश्यपूर्ण रूप से उपभोक्ता को भ्रमित करें एवं ग्राहकों को ठगने के लिए दिये जायें तो उन्हे अनैतिक माना जायेगा।"*[8]

उदाहरण के लिए हम देखें कि क्रीम के विज्ञापन में ऐसा नहीं कहा जा सकता कि इस क्रीम के प्रयोग से आपकी त्वचा 10 साल पूर्व जैसी लगेगी, जब तक कि चिकित्सकीय रूप से यह सिद्ध न हो जाये। इसके विपरीत यदि विज्ञापन यह कहे कि इस क्रीम के प्रयोग से आपकी त्वचा अधिक युवा लगने में सहायक होगी तो यह वादा होगा न कि दावा। यद्यपि यह वादा भी बढ़ा-चढ़ाकर बताए गये विज्ञापन के अन्तर्गत माना जायेगा।

वस्तुतः नैतिक विज्ञापन को इस रूप में परिभाषित किया जा सकता है–

"यदि किसी विज्ञापन में झूठ, कपट, धोखा, मिथ्या वर्णन, अश्लीलता या उक्त में से कोई भी तथ्य हो और जो सामाजिक मानदण्डों के प्रतिकूल हो तो वह विज्ञापन अनैतिक माना जायेगा–अर्थात् ऐसा विज्ञापन जिसमें प्रत्यक्ष या अप्रत्यक्ष रूप से किसी भी रूप में झूठ, कपट, धोखा मिथ्या वर्णन, अश्लीलता या उक्त में से किसी भी तथ्य का प्रयोग नहीं किया हो एवं जो सामाजिक मापदण्डों के अनुकूल हो वह नैतिक विज्ञापन है।"[9]

चूँकि उत्पादक जो वस्तु बनाता है वह अपने उत्पाद की तारीफ में या उसे बेचने के लिए किसी भी प्रभावपूर्ण सन्देश का उल्लेख करता है तो वह व्यापार की दृष्टि से अनैतिक नहीं होगा, किन्तु उपभोक्ता हित की दृष्टि से अनुचित व्यापार व्यवहार कहा जायेगा।

विज्ञापन में अनैतिकता के मानदण्ड इस प्रकार देखे जा सकते हैं–

1. बढ़ा-चढ़ाकर विवरण देना।
2. मिथ्या वर्णन।
3. कपट एवं धोखा

---

7. राहुल भटनागर, मार्केटलॉजी, कलकत्ता, जुलाई-दिसम्बर, 1987, पृ. 4
8. मधु अग्रवाल, भारतीय विज्ञापन में नैतिकत, पृ. 79
9. वही

4. अश्लीलता।

नैतिक विज्ञापन के मानदण्ड 11 हैं–

1. दूसरे उत्पाद की आलोचना नहीं की जाये।
2. झूठ, कपट, धोखा, मिथ्यावर्णन एवं अश्लीलता का समावेश न हो।
3. कामुक एवं कुत्सित चित्रों का संयोजन नहीं हो।
4. धार्मिक भावनाएँ आहत करने वाले तथ्य या वर्णन या चित्र न हों।
5. किसी अन्य प्रतिष्ठित निर्माता की वस्तु से भ्रान्ति उत्पन्न न करे।
6. विधि सम्मत एवं लोकनीति के अनुरूप हो।
7. जिन उपभोक्ताओं के पास वस्तु न हो, उनका उपहास न किया जाये।
8. लागत और मूल्य में वृद्धि करने वाला न हो।
9. अपव्यय को बढ़ावा देने वाला न हो।
10. शारीरिक, मानसिक तथा आर्थिक क्षति पहुँचाने वाला न हो।
11. समाज की छवि के अनुकूल हो एवं किशारों पर गलत प्रभाव न पड़े।

विज्ञापन आज हमारी विपणन-प्रक्रिया को ही नहीं वरन् हमारी सामाजिक-आर्थिक और सांस्कृतिक जीवन-शैली का महत्त्वपूर्ण हिस्सा है। विज्ञापन का उचित प्रयोग वरदान हो सकता है, वहीं गलत प्रयोग अभिशाप बन सकता है। अनेक प्रकार की उपयोगिताओं के होते हुए भी विज्ञापन का दुरूपयोग होता है। भ्रामक एवं झूठे दावों अथवा द्वि-अर्थक शब्दावली के विज्ञापनों द्वारा किये जाने वाले प्रचार कार्य को रोका जाना चाहिए। अत्यधिक विज्ञापनों द्वारा एक विशेष वस्तु जनमानस के मस्तिष्क में बैठा दी जाती है। और उसकी कीमत भी अधिक रखदी जाती है। उससे अधिक उत्तम तथा सस्ती दूसरी वस्तु उपलब्ध होने पर भी हम उसे नहीं खरीदते हैं, फलतः ईमानदार वस्तु निर्माता बाज़ार में टिक नहीं पाता है। यह समाज और व्यापार के लिए स्वस्थ लक्षण नहीं है। न नैतिक रूप में उचित है।

इस सन्दर्भ में हम विज्ञापनदाओं के लिए अमेरिका की *एसोसिएशन आफ बिनेस ब्यूरोज़* द्वारा विज्ञापन करने तथा बिक्री करने के लिए निर्धारित किये गये कतिपय मानदण्डों का अवलोकर करें। ये मानदण्ड इस प्रकार हैं–

1. *ईमानदारी-पूर्ण मूल्यों के साथ जनता की सेवा करो।*
2. *जो विज्ञापित हो, उसके बारे में सच्चाई बताओ।*
3. *सच्चाई को सीधे-सादे ढंग से कहो ताकि उसके महत्त्व को विश्वास के साथ समझा-बूझा जा सके।*
4. *ग्राहक जो जानना चाहता है, जो जानने का उसे अधिकार है या जो उसे जानना चाहिए, वह ग्राहक को बताओ जिससे ग्राहक समझदारी से खरीद कर सके और खरीद से अधिकतम सन्तोष हासिल कर सके।*
5. *विज्ञापन में जो वायदा किया गया है, उसी के अनुरूप माल हो और गारंटी दी गयी है, उसे सहज रूप से पूरा किया जाना चाहिए।*
6. *जो वस्तु या सेवा बाज़ार में लाई जा रही है, वह सार्वजनिक स्वास्थ्य या जीवन के लिए हानिकारक नहीं हो, यह सुनियिचत करलें।*
7. *वस्तु की वास्तविक बातें अवश्य बतायें। उनमें से ऐसा कुछ न छिपाया जाये जिससे ग्राहक भ्रमित हो।*

8. *अपनी वस्तु या सेवा को श्रेष्ठता के आधार पर विज्ञापित करो और प्रतियोगी वस्तु या सेवा के विषय में अनुचित बातें न कहो और ऐसा भी न कहो जिसकी ध्वनि अनुप्रयुक्त हो।*
9. *यदि प्रमाणपत्रों का भी विज्ञापन में प्रयोग किया जाये तो उन्हीं के हों, जो इर्मानदारी से उसमें स्वयं विश्वास रखते हों।*
10. *धोखे वाली बातों तथा व्यंजनाओं का प्रयोग न करो जिससे सीधा-सादा विश्वासी मन धोखा खा जाये।*

झूठ का पाँव उखड़ ही जाते हैं। लेकिन यदि ग्राहक जागरूक रहे तो झूठ के पाँव जमने ही न देकर, समाज तथा अपने हितों की क्षा भली-भांति कर सकते हैं।

विज्ञापन में सच्चाई सुनिश्चित करने के लिए उपभोक्ता कानून भी विज्ञापन के दुरूपयोग से उपभोक्ता की रक्षा कर सकता है। लेकिन सर्वप्रमुख है ग्राहक का जागरूक होना। इसी दृष्टि से भारत सरकार ने **'जागो ग्राहक जागो'** का स्लोगन देते हुए अनेक विज्ञापन समय-समय पर दिये हैं। यह शृंखला अभी जारी है। इसके साथ ही समय-समय पर भारत सरकार ने टेलीविजन चैनलों में विज्ञापनों के लिए नीति निर्धारित करने की चेष्टा की है। विज्ञापनों की शीलता-अश्लीलता के साथ-साथ विज्ञापनों के समय के लिए भी कुछ मानदण्ड निर्धारित किये हैं। यह सही है कि जब तक विज्ञापनों के लिए भी ऐसे नियम, मानदण्ड और मानक निर्धारित नहीं किये जायेंगे, तब तक कुछ नहीं होगा। हमारी दुनिया ऐसे ही भटकती रहेगी।

अन्त में हम **ऐरिक फ्राम** का कथन उद्धृत कर अपने अध्ययन को विराम देंगे। **ऐरिक फ्राम** का कहना है कि, *"जनसंचार माध्यमों की वृद्धि के कारण आज व्यक्ति बहुत तेजी से यह सीख लेता है कि कौन-सा विचार 'उचित' है, कैसा आचरण 'सही' है, कौन-सी सम्भावनाएँ 'उपयुक्त' हैं और कैसा रुचिबोध 'प्रचलित' है। उसे सिर्फ़ 'मीडिया' के संकेतों को ठीक-ठीक पकड़ते रहना है; और यह सुनिश्चित हो सकता है कि उससे 'गलती' नहीं होगी। फैशन पत्रिकाएँ उसका परिधान तय कर देंगी, पुस्तक-क्लब या पाठक मंच उसके पढ़ने के लिए उचित पुस्तकों का निर्धारण कर देंगे और अब तो हालत यहाँ तक आ पहुँची है कि वैवाहिक जोड़े तय करने के लिए लोकप्रिय हो रहे तरीके भी कम्प्यूटरी कुण्डली के निर्णयों पर आधारित हैं। हमारे जमाने में ईश्वर का विकल्प ढूँढ़ लिया है।"*[10]

लेकिन हमारी मातृभाषा हिन्दी? इसका उत्तर कुछ अधिक गम्भीर है। आइए थोड़ा इस पर भी विचार करलें।

5.6 विज्ञापनों का हिन्दी भाषा का प्रभाव

भाषा की निर्मित हमेशा बाज़ार में हुई है। इसलिए उसकी संरचना और व्यवहार पर बाज़ार का प्रभाव अवश्य पड़ता है। बाज़ार में कुछ खास ज़रूरतों के तहत मनुष्य परस्पर जुड़ते हैं। उनके आपसी सम्बन्ध जन्म लेते और वहाँ से राष्ट्रीय बाज़ार एवं अन्तर्राष्ट्रीय नेटवर्क तक बाज़ार के विकास के साथ साथ मनुष्य सम्बन्धों की अनेक स्तरीय यात्राएँ भी हैं। ये यात्राएँ बोलियों के परम्परागत रूप से प्रांतीय भाषाओं के मानक रूपों तक, प्रांतीय भाषाओं से राष्ट्रीय भाषाओं तक और अन्तरराष्ट्रीय भाषाओं तक की यात्राएँ हैं। बाज़ार बदलते रहते हैं। और भाषा भी। मनुष्य व्यवहारों के साथ भाषा हर क्षण बदलती रहती है। उसकी गतिशीलता ही उसकी जीवन्तता है।

---

10. 'पहल' (सं. ज्ञानरंजन) में उद्‌धृत लेख—*मानव समाजों में टेक्नोलॉजी के नियंत्रण, पहल 50-51*, 1994, पृ. 145

इस अवधारणा के आलोक में **विजय कुमार गुप्त** ने महत्त्वपूर्ण तथ्य रेखांकित किया है कि, *"आर्थिक भूमण्डलीकरण की सांस्कृतिक प्रक्रिया का सबसे प्रमुख लक्षण यह दिखायी देता है कि उपभोग सामग्री के रूप में विश्व संस्कृति के प्रतीक सारे संसार पर हावी हो रहे हैं। इन प्रतीकों को बनाने और प्रचारित-प्रसारित करने में मीडिया की अभूतपूर्व ताकत का विलक्षण तरीके से उपयोग हो रहा है।"*[11] और, *"विज्ञापन और छवियों का खेल इस नयी बाज़ार संस्कृति का मूल अस्त्र है। यह बाज़ार लोगों के भीतर स्वप्न और इच्छाएँ जगाता है। उनके भीतर सामानों से जुड़ी हुई नयी ज़रूरतें पैदा करता है। यह सारे संसार में एक समान व्यावसायिक जीवन शैली, रहन-सहन, खान-पान, सौन्दर्य चेतना और मूल्य बोध की एकरूपता पैदा कर रहा है। मुनाफा कमाने की इस रणनीति में सांस्कृतिक रूपों की एक नयी गतिशीलता तैयार हो रही है।"*[12]

ऐसे में यह देखा गया है कि भाषाएँ भूमण्डलीय उपभोक्ता संस्कृति को स्थानीय परिवेश पर आरोपित करने का औजार बन जाती हैं। स्थानीय भाषाएँ विश्व बाज़ार के लिए एक साधन के रूप में इस्तेमाल की जाने लगती हैं।

अपने देश के सन्दर्भ में हिन्दी की स्थिति आज ऐसी ही है। यह विश्व बाज़ार के सांस्कृतिक पहलुओं को भारतीय समाज की अन्दरूनी तहों में प्रवेश कराने में बहुत बड़ी भूमिका का निर्वाह कर रही है। हमारे यहाँ लगभग 100 करोड़ की आबादी में 38 करोड़ लोगों की मातृभाषा हिन्दी है, 30 करोड़ लोग इस भाषा का उपयोग दूसरी भाषा के रूप में करते हैं। ऐसा माना जाता है कि लगभग 22 करोड़ लोग किसी न किसी रूप में हिन्दी भाषा के सम्पर्क में आते हैं। अर्थात् 100 करोड़ की आबादी में यदि 70 से 75 करोड़ लोग एक भाषा के व्यवहार से जुड़ते हैं तो वह भाषा स्वभावतः बाज़ार शक्तियों के इस्तेमाल के लिए एक प्रभावशाली उपकरण (Tool) बन जाती है।

विगत लगभग दो दशकों के दौरान जब विदेशी कम्पनियाँ व्यापार के लिए हमारे देश में आयीं तो उनका हमारी देशी भाषाओं के साथ एक खास स्तर पर सम्मिलन होने लगा। विशेष तौर पर हिन्दी के साथ। बाहरी सांस्कृतिक सन्देश चोला बदलकर हमारे समाज की अन्दरूनी तहों में प्रवेश करने लगे। 90 के दशक में हॉलीबुड के एक बड़े फ़िल्म निर्माता स्टीफन स्पिलबर्ग ने जब अपनी बहुचर्चित फ़िल्म 'जुरासिक पार्क' को हिन्दी में डब किया तो वे जैसे कि एक कारपोरेट रणनीति के लिए नये दरवाजे खोल रहे थे। 'जुरासिक पार्क' हिन्दी में डब होकर देश के छोटे कस्बों से लेकर गाँवों तक पहुँच गयी। इसके पहले किसी विदेशी फ़िल्म ने भारत में इतना मुनाफा नहीं कमाया था। मीडिया जगत् के बादशाह रूपर्ट मर्डोक जब स्टार टीवी लेकर भारत में आये तो उनकी सबसे बड़ी प्राथमिकता यही थी कि सभी तरह के कार्यक्रम हिन्दी में तैयार किये जायें। बात सिर्फ़ अनुवाद की नहीं थी। बल्कि उससे एक कदम आगे बढ़कर विदेशी सांस्कृतिक छवियों को देशी मिजाज के अनुकूल घड़ना था। स्टार टीवी नें अंग्रेजी कार्यक्रमों के माध्यम से भारत के शिक्षित शहरी वर्ग को लुभाया ज़रूर, लेकिन एक विशाल दर्शक वर्ग तक पहुँचने के लिए उसके पास कोई सामग्री देशी मिजाज की नहीं थी। 5 प्रतिशत से कम की दर्शक रेटिंक किसी विदेशी टीवी कार्यक्रम का मजबूत आधार नहीं बनती कि प्रायोजक विज्ञापन दे सकें। परिणामस्वरूप उसने न केवल समाचार, बल्कि विदेशी कार्यक्रमों को हिन्दी में दिखाना शुरू किया। अब तो खैर अनके धारावाहिक हिन्दी में ही

11. विजय कुमार गुप्त, बाजार में हिन्दी की जगह (लेख), विकास प्रभा, भारतीय औद्योगिक विकास बैंक का हिन्दी त्रैमासिक, अप्रैल-जून, मुम्बई, 2003, पृ. 11
12. वही

तैयार किये जा रहे हैं। और वे ख़ूब चल भी रहे हैं। बीबीसी और डिस्कवरी चैनल या ज्योग्राफिकल चैनल भी हिन्दी में लोकप्रिय हैं। हाल ही में (5 मई, 2007 को) हिन्दी में डब करके रिलीज हुई विदेशी फ़िल्म **'स्पाइडर मैन-3'** फ़िल्म ने अब तक के सारे रिकार्ड ध्वस्तकर दिये हैं। इसे तमिल, तेलूगू और भोजपुरी में भी लाया गया है! उसने कमाई के मामले में 'टाइटेनिक' को पीछे छोड़ दिया है। जिसका रिकॉर्ड आश्चर्यजनक था।

यह विश्व बाज़ार का हिन्दी के साथ बनने वाला नया सम्बन्ध है। पिछले एक दशक में साबुन और टूथपेस्ट जैसी सस्ती सामग्री से कहीं आगे जाकर अब उपभोक्ता विज्ञापन मोटर साइकिल, कार, टीवी, फ्रिज, वाशिंग मशीन, महँगी प्रसाधन सामग्रियों, कीमती वस्त्रों, बचत और निवेश की योजनाओं आदि के लिए भी हिन्दी में बन रहे हैं। इस तथ्य को रेखांकित करते हुए **विजय कुमार गुप्त** ने ठीक ही पड़ताल की है कि, *"भागलपुर, बाराबंकी या भरतपुर में किसी सड़क के चौराहे पर अब आप वाशिंग मशीन या फ्रिज के हिन्दी में बनी होर्डिंग्स देख सकते हैं। भारत में उपभोक्ता वस्तुओं के बाज़ार का विस्तार हो रहा है। उपभोत्ता वस्तुएँ, प्रांतीय राजधानियों और प्रथम श्रेणी के शहरों से आगे निकलकर मध्यम दर्जे के शहरों, नींद में अलसाए कस्बों और दूरदराज के गाँवों तक पहुँच रही हैं।"*[13]

अध्ययन बताते हैं कि भारत में 30 करोड़ रुपये का मध्यमवर्गीय उपभोक्ता बाज़ार मौजूद है! रोचक तथ्य देखें कि एक अखिल भारतीय वित्तीय संस्थान ने कुछ वर्ष पूर्व 700 करोड़ रुपये के बांड देश भर में विज्ञापित किये। उसने 40 करोड़ रुपये के अपने विज्ञापन बजट में से 70 प्रतिशत हिस्सा हिन्दी और अन्य भारतीय भाषाओं पर खर्च किया था और शेष 30 प्रतिशत अंग्रेजी पर। यानी एक आक्रामक बाज़ार रणनीति के तहत उसने रेडियो, टेलीविजन, प्रचार होर्डिंग्स, समाचारपत्रों-पत्रिकाओं आदि में जो विज्ञापन दिये, वे अधिकांशतः हिन्दी तथा अन्य भारतीय भाषाओं में थे। क्यों? —इस प्रश्न का उत्तर सीधा-सा है। इसलिए कि उसने व्यावहारिक नीति अपनाते हुए हिन्दी का सहारा लिया। उसे पता है कि हिन्दी के माध्यम से उसकी पहुँच 70-75 करोड़ लोगों तक हो जायेगी।

यह वस्तुतः बाज़ार शक्तियों द्वारा हिन्दी भाषा की सामाजिक सम्प्रेषणीयता की क्षमता का अपने ढंग से अनुकूलन और दोहन है। इसी के गर्भ से निकली है 'हिंग्लिश', जो हिन्दी की नयी शैली है। हाँ, हमें यह बात सदैव याद रखनी होगी कि बाज़ार में हिन्दी की वास्तविक प्रगति तभी देखी जा सकती है जब वह सम्प्रेषण, कार्यकुशलता और लाभप्रदता की तमाम कारपोरेट योजनाओं का एक अनिवार्य और अभिन्न अंग हो। वह अर्थिक कारोबार की समूची संस्कृति और संस्कार को अभिव्यक्त करने वाली भाषा हो। आज केवल 'माल' बेचने और गाँव-कस्बों में नये बाज़ार बनाने के लिए हिन्दी का जो प्रयोग हो रहा है, वह एक तदर्थ और व्यावहारिक उद्देश्य के लिए ही है। किसी व्यापार आदर्श, राष्ट्र-निर्माण या मूलगामी परिवर्तन के लिए नहीं।

हमें इस प्रश्न पर भी सोचना होगा कि आज विज्ञापन एजेंसियों के लगभग सारे विज्ञापन पहले अंग्रेजी में तैयार होते हैं, बाद में जैसे-तैसे उनका कामचलाऊ अनुवाद कर दिया जाता है! व्यावसायिक लाभप्रदता, परिवर्तन और भाषा के आपसी सम्बन्ध-सूत्र खोजने के बारे में आज भी हमारे पास कोई ठोस कार्यक्रम अथवा नीति नहीं है।

---

13. विजय कुमार गुप्त, बाजार में हिन्दी की जगह (लेख), विकास प्रभा, भारतीय औद्योगिक विकास बैंक का हिन्दी त्रैमासिक, अप्रैल-जून, मुम्बई, 2003, पृ. 12

अध्याय-6

उपसंहार

1.1 विज्ञापन व्यापार की आत्मा है। उत्पादक और उपभोक्ता दोनों के लिए यह समान रूप से लाभकर है। ऐसा इसलिए कि विज्ञापन किसी भी उत्पाद और विचार को अधिक से अधिक लोगों के बीच फैलाने, लोकप्रिय बनाने और उसे बाज़ार दिलाने का माध्यम है। 'विश्व बाज़ार' की अवधारणा इस बाज़ार के प्रसार और फैलाव का ही परिणाम है। सामान्यतया विज्ञापन का सम्बन्ध व्यवसाय से बद्धनाल है। विज्ञापन की सबसे बड़ी भूमिका होती है—उत्पाद की बिक्री बढ़ना। आज अधिकांश उपभोक्ता प्रायः विज्ञापन देखकर ही उत्पाद का चुनाव करते हैं। इसलिए विज्ञापन प्रचार का एक ऐसा सशक्त माध्यम बन चुका है जो व्यावसायिक एवं औद्योगिक क्षेत्र में उत्पाद की निरन्तरता, माँग, वृद्धि तथा नये उत्पाद को उपभोक्ता से परिचित कराता है। साथ ही वह किसी भी प्रतिष्ठान के प्रति उपभोक्ताओं की रुचि एवं विश्वास पैदा करने में सहायक होता है। यही नहीं यह हमारी समूची जीवन-शैली को प्रभावित करता है।

1.2 विज्ञापन का मुख्य अर्थ होता है—'उपभोक्ता को विशेष रूप से सूचना या जानकारी देना'। विज्ञापन द्वारा उपभोक्ता को अपनी वस्तु या सेवा की गुणवत्ता एंव मूल्य की सूचना देकर अपनी वस्तु को बाज़ार में अधिक से अधिक क्रय करने के लिए प्रोत्साहित करना। अर्थात् विज्ञापन एक ऐसी कला है, जो किसी वस्तु या सेवा की उपयोगिता को जनता के ऊपर प्रभाव डालने से सम्बन्ध रखती है।

व्यवसायिक क्षेत्र में विज्ञापन का मूल लक्ष्य अपने उत्पाद के लिए विशेष बाज़ार और उपभोक्ताओं की खोज करना है। दूसरी ओर उपभोक्ता के लिए विज्ञापन एक मार्गदर्शक का काम करता है। वह यह बताता है कि अमुक उत्पाद क्रय करना बेहतर है। इससे ये-ये लाभ हैं। हमें यह अवश्य ले-लेना चाहिए। यही क्यों, वह यह भी बताने की चेष्टा करता है कि यह वस्तु दूसरी से किन-किन बातों में अलग और लाभदायक है, इसीलिए एसे छोड़कर आप इसे खरीदें। वह हमारी रुचि को बदलता है। हमारे लिए 'उपयोगी' का 'चयन' करने में हस्तक्षेप करता है। बाज़ार में ब्राण्ड का निर्माण करता है।

1.3 यों तो विज्ञापन की अनेक परिभाषाएँ मिलती हैं किन्तु हमारे विचार से सर्वाधिक **उपयुक्त परिभाषा** हमें यह प्रतीत होती है कि—

> "विज्ञापन उन क्रियाकलापों को समाहित किये हुए हैं, जिसके द्वारा दृष्टिगत अथवा मौखिक सूचनाओं को आधार बनाकर जनता को उद्‌देश्यपूर्ण अथवा सूचित करने तथा प्रभावित करने की दृष्टि से चयन किया जाता है, जिससे वे उत्पादित वस्तु खरीदें या

काम करें अथवा विचारों, व्यक्तियों, व्यापार चिह्नों या संस्थाओं के प्रति सहमति रखें।"

विज्ञापन की अनेकानेक परिभाषाओं के आधार पर निष्कर्षतः हम कह सकते हैं कि–

1. विज्ञापन बिक्रय कला है। 2. यह शब्दों, दृश्यों, चित्रों, चिह्नों का माध्यम है, जो किसी उत्पाद के बिक्रय में बृद्धि करता है। 3. यह मुद्रित, लिखित, उच्चरित शब्दों, रंगों, ध्वनियों और दृश्यों की बिक्रय कला है। 4. विज्ञापन केवल किसी उत्पाद की बिक्री बढ़ाने तक ही सीमित नहीं, किसी विचार, अभिमत तथा सेवा के प्रचार-प्रसार का भी साधन है। 5. विज्ञापन द्वारा जनमत तैयार किया जाता है और जनसमूह को प्रेरित-प्रभावित भी किया जाता है। 6. विज्ञापन किसी संस्था, उद्योग, प्रतिष्ठान, सरकार आदि की प्रतिष्ठा एवं साख में वृद्धि करने का भी साधन है। 7. विज्ञापन किसी वस्तु, विचार, सेवा, प्रतिष्ठान, सरकार आदि के प्रभाव-हेतु वातावरण तैयार करने में सहायक है। 8. जब कोई विज्ञापन जनहित के प्रोत्साहन के लिए किया जाता है, तब वह 'लोकसेवा' के अन्तर्गत आता है। 9. विज्ञापन नये उत्पादों, विचारों, अवधारणाओं को सामने लाता है। इस तरह यह समाज में सूचना-संचार का प्रमुख साधन बन जाता है। 10. यह नये उत्पादों की बिक्री बढ़ाने-हेतु जनसमूह को अपने पक्ष में मोड़ता है। समाज को प्रभावित करता है। उसमें लालसा पैदा करता है। 11. लगता यह है कि विज्ञापन ऐसी जादुई कला है जो उपभोक्ता को अपने मोहपाश में बाँधकर उत्पाद की ओर खींच लाती है। इसी में विज्ञापनकर्त्ता की सफलता निहित है।

हम जहाँ तक समझ सके हैं, उसके आधार पर कह सकते हैं कि *"विज्ञापन ऐसा समूल्य प्रयास है; जो लिखित अथवा मौखिक शब्दों, चिह्नों, छबियों, ध्वनियों, रंगों से बँधे विचार और सन्देश को अधिक से अधिक लोगों तक पहुँचाने की कला से परिपूर्ण रहता है; जिसकी सफलता इस बात में निहित है कि वह अधिक से अधिक लोगों को अपने प्रभाव में ले सके। अपने पक्ष में उनकी इच्छाओं को मोड़ सके, इच्छित उत्पाद को देखने एवं खरीदने के लिए प्रेरित कर सके।"*

2.1. विज्ञापन का क्षेत्र अत्यन्त व्यापक है। एक सुई से लेकर हाथी तक के विक्रय, शिक्षा से लेकर नौकरी और भवन निमार्ण से लेकर राजनीतिक दल के प्रचार तक विज्ञापन का दखल है। अतः आज विज्ञापन सामाजिक, आर्थिक, राजनीतिक या सांस्कृतिक आदि किसी भी क्षेत्र में जनमत निर्धारण का एक प्रमुख माध्यम बन चुका है। अलग-अलग तरह के माध्यमों से किये जाने वाले विज्ञापन अलग-अलग प्रकार के प्रभाव छोड़ते हैं। हम यह देखते हैं कि इनके अनुसार ही उनकी सफलता भी आंकी जाती है। अतः विज्ञापन और उसके प्रभाव क्षेत्र को समझने के लिए विज्ञापन के वर्गीकरण को समझना आवश्यक है।

2.2 विज्ञापन का वर्गीकरण कई तरह से किया गया है। लेकिन सामान्य रूप में मुख्यतः इसके तीन भेद हैं–

1. सरकारी अथवा राष्ट्रीय विज्ञापन।
2. वर्गीकृत विज्ञापन।
3. व्यावसायिक विज्ञापन।

इनके भी कई प्रभेद हैं। इनको हमने आगे चलकर वर्गीकृत करते हुए उनका संरचनात्मक एंव भाषिक प्रभाव की दृष्टि से विश्लेषण किया है। कुछ विद्वानों ने विज्ञापन का क्षेत्र इस प्रकार निर्धारित किया है–

उत्पाद/सेवा के अनुसार	विज्ञापनकर्त्ताओं के अनुसार	अन्य वर्ग
(क) औद्योगिक विज्ञापन	(क) व्यक्तिगत विज्ञापन	(क) अनुनेय विज्ञापन
(ख) उपभोक्ता उत्पाद विज्ञापन	(ख) फुटकर विज्ञापन	(ख) ज्ञानप्रद विज्ञापन
(ग) वित्तीय विज्ञापन	(ग) थोक विज्ञापन	(ग) अनैतिक विज्ञापन
(घ) सामाजिक विज्ञापन	(घ) उत्पादक विज्ञापन	(घ) अप्राकृतिक विज्ञापन
	(च) सहकारी विज्ञापन	(च) अशिष्ट विज्ञापन
	(छ) राजकीय विज्ञापन	(छ) अविज्ञापन

विज्ञापनों का वर्गीकरण इस रूप में भी किया जा सकता है–

1. माध्यम के आधार पर

रेडियो, टेलीविज़न, समाचार-पत्र, पत्रिकाएँ, पोस्टर, हेंडबिल इत्यादि।

2. भौगोलिक स्थिति के आधार पर

अन्तर्राष्ट्रीय, राष्ट्रीय, क्षेत्रीय, स्थानीय।

3. पाठक एवं श्रोता के आधार पर

सामान्य उपभोक्ता विज्ञापन, औद्योगिक विज्ञापन, कृषि विज्ञापन, राजनीतिक विज्ञापन, वित्तीय विज्ञापन।

4. माँग के आधार पर

प्राथमिक माँग बढ़ाने वाले, चुनिन्दा माँग बढ़ाने वाले, प्रत्यक्ष अप्रत्यक्ष, व्यक्तिगत, सहकारी, सजावटी, वर्गीकृत।

5. उद्देश्य के आधार पर

वस्तुओं एवं सेवाओं के विज्ञापन, अनुनेय विज्ञापन, लोक कल्याण के विज्ञापन, ज्ञानप्रद विज्ञापन।

3.1 विज्ञापन माध्यम : यों तो विज्ञापन स्वयं में एक माध्यम है। लेकिन जैसा कि **नाइस्ट्रोन** ने कहा है–"विज्ञापन माध्यम वह वाहक या साधन है, जिसके द्वारा कोई विज्ञापन अथवा विज्ञापित सन्देश उस व्यक्ति या समुदाय तक पहुँचाया जाता है, जिसे वह प्रभावित करना चाहता है।" (Advertising media is a vehicle, carrier or means through which an advetisement or advertising message is conveyed to the individuals or groups which he hoped to influence.) लेकिन वास्तविकता यह है कि विज्ञापन तो उसमें निहित सन्देश का माध्यम है। उसे एक सामग्री कह सकते हैं। इसके विपरीत इस सन्देश सामग्री को संचारित करने, फैलाने, लोगों तक पहुँचाने के साधन दूसरे हैं। ये साधन ही 'माध्यम' कहलाते हैं। ये माध्यम भौतिक हैं।

3.2 विज्ञापन माध्यमों का क्षेत्र एवं वर्गीकरण : बीसवीं सदी विज्ञापन युग की पर्याय हो चली है। इस युग में विज्ञापन अधिकांशतः पत्र-पत्रिकाओं, रेडियो, दूर-दर्शन (टेलीविज़न) के लिए तैयार होते हैं। पत्र-पत्रिकाओं में तो विज्ञापन बहुत पहले ही स्वीकार कर लिए गये थे। सिनेमा तो 1980 के बाद का विज्ञापन माध्यम माना गया है। फिर आया रेडियो माध्यम। इसके बहुत बाद में अवतरित हुआ टेलीविज़न। सम्प्रति इंटरनेट और मोबाइल फोन जैसे अत्याधुनिक संचार माध्यम भी विज्ञापन के लिए अपनाए जा रहे हैं। यह विज्ञापन माध्यम के क्षेत्र में नयी क्रान्ति है।

अपने यहाँ विज्ञापन के क्षेत्रों को हम मूलतः दो भागों में विभाजित कर सकते हैं–1. गाँव तथा कस्बे 2. शहर एवं महानगर।

विज्ञापन किसी भी क्षेत्र में किया जाय, मुख्यतः यह निम्नांकित संचार माध्यमों द्वारा किया जाता है–

1. समाचार-पत्र एवं पत्रिकाएँ, 2. रेडियो, 3. टेलीविज़न, 4. बोर्ड एवं पोस्टर, 5. डाक द्वारा, 6. सिनेमा स्लाइड्स एवं वीडियो कैसेट्स, 7. लाउडस्पीकर तथा 8. अन्य।

फरवरी 2005 में एक अनूठा समाचार टेलीविजन के एक चैनल पर आया था। इसमें एक छात्र ने अपने माथे को विज्ञापन के लिए देने की पेशकश की थी! इस तरह मानव शरीर भी विज्ञापन का एक माध्यम बन सकता है। इसी तरह कपड़ों पर लगाये जाने वाले **स्टिकर्स** भी विज्ञापन के माध्यम हैं।

अप्रैल-मई 2007 में उत्तर-प्रदेश के विधान सभा चुनाव सम्पन्न हुए हैं। इनमं एक राजनीतिक दल के कार्यकत्ताओं ने भैंस पर विज्ञापन कर ध्यान आकृष्ट किया!

पश्चिमी उत्तर प्रदेश में कार्यकर्ता ही नहीं, कांग्रेस के प्रचार में भैंस भी लगी है। मुजफ्फरनगर में यह भैंस कांग्रेस के नाम वाली टोपी लगाये हुए। प्रेट्र

विज्ञापन के प्रमुख माध्यमों को वर्गीकृत रूप में प्रायः इस प्रकार देखा जाता है–

1. प्रकाशन माध्यम : समाचारपत्र, पत्र-पत्रिकाएँ, गृह पत्रिका आदि।

2. परम्परागत माध्यम : लोकनृत्य, लोक गीत, प्रदर्शनियाँ, मेले आदि।

3. डाक विज्ञापन माध्यम : पम्फलेट्स, पोस्टकार्ड, अतर्देशीय पत्र आदि।

4. बाह्य विज्ञापन माध्यम

5. दृश्य-श्रव्य माध्यम : फ़िल्म, रेडियो, टेलीविजन।

6. अन्य माध्यम : पोस्टर, होर्डिंग्स, दीवार लेखन, नियोन साइन, कैलेण्डर तथा डायरी इत्यादि अथवा अन्य भेंट वस्तुएँ।

7. नवीनम माध्यम : इंटरनेट, ई-मेल, मोबाइल फोन आदि।

3.3 विज्ञापन माध्यम का चयन : विज्ञापन अपने क्षेत्र, उत्पाद अथवा सेवा, विज्ञापनकर्ताओं तथा सन्देश आदि के आधार पर अनेक तरह के होते हैं। तदनुसार इनकी भाषा भी रची जाती है। विज्ञापन के माध्यम भी विज्ञापन की संरचना पर प्रभाव डालते हैं। इस विचार से जब हम विज्ञापनों की भाषा और उनके प्रभाव का अध्ययन करते हैं, तो अनेक रोचक बातें सामने आती हैं। उदाहरण के लिए हम देखें तो टेलीविजन के विज्ञापनों में शब्दों का जितना महत्त्व है, उससे कहीं अधिक महत्त्व है दृश्यों, रंगों और ध्वनियों का। वातावरण तथा पात्रों की देह भाषा भी विज्ञापनों को अर्थ देते हैं। इसी तरह रेडियो के विज्ञापनों में ध्वनियों का विशेष महत्त्व है। संगीत रचना भी अपना स्थान रखती है। ये सब बातें मनोविज्ञान से जुड़कर विज्ञापन के प्रभाव को निर्धारित करती हैं। विज्ञापनों की संरचना, उनके प्रभाव, उनकी सफलता-असफलता आदि का अध्ययन हम इसी आधार पर कर सकते हैं।

4.2 विज्ञापन की संरचना : सरल और जटिल दोनों तरह की हुआ करती है। लेकिन प्रभावपूर्ण विज्ञापन तैयार करने के लिए बहुत परिश्रम करना होता है। विज्ञापन अपने आप को अथवा निहित सन्देश को सम्प्रेषित न कर सके, तो सारा परिश्रम व्यर्थ चला जाता है। इसलिए एक प्रभावशाली तथा सम्प्रेषण-सफल विज्ञापन तैयार करने के लिए मुख्य रूप से चार बातों का ध्यान रखना होता है–

1. विज्ञापन की संरचना और प्रस्तुति इस तरह की होनी चाहिए कि उपभोक्ता का ध्यान उस ओर तुरन्त आकर्षित हो। 2. विज्ञापन संरचना के लिए आदर्श स्थिति यह हुआ करती है कि विज्ञापन में संकेत-चिह्नों का प्रयोग स्पष्ट रूप से हो, ताकि जो सूचना विज्ञापनकर्त्ता सम्प्रेषित करना चाहता है, वह उपभोक्ताओं को प्राप्त हो जाये। 3. विज्ञापनकर्त्ता उपभोक्ता समाज की जिन आवश्यकताओं को आधार मानकर अपने विज्ञापन की संरचना कर रहा है, उन आवश्यकताओं की स्पष्ट सूचना विज्ञापन में निहित हो। 4. विज्ञापन में कलात्मकता, सौन्दर्य, कल्पनाशीलता और सर्जनात्मकता का अधिक से अधिक उपयोग होना चाहिए। कई बार एकदम सादा, कम शब्दों में और रेखाचित्रों के प्रतीकात्कक प्रयोग वाले विज्ञापन भी प्रभावपूर्ण होते हैं। उनका अपना सौन्दर्य है। अपना सौन्दर्यशास्त्र है।

4.2.1 विज्ञापन-निर्माण के चरण या सोपान

अ–विज्ञापन शोध : विज्ञापन–निर्माण का पहला सोपान है–**विज्ञापन शोध** (advertising research)। किसी विशेष उत्पाद के सन्दर्भ में अन्वेषण करना विज्ञापन शोध के अन्तर्गत आता है। आज बाज़ार में एक ही वस्तु के कई ब्राण्ड उपलब्ध हैं। ऐसी स्थिति में अपने ब्राण्ड को स्थापित करना, उसकी अच्छी छवि निर्मित करना अत्यावश्यक होता है। लेकिन यह आसान काम नहीं है। विज्ञापन शोध इसी कठिनाई को हल करता है। इस प्रक्रिया में तथ्यों एवं आंकड़ों को एकत्र किया जाता है कि आप अपने उत्पाद को किस क्षेत्र में बिक्री के लिए लाना चाहते हैं? यह वर्ग ही आपका Target Group है।

ब–गणना : विज्ञापन–निर्माता अपने द्वारा तैयार किये जाने वाले विज्ञापन के निर्माण में आनेवाली लागत आदि का अनुमान अच्छी तरह परिगणित कर लेता है। वह गणना कर लेता है कि उसका कुल बजट कितना है? उत्पाद में कितनी लागत आयी है। विज्ञापन के लिए कितना व्यय किया जाना चाहिए? किस माध्यम के लिए विज्ञापन तैयार किया जाये, जिससे कि निर्धारित बजट में ही काम हो जाये? विज्ञापन में आने वाले व्यय का 'रिटर्न' कितना होगा?

स–लेखन : इस बिन्दु पर अलग से चर्चा की जायेगी। यह शोध और सर्वेक्षण के उपरान्त की प्रक्रिया है। साथ ही यह विज्ञापित होने वाले उत्पाद, लक्षित समूह तथा माध्यम आदि बातों पर निर्भर है।

द–पूर्व परीक्षण (Pre-Testing) : विज्ञापन तैयार हो जाने पर उसे विज्ञापन एजेंसी को सौंपने या उस माध्यम में भेजने से पूर्व, जिसमें यह विज्ञापन आना है; कम्पनी के अन्दर ही इसका परीक्षण किया जाता है। इसे पूर्व परीक्षण (प्री-टेस्टिंग) कहा जाता है। यह विज्ञापन को अन्तिम रूप देने से पूर्व की प्रक्रिया है। इससे लाभ यह होता है कि उपयोगी सुझाव मिल जाते हैं और आवश्यकता पड़ने पर विज्ञापन में उचित संशोधन-परिवर्द्धन किया जा सकता है। इसके अन्तर्गत–कितने सैकण्ड का शॉट दिखाना है? ब्लैकबोर्ड क्या होगा, रंग संयोजन (Colour Comination) क्या होगा? शब्द-चयन कैसा है और कैसा हो कि उपभोक्ता पर अच्छा प्रभाव पड़े? उपभोक्ता पर इस विज्ञापन की क्या प्रतिक्रिया होगी? आदि तथ्यों पर विचार किया जाता है।

पूर्व परीक्षण में प्रायः निम्नांकित परीक्षण सम्मिलित हैं–

1. उपभोक्ता जूरी (Consumer Jury) 2. स्टोरी बोर्ड परीक्षण (Story Board Test) 3. प्रयोगशाला परीक्षण (Laboratory Test) 4. चक्षु कैमरा (Eye Camera) 5. नेत्र गोलक विस्तारण परीक्षण (Pupil Daliaion Test) 6. अभिवृत्ति परीक्षण (Aptitute Test) 7. प्रक्षेपण तकनीक (Projective Techniques) 8. गहन साक्षात्कार (Depth Interviewing)

य–पश्चात् परीक्षण (Post Testing) : पूर्व परीक्षण की तरह ही विज्ञापन का पश्चात् परीक्षण (Post Testing) किया जाता है। इसका मूल उद्देश्य है अपने विज्ञापन का आकलन। यह परीक्षण एक तरह का सर्वेक्षण है, जो विज्ञापन प्रकाशित या प्रसारित हो जाने के बाद किया जाता है।

इसके अन्तर्गत मुख्यतः चार परीक्षण हैं–

1. अभिज्ञान परीक्षण (Recognition Test) 2. स्मरण परीक्षण (Recall Test) 3. दिनोपरान्त स्मरण परीक्षण (Day after Recall Test) 4. प्रभाव परीक्षण (Persuation Test)

इन परीक्षणों के अतिरिक्त विज्ञापनों के सन्दर्भ में क्रय–व्यवहार परीक्षण, सीधी प्रतिक्रिया परीक्षण, संप्रेषण परीक्षण और फोकस ग्रुप जैसे परीक्षण भी काम में लाए जाते हैं। ये सब विज्ञापन की प्रभावशीलता और सफलता एवं असफलता के आकलन में सहायक हैं।

4.2.2 विज्ञापन–संरचना : यह विज्ञापन शोध एवं सर्वेक्षण के बीच की सबसे अहम कड़ी। विज्ञापन निर्माण के 'पूर्व चरण' के बाद हम इस चरण पर आते हैं, तब विज्ञापन निर्माण का 'पश्चात् चरण' आरम्भ होता है। लेकिन देखा जाये तो ये दोनों ही चरण अच्छे विज्ञापन को तैयार करने के लिए ही हैं।

विज्ञापन की रचना के अन्तर्गत केवल 'लेखन' नहीं है। इसके अन्तर्गत एक उत्तरदायित्वपूर्ण निर्माण अथवा एक कलापूर्ण व्यावसायिक संरचना की अवधारण काम करती है। इस उद्देश्य की अभिपूर्ति के लिए पूरा प्रबन्ध-तन्त्र सक्रिय रहता है।

विज्ञापन निर्माण से जुड़ी एजेंसियों में मुख्यतः तीन विभाग कार्य करते हैं–

अ–सर्जनात्मक विभाग (क्रिएटिव डिपार्टमेंट) : इसके अन्तर्गत कॉपी राइटर, विजुअलाजइर और फोटोग्राफर काम करते हैं।

ब–ग्राहक सेवा (क्लाइंट सर्विस)

इसके अन्तर्गत–एकाउंट एक्जियूटिव, बिजनेस डेवलपमेंट मैनेजर? मार्केटिंग एक्जिक्यूटिव, मार्केटिंग डाइरेक्टर काम करते हैं।

स–मीडिया प्लानिंग।

कई एजेंसियाँ अपनी सुविधानुसार इसमें परिवर्तन कर लेती हैं।

विज्ञापन के लिए कॉपी लेखन का कार्य अत्यन्त कौशल की माँग करता है इसलिए यह कठिन और चुनौतीपूर्ण है। अच्छे विज्ञापन के गुणों के सन्दर्भ में हम अक्सर उसके आकर्षक, नवीन, रचनात्मक और कलात्मक होने की चर्चा करते हैं। ये सारे गुण विज्ञापन-लेखन के समय ध्यान में रखने होते हैं। कहा जाता है कि विज्ञापन में शब्द ही वह सीढ़ी होते हैं जिन पर चढ़कर कोई वस्तु, विचार एवं सेवा उपभोक्ता तक पहुँचती है। अतः उसमें पैनापन तथा सम्प्रेषणीयता होना आवयश्क है।

कॉपी लेखक विज्ञापन लिखने से पहले एक लम्बी मानसिक प्रक्रिया से गुजरता है तथा उसे कई चरणों को पार करना होता है। संक्षेप में ये चरण हैं–

1. बाज़ार का अध्यय करना। 2. उपभोक्ताओं की रुचियों एवं मनोविज्ञान का अध्ययन करना। 3. उत्पाद के वैशिष्ट्य की पूरी जानकारी प्राप्त करना। 4. उत्पाद की छवि तथा बिम्बों, दृश्यों, नाटकीय स्थितियों की कल्पना करना। 5. उपर्युक्तानुसार शब्द-चयन करना, ताकि यह सभी कुछ प्रभावशाली शब्दों में समेटा जा सके।

इसके साथ ही उसे विज्ञापन की आचार संहिता एवं विज्ञापन कानून का भी ध्यान रखना होता है।

सामान्यतः एक विज्ञापन की लिखित या मुद्रित कॉपी के निम्नांकित भाग होते हैं, जिनकी विशेषताएँ इस प्रकार हैं–

1. शीर्षक : शीर्षक संक्षिप्त हो। –सरल हो। –आकर्षक और रोचक हो।

– उत्पाद के मूल गुण को संकेतित करे।–ब्राण्ड का नाम ऐसा हो जो लोगों की जुबान पर चढ़ सके और प्रसिद्धि पा जाये।

2. उपशीर्षक : संक्षिप्तता और शब्द-सीमा के कारण एक विज्ञापन के शीर्षक में किसी उत्पाद के बारे में सारी सूचनाएँ प्रायः नहीं दी जा सकतीं। इसलिए उपशीर्षक की आवश्यकता होती है। उपशीर्षक शीर्षक का पूरक होता है। या इसे शीर्षक का विस्तार भी कह सकते हैं। यह आकार में शीर्षक से बड़ा होता है। उदाहरण के लिए मान लें कि किसी विज्ञापन का शीर्षक अधिकतम 5 शब्दों का है, तो उपशीर्षक लगभग 10 से 15 शब्दों तक हो सकता है। शीर्षक से उपशीर्षक पर उतर कर विज्ञापन का आस्वादक उपशीर्षक की उँगली पकड़कर विज्ञापन की काया (बॉडी) की ओर चल पड़ता है। जो विज्ञापन का मुख्य भाग है।

3. काया या बॉडी अथवा मुख्य भाग : विज्ञापन की 'काया' में विज्ञापित उत्पाद के गुण, विशेषताएँ, लाभ, प्रतिक्रियाएँ, सलाह, चेतावनी आदि का वर्णन रहता है। इसमें शीर्षक में दिये गये वक्तव्य का समर्थन निहित रहता है। यदि शीर्षक प्रश्नवाचक है तो 'काया' में उसका उत्तर या समाधान होता है। यद्यपि विज्ञापन की 'काया' विस्तृत होती है, किन्तु इतनी विस्तृत नहीं कि 'बेडौल' लगे! उसे नारी सौन्दर्य की भाषा में कहें तो 'छरहरी' और सन्तुलित होना चाहिए! सर्वांग सम्पूर्ण, व्यवस्थित और आकर्षक।

4. उपसंहार : विज्ञापन में मूल कथ्य की समाप्ति के बाद उपसंहार स्वरूप वह पंकित दी जाती है, जो उपभोक्ता को उत्पाद क्रय करने के लिए प्रेरित करती है। कभी-कभी यह क्रम बदल भी सकता है। इसे कहीं और समायोजित कर दिया जाता है।

5. शैली : एक विज्ञापन को उसकी शैली ही दूसरे विज्ञापन से विशिष्ट बनाती है। विज्ञापन के क्षेत्र में मुख्य रूप से तीन की शैलियों का प्रचलन है–

6. स्लोगन, (नारे) और 'जिंगल' (ठनकती हुई तुकबन्दी) : विज्ञापन के मूल सन्देश का समूचा आकर्षण 'स्लोगन' में ही छिपा है। स्लोगन विज्ञापन ही नहीं अपितु उत्पाद की भी जान है। यही उपभोक्ता की जुबान पर चढ़ता है तथा यही विज्ञापन की अपील भी होता है। प्रायः स्लोगन गीतात्मक चढ़ता है तथा यही विज्ञापन की अपील भी होता है। प्रायः स्लोगन गीतात्मक हुआ करते हैं। यही कारण है कि श्रव्य तथा श्रव्य-दृश्य माध्यमों के विज्ञापनों में संगीतयुक्त गीतात्मक स्लोगनों का प्रयोग सार्थक होता है। **विज्ञापनों में 'जिंगल'** (Jingle) का उपयोग बहुत ही ख़ूबसूरती के साथ किया जाता है। ये काव्यात्क वाक्य होती हैं, जो संगीतबद्ध होकर प्रायः बैकग्राउंड में बजाये जाते हैं। इन्हें छनछनाती हुई तुकबन्दी भी कह सकते हैं। इसका प्रयोग कई बार स्लोगन के रूप में भी होता है। ये विज्ञापन की अपनी पहचान बन जाते हैं।

7. भाषा (शब्द, ध्वनि, देह एवं रंग भाषा) : भाषा विज्ञापन की वाणी है। विज्ञापन को भाषा ही जीवन्त बनाती है। भाषा के विषय मे यह तथ्य जानना आवश्यक है कि हम भाषा का अध्ययन विभिन्न सन्दर्भों में करते हैं। भाषा के विषय में प्रायः यह माना जाता है कि भाषा ध्वनियों से निर्मित शाब्दिक प्रतीकों की व्यवस्था है। इस दृष्टि से यह एक संरचना अथवा व्यवस्था है। तदनुसार हम भाषा की संरचना का अध्ययन व्याकरण के तौर पर करते हैं। किन्तु हमें यह बात विशेष रूप से याद रखनी होगी कि भाषा सामाजिक वस्तु है तथा सामाजिक सम्प्रेषण का माध्यम है। समाज भाषाविज्ञान भाषा के अध्ययन का नया क्षेत्र है, जिसमें भाषा के सन्देश (सम्प्रेषण) के पक्ष पर बल दिया जाता है। दूसरी ओर हम भाषाविज्ञान के मनोवैज्ञानिक पक्ष को भी अनदेखा नहीं कर सकते। यह मनोभाषिकी का क्षेत्र है। यहाँ यह भी भी बताना आवश्यक है कि भाषा केवल 'शब्द' नहीं है, ध्वनियों से निर्मित शाब्दिक प्रतीकों की व्यवस्था भाषा का सर्व प्रचलित रूप है। किन्तु आंगिक भाषा, मौन तथा रंगों की भाषा का विशेष रूप से विज्ञापन के क्षेत्र में अपना महत्त्व है। इसलिए **जब हम विज्ञापन की संरचना में भाषा के पक्ष की बात करेंगे, तो आंगिक, संगीत, मौन और रंग भाषा को भी भाषा के पक्ष की बात करेंगे, तो आंगिक, संगीत, मौन और रंग भाषा को भी भाषा के वाचिक रूप में साथ जोड़कर देखेंगे।**

जहाँ तक भाषा के ध्वनियों से निर्मित शाब्दिक प्रतीकों की व्यवस्था का प्रश्न है, विज्ञापन में भाषा के इस लिखित एवं उच्चरित रूप में निम्नांकित बातों का विशेष ध्यान रखा जाता है–

–भाषा सरल, सहज, सरस और बोधगम्य होनी चाहिए। –संक्षिप्तता का ध्यान रखा जाना चाहिए। –लक्षित समूह में प्रचलित, उस समूह के लिए जानी-पहचानी शब्दावली हो। –लक्षित समूह-समाज के सौन्दर्यबोध से मेल खाने वाली लोकोक्तियों और मुहावरों से युक्त होनी चाहिए। –अलंकारों का प्रयोग भाषा को आकर्षक बनाता है। इसलिए अलंकारों का समावेश करना चाहिए। वह काव्यात्मक हो तो और भी अच्छा। –भाषा इस तरह की होनी चाहिए कि वह लक्षित समूह के मनोभावों को छू सके। उन्हें उभार सके। उद्दीप्त और प्रेरित कर सके। –उत्पाद के बारे में सारे तथ्यों को रोचकता, नाटकीयता, आकर्षण के साथ सामने लाने वाली भाषा का आदर्श है। इसलिए ऐसी भाषा वरेण्य है। –विज्ञापन की भाषा अभिधात्क कम लक्षणा और व्यंजना से युक्त अधिक होनी चाहिए। –भाषा में सजीवता, रोचकता, नाटकीयता, जीवन्तता, चुटीलापन जैसे गुण होने चाहिए।

वस्तुतः विज्ञापन की भाषा बहुत कुछ विज्ञापित की जाने वस्तु (उत्पाद) अथवा विचार की प्रकृति पर निर्भर करती है। इससे भी ज़्यादा वह विज्ञापन के माध्यम पर भी निर्भर है।

जैसा हमने पीछे संकेत किया है, आंगिक भाषा, संगीत और मौन तथा रंगों की भाषा भी हुआ

करती है। विज्ञापन यदि श्रव्य माध्यम के लिए है तो उसमें ध्वनि अथवा संगीत का विशेष महत्व है। यहाँ संगीत और ध्वनि ही उस विज्ञापन की असली 'भाषा' है। इसलिए ध्वनि और संगीत का सन्तुलित, ध्यानकर्षक प्रयोग करना चाहिए। ऐसे विज्ञापनों में संवादों का सार्थक प्रयोग किया जाना चाहिए। ये सब मिलकर ऐसा प्रभाव पैदा करें कि उत्पाद और उससे जुड़ी बातें उपभोक्ता के मनोमस्तिष्क में दृश्य के रूप में उभरकर आजायें। विज्ञापन सुनते ही तुरन्त उपभोक्त का ध्यान उस ओर आकर्षित हो।

इसी तरह श्रव्य-दृश्य माध्यमों के विज्ञापनों में दृश्यों, चित्रों और रंगों का विशेष महत्त्व है। यहाँ लिखित शब्द कम, ध्वनि, संगीत, मौन और रंग अधिक 'बोलते' हैं। यहाँ ध्यान देने योग्य तथ्य यह भी है कि रंगों का प्रयोग सन्तुलन बनाने तथा उपचार के साथ ही चेतना के गहरे स्तरों को जगाने में भी किया जाता है।

रंगों से जुड़े विज्ञापन (जैसे–दीवारों पर किये जाने वाले पेन्ट, त्वचा को निखारने वाली क्रीम और साबुन के विज्ञापन) तो एक तरह से होते ही रंगों की भाषा में हैं। रंगों का अपना मनोवैज्ञानिक प्रभाव भी होता है। इनका सम्बन्ध अलग–अलग समाजों की अपनी संस्कृतियों के साथ भी है। रंगों की अपनी अलग-अलग विशेषताओं को समझकर अभ्यास के साथ इनका सन्तुलन बनाना सीखना चाहिए।

अन्त में बाता आती है **विज्ञापन-सज्जा अथवा ले-आउट** की। इसमें रंग-चयन एवं संयोजन, खाली जगह, टाइप, विन्यास, ध्वनि एवं संगीत, दृश्य संयोजन आदि सभी कुछ आ जाता है। इसमें सन्तुलन और लय का विशेष महत्त्व है। और सबसे आवश्यक है विज्ञापनों की आचार संहिता एवं विज्ञापन कानून का ज्ञान। एक कॉपी राइटर इन सब बातों का ध्यान रखता है।

4.3 कुछ हिन्दी विज्ञापनों की संरचना एवं भाषिक प्रभाव का विश्लेषण : हमने सभी वर्गों के कुछ विज्ञापनों के भाषिक प्रभाव का विश्लेषण किया है। उदाहरण के लिए *सरकारी* अथवा *राष्ट्रीय विज्ञापन* देखें, तो हम पायेंगे कि सरकारी अथवा राष्ट्रीय विज्ञापन प्रायः राष्ट्रहित और जनहित में सरकार द्वारा जारी किये जाते हैं। कई स्वयंसेवी संस्थाएँ अथवा संगठन भी ऐसे विज्ञापन कर सकते हैं। इन विज्ञापनों का मूल उद्देश्य सामाजिक जागरूकता, जनहित, चेतावनी, शिक्षा आदि होता है।

इस वर्ग के विज्ञापनों की भाषा सीधी, मार्मिक तथा प्रभावी होती है। क्योंकि ऐसे विज्ञापनों का उद्देश्य राष्ट्रहित या समाजहित में जनसामान्य को ज़रूरी बातें सूचित करनी होती है, इसलिए उनमें कल्पनाशीलता की कमी होती है। रोचकता भी उतनी नहीं होती, जितनी व्यावसायिक विज्ञापनों में हुआ करती है। ये विज्ञापन पढ़ने, सुनने या देखने वालों को लुभाते नहीं हैं, कयोंकि विज्ञापन पढ़ने या देखने वाले या सुनने वाले लोग 'उपभोक्ता' की श्रेणी में नहीं आते हैं, ऐसे विज्ञापन डरा सकते हैं, चिन्ता में डाल सकते हैं, किन्तु पुनः आश्वस्त भी कर देते हैं। मूल रूप से चेतावनी और शिक्षा इनके प्रधान तत्त्व हैं।

इसी तरह **वर्गीकृत विज्ञापन** देखने पर हम पाते हैं कि वर्गीकृत विज्ञापन प्रायः मुद्रित जनमाध्यमों (समाचार-पत्र-पत्रिकाओं आदि) में ही अधिक होते हैं। इनको विषय या क्षेत्र के अनुसार वर्गीकृत करके प्रकाशित किया जाता है। जैसे–शिक्षा, रोजगार, चिकित्सा, वैवाहिक, खोया-पाया आदि। इन विज्ञापनों की भाषा संक्षिप्त, सांकेतिक, सीधी-सरल और अभिधात्मक होती है। यहाँ न तो काव्यात्मक भाषा चल पाती है, न लयात्मक। इसका कारण है कि ऐसे विज्ञापन बहुत कम मूल्य पर छापे जाते हैं तथा निम्न आय वर्ग के विज्ञापनदाता ही इन्हें प्रकाशित कराते हैं।

इसके विपरीत **व्यावसायिक विज्ञापन** हैं, जिनमें कलात्मकता होती है। इस श्रेणी के विज्ञापन बहुत प्रचलित हैं। इनके विषय-क्षेत्र का संसार भी व्यापक है। इनमें सौन्दर्य सम्बन्धी विज्ञापनों की व्यापक

श्रेणी दिखायी देती है। बल्कि कहें कि व्यवसाय के क्षेत्र में सौन्दर्य सम्बन्धी उत्पादों का तो जैसे बोलबाला है। क्योंकि आज सौन्दर्य की तरफ़ हर कोई अग्रसर हो रहा है। इन उत्पादों को श्रेणीबद्ध करके निम्न प्रकार से देखा जा सकता है–

1. महिला सौन्दर्य सम्बन्धी विज्ञापन। 2. पुरुष सौन्दर्य सम्बन्धी विज्ञापन।

3. बच्चों के सौन्दर्य सम्बन्धी विज्ञापन। 4. सौन्दर्य सम्बन्धी अन्य विज्ञापन।

इनके बाद **श्रेणी** आती है **वाहन सम्बन्धी विज्ञापनों की।**

आज की जीवन इतना रफ्तार का इतना व्यस्त तेज और इतना छोटा हो गया है कि हर कोई इस छोटे जीवन चक्र में हर चीज को हासिल कर लेना चाहता है। यातायात के साधनों में रेल, हवाई जहाज, बस, हर कोई निजी साधन नहीं बना सकता। लेकिन यातायात के कुछ और साधन जैसे–कार, जीप, बाइक, मोटर साइकिल, साइकिल आदि को आर्थिक रूप से वहन कर सकते हैं। साथ ही ट्रेक्टर्स, ट्रक भी यातायात तथा माल ढोने, खेती करने आदि के लिए भी प्रचलित साधन हैं।

इसमें भी दो पहिया वाहनों का उपभोक्ता अधिक देखा जाता है क्योंकि उच्च मध्य वर्ग इसको आसानी से खरीद पाते हैं। चार पहिया वाहनों के उपभोक्ता सीमित वर्ग के होते हैं। अतः दो पहिया वाहनों के विज्ञापन अपेक्षाकृत अधिक दिये जाते हैं।

वाहनों के विज्ञापनों में एक बात और देखने को मिलती है, वह है आर्थिक वर्ग के आधार पर विज्ञापनों की भाषा। चार पहिया विज्ञापनों का सम्बन्ध प्रायः उच्च आर्थिक वर्ग के उपभोक्ताओं से होने के कारण इन विज्ञापनों की भाषा अंग्रेजी है। कुछ मध्य आय वर्ग की कारों के विज्ञापन अवश्य हिन्दी में दिये जाते हैं। लेकिन कम। इसके विपरी दो पहिया वाहर, स्कूटर, बाइक, साइकिल के विज्ञापन हिन्दी में अधिक आते हैं। इनमें से बाइक युवा वर्ग की पसन्द है। इसलिए बाइक के विज्ञापनों में 'हिंग्लिश' को अपनाया जाता है। यानी, हिन्दी में अंग्रेजी की शब्दावली का रोचक प्रयोग। जबकि ट्रैक्टर तथा ट्रकों के विज्ञापनों की भाषा हिन्दी ही है। इन विज्ञापनों में मजबूती तथा किफायत पर अधिक बल दिया जाता है।

खाद्य, पेय तथा स्वास्थ्य सम्बन्धी विज्ञापन भी कम नहीं हैं।

जन माध्यमों में आजकल खाद्य तथा पेय सम्बन्धी विभिन्न विज्ञापनों की भी होड़ लगी है। आज लोगों को तरह-तरह के 'फास्ट फूड' अच्छे लगने लगे हैं। जिससे वे पुराने घरेलू खाद्य सामग्री के स्थान पर बाहरी खाद्य सामग्रियों को अधिक पसन्द कर रहे हैं। एक ही सामग्री के अलग-अलग ब्रांड निकलते हैं, साथ ही विशेष आकर्षण के लिए छूट, मुफ्त तथा 'एक के साथ एक मुफ्त' का प्रस्ताव करके ये विज्ञापन ग्राहकों को आकर्षित करते हैं। व्यावसायिक विज्ञापनों का यह एक प्रमुख लक्षण बन चुका है।

इसी तरह पेय पदार्थों के भी विज्ञापन प्रकाशित हो रहे हैं। तरह-तरह के प्युरिफाइड वॉटर तथा विभिन्न शीतल पेय (कोल्ड ड्रिंक्स), तरह-तरह के कॉफी, चाय आदि के विज्ञापन पाठकों के मन में गहरा प्रभाव छोड़ रहे हैं। जिससे युवा वर्ग सादे पानी के बजाय मिनरल वॉटर या कोल्ड ड्रिंक्स पीना ज़्यादा बेहतर समझता है।

घरेलू सामान के विज्ञापन भी उपभोक्ता को ख़ूब आकर्षित करते हैं।

आज हर कोई हर चीज स्पेशल चाहता है, चाहे यह आरामदायक कुर्सी हो या चाहे कोई आलमारी, चाहे कोई दरवाजा हो या बाथरूम का टब, कोई प्रेशर कुकुर या प्रेशर पैन। हर वस्तु के विज्ञापन में हर कोई अपने उत्पाद को श्रेष्ठ दिखाना चाहता है। एक ही वस्तु के विभिन्न प्रकार के निर्माणकर्ता हो गये हैं।

आज घर की ज़रूरत के सामानों में फर्नीचर का विशेष महत्व है। फर्नीचर के महत्व बढ़ने से इनके विज्ञापन भी अधिक प्रकाशित होने लगे हैं। विभिन्न प्रकार के फर्नीचरों के साथ **'विशेष योजना'** जैसे विज्ञापन प्रकाशित हो रहे हैं।

इसी तरह अनेक प्रकार के वर्तनों के भी निर्माता अपने उत्पाद की खासियत बताते दिखायी देते हैं। हर तरह से अपनी वस्तु को महत्वपूर्ण बताते हुए ग्राहकों को अपनी ओर आकर्षित करना चाहते हैं। इसी के साथ विज्ञापनों में डिटर्जेन्ट तथा केक आदि के भी काफी विज्ञापन प्रकाशित होते हैं। ये भी अपने उत्पाद की विश्वनीयता को उपभोक्ता के सामने प्रस्तुत करते तथा नकली माल से सावधान करते हैं। विज्ञापन में सास-बहू की तरकरार, गृहणी की सूझबूझ आदि के संयोग से गृहणियों को आकर्षित कर उत्पादों की ज़रूरतों को अनुभव कराया जाता है। विज्ञापनों के प्रस्तुतीकरण को देखकर ही उपभोक्ता पर इनका प्रभाव समझा जा सकता है।

इन घरेलू सामानों के मुख्यतः तीन वर्ग निर्धारित किये जा सकते हैं, जो इस प्रकार हैं:

1. फर्नीचर सम्बन्धी विज्ञापन।
2. बर्तन सम्बन्धी विज्ञापन।
3. डिटर्जेन्ट, साबुन व केक सम्बन्धी विज्ञापन।

विद्युत उपकरण एवं इलैक्ट्रॉनिक उपकरण सम्बन्धी विज्ञापन भी समाज में अपनी पैठ बना चुके हैं।

हर इन्सान को आराम और सुख के लिए तीन चीजों की आवश्यकता होती थी—रोटी, कपड़ा और मकान। इन तीनों चीजों को आज भी हर इन्सान प्राथमिकता तो देता ही है, लेकिन अब कुछ ऐसी चीजें प्रचलित हो गयी हैं, जो चौथी प्राथमिकता के रूप में दिखायी देती हैं। जिसके बिना घर अधूरा-सा लगता है। घर में कोई सभी तरह के सुख का भोग करना चाहता है तथा हर प्रकार के आराम चाहता है तथा हर प्रकार के विद्युत उपकरणों एवं इलैक्ट्रॉनिक सामान का निर्माण होता जा रहा है। यह सभी उत्पाद उपभोक्ताओं पर ऐसे हावी हो रहे हैं कि उपभोक्ता को लगता है कि इनके बिना उनका जीवन कुछ अधूरा सा है। सामान्यतः ये चीजें हैं :

टी.वी., वाशिंग मशीन, एयरकंडिशनर, कम्प्यूटर, वीसीडी प्लेयर्स, कूलर, गीजर, ऑडियो प्लेयर्स, वाटर हीटर, डिश एंटीना, मोबाइल फोन आदि।

इन चीजों के तरफ़ उपभोक्ता का ध्यान आकर्षित करने के लिए विभिन्न तरीके अपना रहा है। जैसे—बढ़ते दाम को घटना, छूट देना, पुराने के बदले नया, ए पर एक, किस्त योजना, लकी ड्रा योजना तथा विभिन्न विद्युत उपकरणों का उपकार आदि से सभी उत्पादकर्त्ता उपभोक्ता को दिग्भ्रमित करके सिर्फ़ अपने उत्पाद की ओर ध्यान आकृष्ट कराना चाहते हैं। यह बाज़ारवाद का नया युग है। इसमें आम आदमी बुरी तरह 'गिरफ्तार' हो रहा है।

इसी तरह हम यह भी पाते हैं कि विद्युत उपकरणों के अतिरिक्त इलैक्ट्रानिक उपकरणों का भी व्यापक विज्ञापन होता है। चाहे वे घड़ियाँ हों या फिर मोबाइल फोन। इनमें आज मोबाइल फोन, हैंडसैट और मोबाइल कनैक्शन की नयी-नयी स्कीमें आ रही हैं। उपभोक्ताओं को आकर्षित करने के लिए सभी उत्पादक नयी—नयी पेशकश कर रहे हैं। इनमें रियलाइंस, टाटा, बीएसएनएल, हच, एअरटेल, आइडिया, स्पीड जैसे कनैक्शन प्रदाता आमने-सामने हैं, तो हैंडसैट विक्रेताओं में नोकिया, सैमसंग, मोटोरोला, एलजी जैसी कम्पनियाँ शीर्ष पर हैं। कई कम्पनियों ने एक-दूसरे के साथ मिलकर स्कीमें निकली हैं, जिसमें दोनों का ही लाभ है।

4.4 विज्ञापनों में प्रयुक्त हिन्दी का विश्लेषण : विज्ञापनों में हिन्दी का जैसा रूप मिलता है वह

अन्यत्र कम ही मिलता है। यहाँ हिन्दी का 'नवाचार' है। एक नूतन प्रयोजन। एक नवीनतम प्रकार्य। विज्ञापन का मूल उद्देश्य होता है रोचक ढंग से, अपने उत्पाद के प्रति ग्राहकों का ध्यान आकर्षित करना। यहाँ भाषा का व्याकरण नहीं, 'अर्थ' तथा 'दृश्य' का व्याकरण देखा जाता है। किस तरह हम अपने ग्राहक को, टेलीविजन पर दर्शक को और रेडिया पर रेडियो के श्रोता को अपनी ओर खींच सकते हैं? यह दृष्टि रहती है। यह अलग बात है कि अधिकांश विज्ञापनों में स्त्री को एक 'वस्तु' या 'माल' (कमोडिटी) के रूप में दिखाने की प्रवृत्ति आज आम हो चली है, जिसकी भर्त्सना होनी चाहिए। आलोचना हो भी रही है। फिर भी विज्ञापन एजेंसियाँ अभी इस ओर अधिक ध्यान नहीं दे रहीं। ऐसे में कई बार स्त्री देह मुख्य बन जाती है, सन्देश पीछे रह जाता है।

यहाँ हम फिलहाल विज्ञापन की हिन्दी बात कर हैं। इस 'विज्ञापनी हिन्दी' की कतिपय विशेषताएँ इस प्रकार देखी जा सकती हैं–

1. अंग्रेजी शब्दों का सहज प्रयोग : विज्ञापन की इस हिन्दी में अंग्रेजी की प्रधानता है। यहाँ 'हिंग्लिश' का बहुत ही रोचक उपयोग किया जा रहा है। अनेक तरह के विज्ञापनों से कुछ विज्ञापनों की भाषा यहाँ मात्र उदाहरण के लिए दी जा रही है–

(1) दाँतों में दर्द है। नया tooth paste try किया। दाँतों के साथ experiment? कभी नहीं। दाँतों को चाहिए सुरक्षा। super शक्ति-युक्त... to way action एक–इसका असरदार झाग दाँतों में सड़न पैदा करने वाले कीटाणुओं का खात्मा करे, दो–कीटाणुओं के खिलाफ बनाये सुरक्षा कवच।...

(2) ऐसे वाक्यांश ख़ूब प्रचलित हैं–

– ये दिल माँगे more

– No रुखापन, no चिपचिपाहट

– यही है right choice baby

– हमें लिख भेजिए right now

2. सहज–सहज हिन्दी का आकर्षक प्रयोग : ऐसे बहुत-से विज्ञापन हैं, जिनमें सहज-सरल हिन्दी का अच्छा प्रयोग किया गया है। शुद्ध हिन्दी में लिखे सरल-सहज विज्ञापन एक मिठास लिए होते हैं और सहज ही हमारा ध्यान खींचते हैं। ऐसे एक विज्ञापन की पंक्तियाँ पढ़कर देखें–

बेटी–(अपने बालों से परेशान होती हुई).....माँ मुझे लड़का बना दो।

माँ–बेटा, यही तो तेरा गहना है।

बेटी– ये गहना टूटता झड़ता है।

माँ–अच्छे से अच्छा साबुन नाकाम। मैंने अपने परिवार को दिया एक अटूट रिश्ता।

बैंकग्राउंड से पुरुष स्वर-साबुन से बाल टूटते-झड़ते हैं।

नया...दे लगातार पोषण। बाल इतने स्वस्थ कि दमके-दमके-दमके

माँ–(मुस्कुरा कर) अब भी लड़का बनेगी?

(संगीत के साथ) ...जीवनभर देख-भाल। दे इतने स्वस्थ बाल कि दमके-दमके-दमके....

इसी तरह यह काव्यात्मक विज्ञापन लें–

"देखो-देखो हर चेहरे को,/मेरा दिल मचलता देखो,
कोमलता को मन से छूलो,/ जीवन में क्या रौनक लाए।
ऐसा मासूमियत दिनभर रहे कैसे?/.....से।"

अब हम टेलीविजन और रेडियो पर प्रसारित विज्ञापनों की ओर ध्यान दें। इनमें प्रायः शुद्ध या

मानक हिन्दी और सरलता के लिए कहीं-कहीं हिन्दुस्तानी हिन्दी की शब्दावली को अपनाया जाता है, ताकि जनसामान्य सन्देश को आसानी से समझ सके, ग्रहण कर सके। ऐसा एक सन्देश देखें—

"कहे समय का इकतारा
अक्षर-अक्षर दीप जले... फैले शिक्षा का उजियारा।...
बड़ा ज्ञान से धन ना दूजा/पढ़ने का सब करो जतन।
कहे समय का इकतारा/अक्षर-अक्षर दीप जले .....
फैले शिक्षा का उजियारा।"

इसके बाद उद्घोषणा—

"पढ़ने-लिखने का मजा ही कुछ और है।
पढ़ें-पढ़ायें-जीवन में खुशियाँ फैलायें।"

—राष्ट्रीयता साक्षरता मिशन

यहाँ इस ओर हमारा ध्यान देने का आग्रह है कि प्रायः सूचना और शिक्षाप्रधान विज्ञापनों में मानक हिन्दी का प्रयोग ही किया जाता है। विषय के अनुकूल कभी-कभी उस विषय की परिभाषिक शब्दावली अपनाई जाती है, जो या तो अंग्रेजी में होती है अथवा अनुवाद, जो संस्कृतनिष्ठ हिन्दी में किया गया होता है।

3. भाषा पर जैविक आवश्यकताओं का दबाव : विज्ञापनों की भाषा का विश्लेषण किया जाये तो इस भाषा के ऊपर पड़ने वाले दबावों और भाषा के प्रयोजनमूलक स्वरूप को भली-भाँति समझ सकते हैं। हिन्दी भाषा किस तरह लचीली है। और इस दृष्टि से प्रयोजनीय है, इसे इन कुछ विशेषताओं से जाना जा सकता है।

विज्ञापनों की भाषा पर मुख्य रूप से दो बड़ी मानवीय आवश्यकताओं की पूर्ति का दबाव रहता है—जैविक आवश्यताएँ, मनोवैज्ञानिक आवश्यकताएँ। सांस लेना, भूख प्यास, स्वास्थ्य आदि जैविक आवश्यकताएँ हैं। समाज-द्वारा अनुमोदन, प्रतिष्ठा, प्रभुत्व, प्रेम, करुणा, घृणा आदि मनुष्य की मनोवैज्ञानिक आवश्यकताएँ हैं।

विज्ञापन कहीं-न-कहीं इन आवश्यकताओं से जुड़े रहते हैं, इसलिए वे ऐसी भाषा की तलाश करते हैं, जो इन आवश्यकताओं के अनुरूप मनुष्य को प्रभावित कर सके।

उदाहरण के लिए एक विज्ञापन की हिन्दी का यह रूप देखें जो उपर्युक्त आवश्यकताओं की पूर्ति बख़ूबी करता है—

"गुणकारी शक्ति तो आपके हाथ में है।
मोच, पेशियों में खिंचाव, जोड़ों की जकड़न
और बदन दर्द के लिए आयोडेक्स—
गुणकारी शक्ति से भरपूर खास बाम।"

कहना यह होगा इन पंक्तियों में जैविक और मनोवैज्ञानिक दोनों तरह की मानवीय आवश्यकताओं को बख़ूबी साथ लिया गया है।

एक और विज्ञापन देखें—

"ठण्डा मतलब कोकाकोला!"

इसी तरह— *"पड़ोसी की जले जान, आपकी बढ़े शान।"*

इन विज्ञापनों मनुष्य की जैविक और मानसिक दोनों आवश्यकताओं की पूर्ति के लिए प्रभावकारी शब्दावली चुनी गयी है।

4. तरंगित शब्दों के चयन से लयात्मकता की सृष्टि : बनाम स्लोगन : विज्ञापन की भाषा के रूप में हिन्दी की **सक्रियता** शब्द और अर्थ का आकर्षक पाठ्य, श्रव्य और दृश्य विशिष्टिताओं से युक्त है। विज्ञापन के शीर्षक, उपशीर्षक, काया (बॉडी); या जिसे विस्तार कह सकते हैं तथा समापन में भाषा की क्षमता का प्रदर्शन विज्ञापन को अपेक्षित लोकप्रियता प्रदान करता है। तरंगित करने वाले शब्दों का चयन विज्ञापन को एक अनूठी लयात्मकता भी प्रदान करता है। जैसे–

–आया नया उजाला चार बूँदों वाला। –मैल फरार, कपड़े बरकरार

–बोतल में आम, माजा है नाम–आयोडैक्स मलिए, काम पर चलिए

–दाम में फिट काम में भी हिट

इसी तरह रेडियो एवं दूर-दर्शन पर प्रसारित विज्ञापनों में पृष्ठभूमि में **जिंगल** बजते हैं। इन *'छनाछन तुकबन्दियों' में काव्यात्मकता और सुमधुर संगीतात्कता का समावेश किया जाता है। ऊपर दिये गये कई लयात्मक वाक्य 'जिंगल' की तरह प्रयुक्त होते हैं। इसी क्रम में कुछ लोकप्रिय जिंगल देखें-*

– वाशिंग पाउडर निरमा, दूध सी सफेदी निरमा से आये,
रंगीन कपड़ा भी खिल-खिल जाये।
सब की पसन्द निरमा। वाशिंग पाउडर निरमा। (निरमा वाशिंग पाउडर)

– पहले इस्तेमाल करें फिर विश्वास करें। (घड़ी डिटर्जेन्ट पाउडर)

– दिल को जब खुशी छू जाये, कुछ मीठा हो जाये। (कैडवरी चाकलेट)

5. उत्सुकता और आकर्षण के लिए प्रभावशाली वाक्य-रचना : विज्ञापन में औत्सुक्य एवं आकर्षण का स्थायी सौष्ठव लाने के लिए प्रभावशाली वाक्यों की रचना की जाती है। ऐसे वाक्य प्रायः प्रश्नमूलक एवं विस्मयमूलक अधिक होते हैं। लेकिन कभी-कभी निश्चयात्मक एवं निषेधात्मक वाक्यों का प्रयोग भी किया जाता है। उद्देश्य होता है विज्ञापन को उपभोक्ता के मनोमस्तिष्क पर स्थापित करना। उदाहरण स्वरूप दिलोदिमाग पर छा जाने के लक्ष्य को लेकर तैयार किये जाने वाले ऐसे कुछ विज्ञापनों के अंश देखें

–सर्फ की खरीददारी में ही समझदारी है। –अब आप समझे मैंने यह टिक्या क्यों ली? –पहले इस्तेमाल करें, तब विश्वास करें। –जब दर्द सताए तब कौन याद आये?–समझदार लोग उचित निर्णय–हीरा है सदा के लिए।

इस वाक्य रचना के कई रूप हैं। इनमें से प्रमुख है–आज्ञार्थक, अनुनयात्मक, सुझात्मक और चेतावनीपूर्ण वाक्य-रचना। इस सन्दर्भ में कुछ उदाहरण पढ़कर देखें–

–जल्दी कीजिए ऑफर सीमित समय के लिए–हमारी मानें–आज ही घर लें आइए–तो देर किस बात की–नक्कालों से सावधान। –दर्द मिटाए चुटकी में–ना कहोग तो पछताओगे।

6. क्रियाओं और विशेषणों की नवीनता : विज्ञापनों में प्रयुक्त हिन्दी में विज्ञापित उत्पादनों के गुण उनकी प्रकृति के अनुसार व्यक्त किये गये हैं। तद्नुसार उनमें शृंगारिक भाषा, विशेषणों और क्रियाओं के नये-नये प्रयोग मिलते हैं। जैसा कि हमने पीछे देखा कि विज्ञापनों में काव्यात्मकता और संकर (हाइब्रिड) शब्दों का प्रयोग ख़ूब किया गया है। ध्वनि-संयोजन, समानांतरता और अभिसरण इस विज्ञापन–भाषा का प्रभावकारी रूप है।

उदाहरण के लिए बहुत सारे विज्ञापनों में पद्यात्मकता, लय-तालबद्धता और तुकांतता लाने के लिए अभिसारी शैली का प्रयोग किया गया है। यथा–

"हाजमा फिट, तो लाइफ सुपरहिट!"

"धुलाई का hero कर दे मैल को zero !"

"जो अन्दर fit वह बाहर भी hit !"

इसी तरह "खाओ Britania fifity-fifty, very-very, tastey-tasty" जैसे विज्ञापनों में अनुरणात्मक शब्दों का प्रयोग विज्ञापनों को एक अलग रूप देकर उपभोक्ताओं को अपनी ओर आकर्षित करता है। यह प्रतिलिपिक अभिसारी शैली है।

हाइब्रिड या संकर भाषा का प्रयोग तो खैर ख़ूब प्रचलन मे है ही। चाहे वह 'डबल-ताकत' या 'डबल मज़ा' हो, 'छोटा प्राइस' या 'सबसे ज़्यादा इंटैलीजेंट' हो, सब जगह यह प्रवृत्ति विद्यमान है। और 'सुपर शक्ति' या 'कुछ ज़्यादा ही सॉलिड' अथवा 'व्हाइटेस्ट व्हाइट कपड़े' का तो कहना ही क्या!

जहाँ तक **विशेषणों और क्रिया विशेषणों की बात है,** हिन्दी विज्ञापनों में विशेषणों का प्रयोग बहुत मिलता है। ये विशेषण चौंकानेवाले तथा अतिशयोक्तिपूर्ण होते हैं। कोशिश यह रहती है कि उनमें नवीनता हो। इनमें एक ओर असाधारण, अपूर्व, अद्भुत, अनुपम, अनोखा, अनूठा, बेमिसाल, बेजोड़, लाजवाब आदि हैं तो—मनमोहक, मनभावन, मनोरम, मनोहारी जैसे संयुक्त विशेषणों वाले शब्द भी मिलते हैं। चमत्कारपूर्ण, चमत्कारी, लोकप्रिय, सुहाना, लुभावना, सजीला, शानदार, दमदार, गुणकारी, आदर्श, खुशनुमा, सुखद, आनन्ददायक, मजेदार, आरामदेह, नया, नवीन, नवेला, नया-नवेला, टिकाऊ, शीतल, आधुनिक, मजबूत, कुदरती आदि भी ध्यातव्य हैं। कहीं-कहीं 'कितना' जोड़कर विशेषणों को नवीनता दी गयी है, जैसे कितना सुगंधित, कितना मुलायम, कितना सुन्दर आदि। इसी तरह मूलावस्था, उत्तरावस्था और उत्तमावस्था वाले शब्द नये विशेषणों की सर्जना करते हैं। यथा—सर्वोतम, सर्वाधिक, सबसे तेज, अधिक, सबसे अच्छा, सर्वोत्तम, सर्वश्रेष्ठ, सबसे बढ़िया, दूसरों से आगे, औरों से अलग आदि। अवधि की संक्षिप्तता के लिए भी कई बार विशेषणों को अपनाया गया है। यथा— झटपट, सिर्फ़ पाँच मिनट में, चुटकियों में इत्यादि। ऐसे वाक्यांश विज्ञापन की अपील बढ़ाते हैं। समयपरक विशेषणों से युक्त वाक्यांशों का प्रयोग उन्हें अलग ही पहचान दे देता है। जैसे—आज ही, मिनटों में, फौरन, जल्दी कीतिए, तुरन्त पहुँचिए, झटपट, हर क्षण, हर पल, हर दिन, सुबह-शाम आदि। औषधियों के विज्ञापनों में ऐसे विशेषणयुक्त शब्दों का प्रयोग बहुत होता है, जिनसे मासिक और शरीरिक राहत का अहसास जागता है। यथा—आराम, राहत, छुटकारा, मुक्ति, असर, नियन्त्रण। या फिर टॉनिक आदि के लिए—शक्तिवर्द्धक, बलशाली या बलवर्द्धक, ताज़गी, स्फूर्ति तन्दुरुस्ती, पोषक इत्यादि।

वस्त्रों तथा गहनों अथवा शृंगार प्रसाधनों के विज्ञापनों में ऐसी शब्दावली का प्रयोग ख़ूब किया जाता है, जिनमें—कोमल/कोमलता, सुन्दर/सुन्दरता/सौन्दर्य, रूपछटा, रूपकांति, आकर्षक, अनूठा, अनुपम, अद्भुत का सम्मिश्रण हो। सब कह उठें वाह!

विशेषणों के प्रयोग के पाँच स्तर मिलते हैं—

1. केवल एक विशेषण का प्रयोग : जैसे- नया लिरिल : **ताजगी** का साबुन, राजदूत : **सबसे अधिक** बिकने वाली मोटरसाइकितल, **आरामदेह** बनावट : टापर्स बाटा, अपनी त्वचा को **कोमल** बनाये रखिए, **मजेदार** भोजन का राज : डालडा।

2. दो विशेषणों का प्रयोग : जैसे—**तुरन्त** जले **बरसों** चलें : अमर इलैक्ट्रानिक गैस लाइटर्स, रेक्सोनाः अपकी त्वचा को **कोमल और उज्ज्वल** रखता है, इस टिकिया का वादा **घुले कम, चले ज़्यादा, बेजाड़** चाय, **किफायती दाम** - रेड लेबल चाय, अब **बिल्कुल नया, नीला** डिर्टेन्ट पाउडर : नया बेस्टो।

3. तीन विशेषणों का प्रयोग : जैसे- हमेशा शीतल, ताजा, खुश्बूदार...। साफ़, स्वस्थ और डैण

ड्रफ रहित बालों को लिए....। अलबेली और निराला, ज्याद गारंटी वाली—घड़ी। मनपसन्द, सजीव और स्फूर्तिदायक—नैस्काफी।

4. विशेषण ही विशेषण : जैसे—डबल डाइमण्ड चाय : स्वाद में तेजी में, आपके ख्यालों में ताजगी। इतना स्पष्ट मानो सजीव हो, शत प्रतिशत असली जापानी तोशिबा जीवन भर के मनोरंजन के लिए सारा दिन रंगीन व ब्लैक एण्ड वाहट टी.वी.। भीनी-भीनी सुगन्धयुक्त, चिचिपाहट रहित केशतेल स्वस्थ केश-सुन्छर केश...।

5. प्रविशेषण का प्रयोग : जैसे-अत्यन्त सुन्दर, पले से अधिक टिकाऊ, अनेकानेक विविधता का असीमित भण्डार, ख़ूबसूरत हवा अधिक गतिशील अधिक शक्तिशाली।

6. मुहावरों का रचनात्मक प्रयोग : हिन्दी विज्ञापनों में मुहावरों का प्रयोग चार चाँद लगा देता है! ऐसे प्रयोग जन-अपील को प्रबोधकारी बनाने में बहुत सक्षम होते हैं। कुछ विशिष्ट प्रयोग देखें जिनमें मुहावरों का अच्छा समावेश है—

पड़ोसवाले वाले प्रशंसा के पुल बाँधते नहीं थकते।--क्या आप चाहते हैं कि सफलता आपके कदम चूमे?— इसके सुहाने प्रिंट आपके सौन्दर्य में चार चाँद लगा देंगे।—

—पहली नजर में ही आप इसे अपना दिल दे बैठेंगे। —अब सब चाहें आपको पलकों पर बिठाने।

7. अलंकारों का प्रयोग : विज्ञापनों में आलंकारिक भाषा का प्रयोग उन्हें प्रभावपूर्ण बना देता है। ऐसे विज्ञापनों में अलंकारों के कारण एक माहौल बनता है। इसके लिए उपमा, रूपक, रूपकातिशयोक्ति, मानवीकरण तथा अनुप्रास और कहीं-कहीं श्लेष जैसे अलंकारों का प्रयोग किया जाता है। कुछ उदाहरण देखें—

—नयी चाँदनी की-सी मनोहरता। —कम से कम खर्च से ज़्यादा से ज़्यादा उजले कपड़े।—महँगे होते हुए भी सस्ते। —जैसा रंग वैसा स्वाद। —आज है कल गायब। पनामा तो पनामा ही है। कमनीय कोमल कांति।

अन्त में यह कि विज्ञापनों में हिन्दी के जो विभिन्न रूप और शैलियाँ आज प्रयुक्त हो रही हैं, वे चार प्रकार की हैं—

(1) मानक हिन्दी (2) बोलचाल की हिन्दी—जिसमें स्थानीयता अथवा क्षेत्रीयता का पुट रहता है। हिन्दी की बोलियों की आँचलिक शब्दावली का प्रयोग होने के साथ—साथ उसमें सरलता-सहजता के लिए अंग्रेजी की प्रचलित सरल शब्दावली जिसे 'हिंग्लिश' नाम दिया गया है। (4) हिन्दी के साथ अन्य भारतीय भाषाओं की शब्दावली मिलाकर बनी हिन्दी। जैसे—तमिल, पंजाबी, गुजराती, बांग्ला आदि।

4.5 मौखिक भाषा से इतर दैहिक, ध्वनि एवं रंग भाषा का वैशिष्ट्य : कई विज्ञापनों में उच्चरित शब्दों के स्थान पर देहभाषा और संगीत ही सार्थक 'भाषा' का काम करते हैं। इनका प्रभाव भी रचनात्मक होता है। कुछ टेलीविज़न चैनल्स पर एक खास इनवर्टन बैटरी (सु—कमे) का प्रचार आता है। यह एक शब्द-रहित प्रचार है, जिसमें संकेतों (देह-भाषा) का अच्छा उपयोग किया गया है। बिना शब्दों इस्तेमाल के एक बड़ा सन्देश प्रभावशाली ढंग से सम्प्रेषित हो गया है। केवल दृश्यों, देह-भाषा और संगीत के प्रयोग से। यह दृश्य और देह भाषा शुद्ध हवा को भी इंगित करते हैं। जो इस बैटरी की खास विशेषता बताई गयी है।

इसी तरह कई विज्ञापनों में पात्रों के हावभाव सन्देश को प्रभावपूर्ण बना देते हैं। चेहरे पर फूट पड़ने वाली खुशी, आश्चर्य, आत्मविश्वास, भावप्रवण आँखें, आदि देह भाषा के अच्छे उदाहरण हैं।

दीवारों के रंग, कपड़ों के विविधतापूर्ण प्रिंट, इन्द्रधनुष आदि रंगभाषा के प्रभावशाली उपकरण हैं।

5.1 हिन्दी विज्ञापन : प्रभाव का विश्लेषण : टी. न्यूफील्ड्स की एक अंग्रेजी कविता है, जिसका हिन्दी अनुवाद है–

बहुत पहले प्रतिकृतियों के होने के / था कोक® ही आदि कारण अन्य उत्पादों के अस्तित्व से युगों पूर्व/ कोक® के सिन्धुओं को चमकाते थे सूर्यनारायण/ घटिया कोलाओं को मनुष्य के पीने से कल्पों पहले /महान ऋषियों ने अभिकल्पित किया कोक® की धार/ काल के अन्त पर जब सब विलय हो जाता है अलबत्ता कोक® मात्र की ही होगी सत्ता/अतः विश्व के गुलामों, इन बुलबुलों में मजा लो/ इस दिव्य आसव की प्रशस्ति गाओ और याद रखो ज्ञानियों का उद्‌गार ओम्म्म! आह! डकार!

चेतना के कोका-कालोनीकरण पर **न्यूफील्ड** की यह अद्‌भुत कविता भारतीय सन्दर्भों, संस्कारों और स्मृतियों के साथ जब लिखी गयी होगी तब इसके कवि को क्या मालूम था कि कभी भारत कोक का इतना गुलाम हो जायेगा कि इसी में ही उसे 'आज़ादी मन की' दिखायी पड़ेगी।

विज्ञापन इच्छाएँ जगाता है। उनके भीरर समानों से जुड़ी नयी ज़रूरतें पैदा करता है। यह पूरी दुनिया में समान जीवन शैली, रहन-सहन, खान-पान, सौन्दर्य चेतना और मूल्यबोध की एकता पैदा कर रहा है। मुनाफा कमाने की इस रणनीति में सांस्कृतिक रूपों की एक नयी गतिशीलता तैयार हो रही है। व्यवसाय और संस्कृति अब एक ही सिक्के के दो पहलू हैं।

5.2 विज्ञापन का मनोविज्ञान : अगर कहा जाये कि 'विज्ञापन' और 'मनोविज्ञान' एक दूसरे के पूरक हैं तो अतिशयोक्ति नहीं होगी। उपभोक्ता किसी उत्पाद को क्यों खरीदता है? इसके पीछे मनोवैज्ञानिक कारणों की खोज की जा सकती है। मनुष्य की कुछ मूल प्रवृत्तियाँ हैं जो उसे किसी भी कार्य की ओर प्रेरित करती हैं। कुछ मूल प्रवृत्तियाँ हैं–सामाजिक सुरक्षा की भावना, यश और सम्मान पाने की चाह, अंह की तुष्टि, सृजनशीलता, देश के प्रति एवं स्वयं के प्रति प्रेम, काम भावना, प्रेम भावना, शक्ति संग्रह की भावना आदि। मनुष्य की इन्हीं प्रवृत्तियों, भावनाओं आदि को उभार कर किसी विशेष उत्पाद की ओर इस प्रकार ध्यान आकृष्ट कराया जाता है कि उपभोक्ता वह उत्पाद खरीदने पर बाध्य हो जाये।

5.3 विज्ञापन का प्रभाव : सामाजिक उपभोक्ता का क्रय व्यवहार कई बातों से प्रभावित होता है। मुख्य रूप से तीन कारक हैं, व्यक्तिगत, सामाजिक कारक और सांस्कृतिक कारक।

आज के सन्दर्भ में *कैनन* और *विचर्ड* का यह कहना बिल्कुल सही है कि विज्ञापन का उद्‌देश्व उपभोक्ताओं के क्रय आचरण को प्रभावित करना होता है। यहाँ आचरण का आशय सिर्फ़ व्यक्तिगत आचरण से नहीं है क्योंकि विज्ञापन का अपना एक खास उपभोक्ता वर्ग होता है। आज लगभग हर वर्ग के लोगों के लिए खास उपभोक्ता वर्ग होता है। आज लगभग हर वर्ग के लोगों के लिए खास विज्ञापन दर्शाए जा रहे हैं। क्या बच्चे, क्या प्रौढ़, क्या वृद्ध, क्या किशोर और क्या महिलाएँ, समाज के हर व्यक्ति को विज्ञापन प्रभावित करता है।

5.3.1 बच्चों पर विज्ञापन का प्रभाव : चूंकि विज्ञापनों द्वारा व्यक्ति और समाज के आचरण को प्रभावित करने का कार्य मनोवैज्ञानिक ढंग से किया जाता है, इसलिए जाने-अनजाने उपभोक्ता उससे प्रभावित होता चला जाता है। उपभोक्ता वर्ग में अगर आसानी से और तेजी से किसी को प्रभावित किया जा सकता है तो वह बच्चे ही हैं। आजकल 'चाइल्ड साइकोलॉजी' या 'बाल मनोविज्ञान' को ध्यान में रखकर विभिन्न उत्पादों के विज्ञापन तैयार किये जा रहे हैं। उदाहरण के लिए 'पैप्सोडेंट' के विज्ञापन में दो बच्चों को दिखाया जाता है जिसमें एक बच्चा तो कुछ भी खा-पी रहा है क्योंकि

वह 'पैप्सोडेंट' का इस्तेमाल करता है और कीटाणुओं से लड़ने का कार्य तो वह टूथपेस्ट कर रहा है। दूसरा बच्चा ऐसा नहीं कर सकता क्योंकि मम्मी से ख़ूब डाँट पड़ेगी! दूसरा बच्चा माँ की नकल उतारकर कहता है–"ये मत खाओ, वे मत खाओ!" अपनी नाराजगी व्यक्त कर रहा है। पहला बच्चा अपनी माँ से पूछता है–"ढिशूम-ढिशूम तो पेप्सोडेंट का काम है न?"

बच्चों में सकारात्मक प्रभाव की बात करें तो यह ठीक लगता है कि बच्चे ज़्यादा तेज निकल रहे हैं, स्वयं के प्रति सजग हैं पर सच यह है कि इन सबका नकारात्मक प्रभाव ज़्यादा पड़ रहा है और बच्चों में उच्छृंखलता की प्रवृत्ति बढ़ रही है।

5.3.2 प्रौढ़ वर्ग पर प्रभाव : यह सच है कि आज रेडियो, टीवी, समाचार-पत्र, होर्डिंग्स इत्यादि के माध्यम से जो विज्ञापन प्रदर्शित किये जा रहे हैं उनमें से अधिकांशतः बच्चों के मन-मस्तिष्क में स्वयं के प्रति अत्यधिक सजगता उतारने का प्रयास कर रहे हैं। पर सिर्फ़ बच्चों तक ही यह सीमित नहीं है। हर वर्ग को निशाना बनाया जाता है। युवा बने रहने की चाह हर मनुष्य में होती है। प्रौढ़ वर्ग के लोग स्वयं को युवा बनाये रहने के प्रति ज़्यादा सजग रहते हैं। हेयर गोदरेज डाई के विज्ञापन में यह दिखाया जाता है कि अगर कोई महिला आंटी के बजाय 'दीदी' कहलवाना चाहती है तो सफेद बालों को छुपाने हेतु 'डाई' का इस्तेमाल करना होगा और अगर उस महिला का पति 'डाई' का इस्तेमाल नहीं कर रहा हो तो वह 'अंकल' द्वारा सम्बोधित किया जायेगा जबकि उसके सामने ही उसकी पत्नी 'दीदी' कहकर सम्बोधित की जायेगी और वह शर्मिन्दगी महसूस करेगा। इस विज्ञापन का प्रभाव जबरदस्त है। जैसे 'खाना' हारे जीवन का ज़रूरी अंग है वैसे ही 'डाई' का इस्तेमाल भी प्रौढ़ व्यक्तियों के लिए उतना ही ज़रूरी है! युवा दिखने की चाह में 'साइड इफेक्ट' की परवाह किसे है?

5.3.3 युवा वर्ग पर विज्ञापन का प्रभाव : भारत में आज वस्तुओं के उपभोग में भारी वृद्धि हुई है। उपभोग संस्कृति से सबसे ज़्यादा युवा वर्ग प्रभावित हो रहा है। अच्छा खाना, पहनना, अच्छे वेतनमान, विभिन्न निजी संस्थानों में बढ़ते अवसर इत्यादि युवा वर्ग को आकर्षित कर रहे हैं। उनके सपनों व आकांक्षाओं को विज्ञापन ने एक नया आयाम प्रदान किया है। युवा अपनी चीजों को अपने नियन्त्रण में रखना चाहते हैं। और स्वयं के विस्तार में वे निजी चीजों का चुनाव करते हैं। चाहे वे युवा वर्ग उच्च, मध्यम या निम्न आय वर्ग में बँटे हों उनमें आकांक्षा स्तर (Aspiration Label) एक-सा रहता है। विज्ञापनदाता इसे अच्छी तरह समझते हैं।

आज विज्ञापन और स्पांसर वहाँ तक पहुँच चुके हैं जहाँ उनके होने की कुछ साल पहले तक किसी ने कल्पना नहीं की होगी। कोक और पेप्सी अब सिर्फ़ दुकानों तक या रेस्तरा तक सीमित नहीं है बल्कि आज कॉलेजों व विश्वविद्यालयों में सांस्कृतिक प्रबन्धन की भूमिका निभा रहे हैं। कोक और पेप्सी के बगैर कॉलेजों और विश्वविद्यालयों में कोई सांस्कृतिक आयोजन नहीं होता है।

5.3.4 महिलाओं पर विज्ञापन का प्रभाव : *'सिर्फ़ की खरीदारी में ही समझदारी है'*—कहती हुई अभिनेत्री-मॉडल कविता चौधरी जब 'सर्फ' का प्रचार करती हुई नजर आती थीं। तब वह मात्र उत्पाद की प्रचारक ही नहीं थीं बल्कि वह आम मध्यमवर्गीय भारतीय महिला का प्रतिनिधित्वा करती थीं। तात्पर्य यह है कि विज्ञापन चाहे साबुन का हो, खाद्य पदार्थ का हो, वाहन का हो, सिगरेट का हो, शराब का हो या किसी अन्य चीज का महिलाओं के बगैर शायद विज्ञापन की कल्पना भी मुश्किल है।

चूँकि परिवार के आवश्यकताओं की पूर्ति की जिम्मेदारी प्रायः स्त्रियों पर निर्भर करती है, अतः विविध विज्ञापनों में स्त्रियों के माध्यम से मनोवैज्ञानिक तरीके से प्रचार किया जाता है।

आजकल विज्ञापनों में नारी–देह का खुला प्रदर्शन किया जाता है। अगर यह कहा जाये कि आधुनिक उपभोक्तावादी संस्कृति में नारी उपभोग की वस्तु बनकर रह गयी है, तो अतिशयोक्ति नहीं होगी। विज्ञापनों में बहुत कुछ महिलाओं के लिए सकारात्मक भी है। आजकल महिलाएँ अधिकारों के प्रति सजग हैं, अतः इस भावना को ख़ूब भुनाया जाता है। उन्हें समझदार तेज-तर्रार दिखाया जाता है। वैसे एक तरफ़ विज्ञापन जगत में नग्नता प्रदर्शित करनी मॉडले हैं तो दूसरी तरफ़ अमृता सलूजा जैसी मॉडलें भी हैं जो आधुनिक माँ की भूमिकाओं में नजर आती हैं।

विज्ञापन एक तरफ़ आधुनिकता का दावा करते हैं। और दूसरी तरफ़ पुराने दकिमानूस विचारों को भी ढोते रहने की ओर प्रेरित करते हैं। क्रीम, पाउडर इत्यादि उत्पादों के विज्ञापनों में प्रायः रंग, सुन्दरता को लेकर लड़कियों/स्त्रियों को हीन भावन से ग्रसित दिखाया जाता है। उत्पाद के इस्तेमाल के बाद उन्हें ब्यूटी कॉन्टेस्ट जीतते, एयर हॉस्टेस बनते या 'विवाह लायक' होते दिखाया जाता है, यानी स्त्रियों की स्थिति 'वस्तु' की है, वह बने-सँवरें और लोग उसे पसन्द-नापसन्द करते रहें! सजावट का सामान बनकर रहें!!

5.3.5 समाज के विपन्न, सम्पन्न एवं मध्य-वर्ग पर विज्ञापन का प्रभाव : विज्ञापन की मायावी दुनिया के कुछ पक्ष चिंताजनक हैं। उपभोक्तावादी संस्कृति भारतीय समाज पर हावी होती जा रही हैं। धन-दौलत व चीजों की कोई सीमा नहीं होती। खरीदने के चक्कर में मनुष्य अपना विवेक खोकर उपभोक्ता मात्र बन गया है।

सच और झूठ का अन्तर मिटा देने वाले ये विज्ञापन हमें बुरी तरह ललचाते हैं। हम तमाम तरह की भौतिक चीजें इकट्ठा कर अपने आप को धनाढ्य और विशिष्ट दिखाना चाहते हैं। यह दिखावा, धन-प्रदर्शन हमें समाज में उच्च दिखाने के लिए प्रेरित करता है।

विज्ञापन सम्पन्न, विपन्न व मध्यवर्ग के बीच की दूरियाँ बढ़ाते हैं। विपन्न वर्ग हताशा की गर्त में चला जाता है। क्योंकि आर्थिक कारणों से वह अपनी ज़रूरत की चीजें नहीं खरीद सकता। हताशा के फलस्वरूप आपराधिक प्रवृत्तियाँ बढ़ने लगती हैं। मध्यवर्ग उच्चवर्ग के रहन-सहन अपनाना चाहता है और उच्चवर्ग अपनी सम्पन्नता में और वृद्धि करना चाहता है।

5.4 विज्ञापन का प्रभावः आर्थिक : विज्ञापन का सम्बन्ध धन से है। धन के बिना विज्ञापन नहीं हो सकता। धन की चाह में ही विज्ञापन होते हैं। इसलिए विज्ञापन का सबसे अधिक प्रभाव अर्थ-तन्त्र पर पड़ता है। विज्ञापन ने विभिन्न आय वर्ग के लोगों को प्रभावित करते हुए सामाजिक आर्थिक खाई उत्पन्न कर दी है। विलास की वस्तुओं के लगातार दिखाए जाने और साथ ही उनसे बाज़ार पाट देने से एक भ्रम यह भी फैला है हमारे यहाँ किसी चीज की कमी नहीं है। यदि आप में क्षमता है तो आप कुछ भी खरीद सकते हैं। पूँजीवादी की अन्धी दौड़ ने मनुष्य को एक उपभोक्ता और खरीददार बना दिया है। उसे यह विज्ञापन तन्त्र मनुष्य मात्र न मानकर सिर्फ़ उपभोक्ता और खरीददार मानकर चलता है, जिसकी जेब में पैसा है। या पैसा नहीं है तो वह उसे पैसा उधार सामान दे सकता है। पैसा तो वह कैसे भी वसूल कर ही लेगा!

इस सम्पन्नता के दिखावे में हम इस कदर शामिल किये जा सकते हैं कि आसपास की दरिद्रता और गरीबी हमें दिखायी न पड़े। गरीबी और दीनता से एक अमानवीय रिश्ता बनाते ही हमें सीख मिलती है इनसे। अपने सुख-संचय में हम अधिक से अधिक कृपण, लोभी और लालची होते चले जाते हैं।

पिछले दिनों यह चिन्ता व्यक्त की गयी थी कि दूरदर्शन और टेलीविजन चैनल्स पर कितने प्रतिशत विज्ञापन दिखाये जाने चाहिए। एक नीति भी तय की गयी थी। यह सीमा कभी दस प्रतिशत

रखी गयी थी। किन्तु देखा गया कि यह 20 से 25 प्रतिशत तक हो गयी है। लेकिन मूल सवाल यह नहीं कि विज्ञापनों का प्रतिशत कितना है। मूल सवाल विज्ञापनों के प्रभाव का है। कारण वही कि 'विज्ञापन चोरी-चुपके फुसलाने की क्षमता रखने वाली विधा है।' वह 'हिडेन पर्सुएडर' है।

आज हमारा देश उभरता हुआ 'उपभोक्ता बाज़ार' बन गया है। हाल ही में (5 मई, 2007) को एक समाचार प्रकाशित हुआ है, जिसके अनुसार मैककिन्से सर्वे में बताया गया है कि उपभोक्ता उत्पादों का बाज़ार 2025 तक चार गुना होकर 1.7 लाख करोड़ डॉलर पर जा पहुँचेगा! भारत दुनिया का 5वाँ सबसे बड़ा उपभोक्ता बनाजार बन जायेगा। इस मामले में वह जर्मनी जैसे विकसित देश को पीछे छोड़ जायेगा। ये आँकड़े इस प्रकार दर्शाए गये हैं (सन्दर्भ–दैनिक हिन्दुस्तान, दिल्ली, 6 मई, 2007 अंक)।

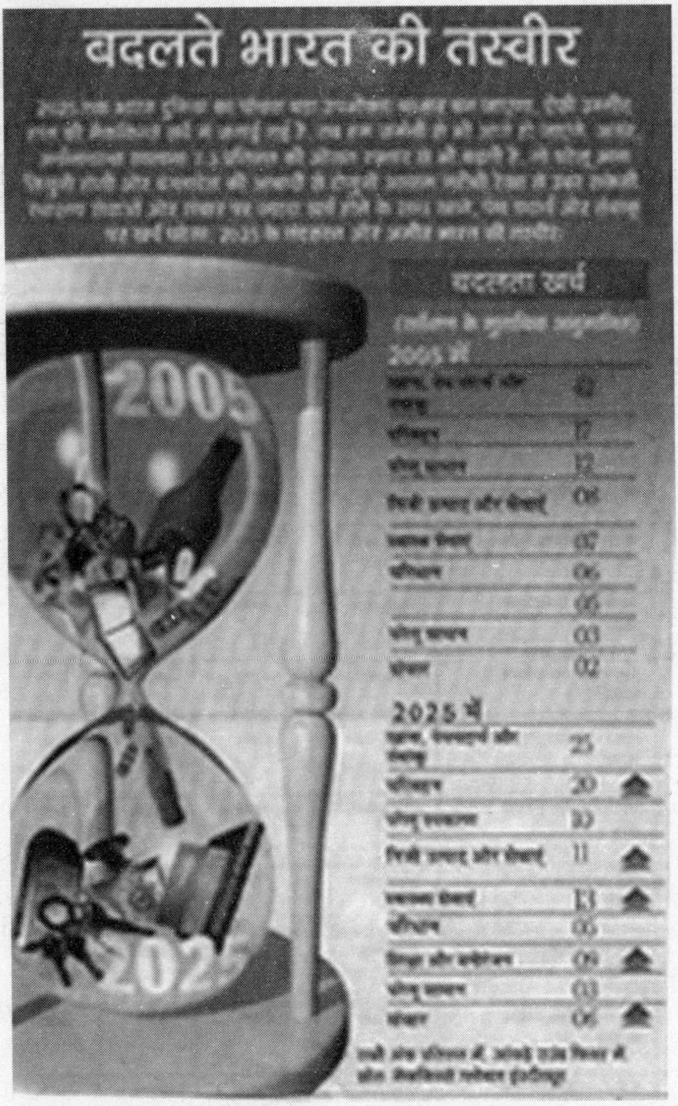

नवीनतम सर्वेक्षण के अनुसार तकनीकी बदलाव, सरकारी प्रयास, विदेशी निवेश, विलय और अधिग्रहण समेत कारपोरेट घरानों की बढ़ती भागीदारी मीडिया और मनोरंजन उद्योग को नयी ऊँचाइयों पर पहुँचाने में लगी है। फिक्की और पीडब्ल्यूएस की हालिया रिपोर्ट बताती है कि देश का मीडिया और मनोरंजन उद्योग आते कुछ वर्षों में एक नया स्वरूप अक्तियार कर चुका होगा। आंकड़ों में यह आय इस प्रकार है

- सन् 2004 में 31,100 करोड़ रुपये।
- सन् 2005 में 36,400 करोड़ रुपये।
- सन् 2006 में 43,700 करोड़ रुपये।
- सन् 2011 तक अनुमानित आय 100,000 करोड़ रुपये!

इस रेखाचित्र से जनमाध्यमों की आय देखें—

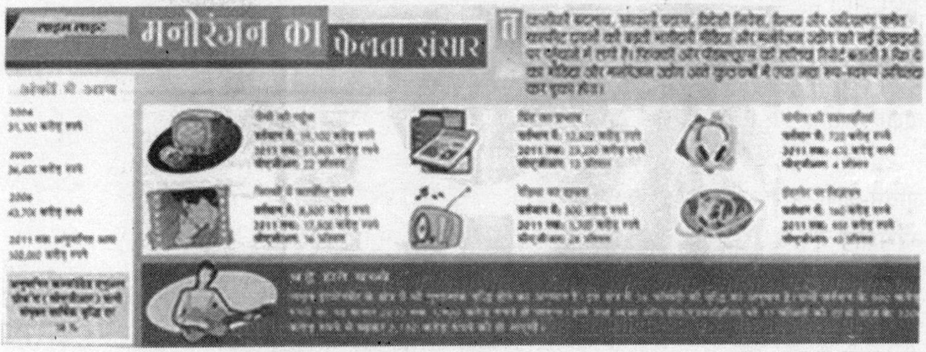

इसके अनुसार जहाँ टीवी की पहुँच वर्तमान में 19,100 करोड़ है, वह 2011 तक 51,900 करोड़ रुपये तक हो जायेगी। प्रिंट मीडिया में वर्तमान में 12800 करोड़ है, वह 2011 तक 23,200 करोड़ रुपये हो जायेगी। रेडियो का दायरा वर्तमान में 400 करोड़ है, वह 1,700 करोड़ रुपये हो जायेगा। इंटरनैट पर विज्ञापन वर्तमान में 160 करोड़ के हैं, तो 2011 तक वे 950 करोड़ रुपये तक पहुँच जायेंगे। (*साभारः दैनिक जागरण, नयी दिल्ली 6 मई, 2007, 'झंकार' रंगीन परिशिष्ट, पृ. 2*)

5.5 विज्ञापन का प्रभाव : नैतिकता का पक्ष : विज्ञापन व्यक्ति और समाज को गहराई तक प्रभावित करते हैं। आर्थिक एवं सामाजिक दृष्टि से इन प्रभावों का विश्लेषण और मूल्यांकन किया जा सकता है। मनोवैज्ञानिक कारण भी बहुत से हो सकते हैं। किन्तु विज्ञापन के कई प्रभाव ऐसे हैं जो सांस्कृति और नैतिक मूल्यों से जुड़े हुए हैं। विज्ञापनदाओं को अपने समाज और देश के प्रति उत्तरदायी होना चाहिए।

यहीं विचारणीय है अश्लीलता का प्रश्न। यह बहुत व्यापक तथा गहरा प्रश्न है। कई बार अश्लील कह दिये जाने वाले विज्ञापन व्यक्ति, समाज और राष्ट्र के हित में होते हैं। उन्हें 'अनैतिकता' की श्रेणी में रख दिया जाता है। किन्तु उनका 'मूल सन्देश' व्यापक होता है। औन अनैतिक अथवा अश्लील नहीं कहा जा सकता।

'नैतिकता' उचित तथा अनुचित आचरण से सम्बन्धित विज्ञान है। उसे हम मानव के रीति-रिवाजों या अभ्यासों का विज्ञान भी कह सकते हैं। ऐसे कार्य जिनको कि वर्तमान सामाजिक मूल्य, परम्पराएँ और विश्वास अपनाते हैं तथा व्यवहार में लाते हैं या जिन्हें हम सामान्यतः स्वीकार करते हैं, 'नैतिक'

कहलाते हैं। इसके विपरीत जो कार्य वर्तमान सामाजिक मूल्यों, परम्पराओं एवं विश्वास के विरुद्ध हों वे 'अनैतिक' कहलायेंगे।

आज हमारे पूरे देश में अनैतिकता का पर्यावरण व्याप्त है। जैसे-सामाजिक, आर्थिक, राजनीतिक अनैतिकता। तो व्यवसाय जगत् इससे अछूता कैसे रह सकता है? इसका प्रत्यक्ष एवं परोक्ष प्रभाव विज्ञापन पर पड़ रहा है। क्योंकि विज्ञापन विक्रय संवर्द्धन के प्रमुख स्रोत हैं।

विज्ञापन में अनैतिकता मानदण्ड इस प्रकार देखे जा सकते हैं–

1. बढ़ा-चढ़ाकर विवरण देना। 2. मिथ्या वर्णन। 3. कपट एवं धोखा 4. अश्लीलता।

नैतिक विज्ञापन के मादण्ड 11 हैं–

1. दूसरे उत्पाद की आलोचना नहीं की जाये। 2. झूठ, कपट, धोखा, मिथ्यावर्णन एवं अश्लीलता का समावेश न हो। 3. कामुक एवं कुत्सित चित्रों का संयोजन नहीं हो। 4. धार्मिक भावनाएँ आहत करने वाले तथ्य या वर्णन या चित्र न हों। 5. किसी अन्य प्रतिष्ठित निर्माता की वस्तु से भ्रान्ति उत्पन्न न करे। 6. विधि सम्मत एवं लोकनीति के अनुरूप हो। 7. जिन उपभोक्ताओं के पास वस्तु न हो। 9. अवव्यय का बढ़ावा देने वाला न हो। 10. शारीरिक, मानसिक तथा आर्थिक क्षति पहुँचाने वाला न हो। 11. समाज की छवि के अनुकूल हो एवं किशोरों पर गलत प्रभाव न पड़े।

विज्ञापन आज हमारी विपणन-प्रक्रिया को ही नहीं वरन् हमारी सामाजिक–आर्थिक और सांस्कृतिक जीवन-शैली का महत्त्वपूर्ण हिस्सा है। विज्ञापन का उचित प्रयोग वरदान हो सकता है, वही गलत प्रयोग अभिशाप बन सकता है। अनेक प्रकार की उपयोगिताओं के होते हुए भी विज्ञापन का दुरूपयोग होता है। भ्रामक एवं झूठे दावों अथवा द्वि-अर्थक शब्दावली के विज्ञापनों द्वारा किये जाने वाले प्रचार कार्य को रोका जाना चाहिए। अत्यधिक विज्ञापनों द्वारा एक विशेष वस्तु जनमानस के मस्तिष्क में बैठा दी जाती है और उसकी कीमत भी अधिक रखदी जाती है। उससे अधिक उत्तम तथा सस्ती दूसरी वस्तु उपलब्ध होने पर भी हम उसे नहीं खरीदते हैं, फलतः ईमानदार वस्तु निर्माता बाज़ार में टिक नहीं पाता है। यह समाज और व्यापार के लिए स्वास्थ लक्षण नहीं है। न नैतिक रूप में उचित है।

5.6 विज्ञापनों का हिन्दी भाषा पर प्रभाव : भाषा की निर्मित अधिकांशतः बाज़ार में हुई है। इसलिए उसकी संरचना और व्यवहार पर बाज़ार का प्रभाव अवश्य पड़ता है। बाज़ार में कुछ खास ज़रूरतों के तहत मनुष्य परस्पर जुड़ते हैं। उनके आपसी सम्बन्ध जन्म लेते और विकसित होते हैं। इनके बीच भाषा के रूप बनते हैं। बाज़ार में भाषा चीजों को परिभाषित करती है। गाँव के हाट से जिले की मंडी तक, जिला मंडी से प्रांतीय बाज़ार तक और वहाँ से राष्ट्रीय बाज़ार एवं अन्तरराष्ट्रीय नेटवर्क तक बाज़ार के विकास के साथ मनुष्य सम्बन्धों की अनेक स्तरीय यात्राएँ भी हैं। ये यात्राएँ बोलयों के परम्परागत रूप से प्रांतीय भाषाओं के मानक रूपों तक, प्रांतीय भाषाओं से राष्ट्रीय भाषाओं तक और अन्तरराष्ट्रीय भाषाओं तक की यात्राएँ हैं। बाज़ार बदलते रहते हैं और भाषा भी। मनुष्य व्यवहारों के साथ भाषा हर क्षण बदलती रहती है। उसकी गतिशीलता ही उसकी जीवन्तता है।

इस अवधारणा के आलोक में **विजय कुमार गुप्त** ने महत्त्वपूर्ण तथ्य रेखांकित किया है कि, *"आर्थिक भूमण्डलीकरण की सांस्कृतिक प्रक्रिया का सबसे प्रमुख लक्षण यह दिखायी देता है कि उपभोग सामग्री के रूप में विश्व संस्कृति के प्रतीके सारे संसार पर हावी हो रहे हैं। इन प्रतीकों को बनाने और प्रचारित करने में मीडिया की अभूतपूर्व ताकत का विलक्षण तरीके से उपयोग हो रहा है।"* (विजय कुमार गुप्त, **बाज़ार में हिन्दी की जगह (लेख), विकास प्रभा,** भारतीय औद्योगिक विकास बैंक का हिन्दी त्रैमासिक, अप्रैल-जून, 2003, मुम्बई, पृ. 11)

ऐसे में यह देखा गया है कि भाषाएँ भूमण्डलीय उपभोक्ता संस्कृति को स्थानीय परिवेश पर आरोपित करने का औजार बन जाती हैं। स्थानीय भाषाएँ विश्व बाज़ार के लिए एक साधन के रूप में इस्तेमाल की जाने लगती हैं।

अपने देश के सन्दर्भ में हिन्दी की स्थिति आज ऐसी ही है। यह विश्व बाज़ार के सांस्कृतिक पहलुओं को भारतीय समाज की अन्दरूनी तहों में प्रवेश कराने में बहुत बड़ी भूमिका का निर्वाह कर रही है। हमारे यहाँ लगभग 100 करोड़ की आबादी में 38 करोड़ लोगों की मातृभाषा हिन्दी है, 30 करोड़ लोग इस भाषा का उपयोग दूसरी भाषा के रूप में करते हैं। ऐसा माना जाता है कि लगभग 22 करोड़ लोग किसी न किसी रूप में हिन्दी भाषा के सम्पर्क में आते हैं। अर्थात् 100 करोड़ की आबादी में यदि 70 से 75 करोड़ लोग एक भाषा के व्यवहार से जुड़ते हैं तो वह भाषा स्वाभवतः बाज़ार शक्तियों के इस्तेमाल के लिए एक प्रभावशाली उपकरण (Tool) बन जाती है।

यह विश्व बाज़ार का हिन्दी के साथ बनने वाला नया सम्बन्ध है। पिछले एक दशक में साबुन और टूथपेस्ट जैसी सस्ती सामग्री से कहीं आगे जाकर अब उपभोक्ता विज्ञापन मोटर साइकिल, कार, टीवी, फ्रिज, वाशिंग मशीन, महँगी प्रसाधन सामग्रियों, कीमती वस्त्रों, बचत और निवेश की योजनाओं आदि के लिए भी हिन्दी में बन रहे हैं।

अध्ययन बताते हैं कि भारत में 30 करोड़ रुपये का मध्यमवर्गीय उपभोक्ता बाज़ार मौजूद है! रोचक तथ्य देखें कि एक अखिल भारतीय वित्तीय संस्थान ने कुछ वर्ष पूर्व 700 करोड़ रुपये के बांड देश भर में विज्ञापित किये। उसने 40 करोड़ रुपये अपने विज्ञापन बजट में से 70 प्रतिशत हिस्सा हिन्दी और अन्य भारतीय भाषाओं पर खर्च किया था और शेष 30 प्रतिशत अंग्रेजी पर। यानी एक आक्रामक बाज़ार रणनीति के तहत उसने रेडियो, टेलीविजन, प्रचार होर्डिंग्स, समाचारपत्रों -पत्रिकाओं आदि में जो विज्ञापन दिये, वे अधिकांशतः हिन्दी तथा अन्य भारतीय भाषाओं में थे। क्यों? — इस प्रश्न का उत्तर सीधा-सा है। इसलिए कि उसने व्यावहारिक नीति अपनाते हुए हिन्दी का सहारा लिया। उसे पता है कि हिन्दी के माध्यम से उसकी पहुँच 70-75 करोड़ लोगों तक हो जायेगी।

यह वस्तुतः बाज़ार शक्तियों द्वारा हिन्दी भाषा की सामाजिक सम्प्रेषणीयता की क्षमता का अपने ढंग से अनुकूलन और दोहन है। इसी के गर्भ से निकली है। 'हिंग्लिश', जो हिन्दी की नयी शैली है। आज केवल 'माल' बेचने और गाँव-कस्बों में नये बाज़ार बनाने के लिए हिन्दी का जो प्रयोग हो रहा है, वह एक तदर्थ और व्यावहारिक उद्देश्य के लिए ही है। किसी व्यापार आदर्श, राष्ट्र-निर्माण या मूलगामी परिवर्तन के लिए नहीं।

हमें इस प्रश्न पर भी सोचना होगा कि आज विज्ञापन एजेंसियों के लगभग सारे विज्ञापन पहले अंग्रेजी में तैयार होते हैं, बाद में जैसे-तैसे उनका कामचलाऊ अनुवाद कर दिया जाता है! व्यवसायिक लाभप्रदता, परिवर्तन और भाषा के आपसी सम्बन्ध-सूत्र खोजने के बारे में आज भी हमारे पास कोई ठोस कार्यक्रम अथवा नीति नहीं है।

परिशिष्ट-1

उपभोक्ता संरक्षण अधिनियम और उपभोक्ता

मनुष्य किसी भी वर्ग का हो, अपनी आवश्यकताओं की पूर्ति करना चाहता है। ताकि अधिकतम सन्तुष्टि प्राप्त कर सके। इस सम्बन्ध में प्राचीनकाल का इतिहास गौरवशाली रहा है। विश्वविख्याता अर्थशास्त्री एडम स्मिथ की पुस्तक 'An enquiry into the nature and couses of wealth of nations' के अनुसार बाज़ार में उपभोक्ता के हितों का पूरा ध्यान रखा जाता था और बाज़ार उपभोक्ता के गारन्टर माने जाते थे।

आज स्थिति विपरीत है। निर्धारित मूल्य से अधि मूल्य लेकर, निम्न श्रेणी की वस्तु बेचकर मिलावट, काला बाज़ारी, भ्रम पैदा करने वाले विज्ञापनों इत्यादि अनेक प्रकारों से आज उपभोक्ताओं का शोषण किया जाता है। उपभोक्ताओं को शोषित होने से बचाने के लिए राज्यों द्वारा किये जाने वाले प्रयासों का एक अपना इतिहास है। कौटिल्य (चाणक्य) ने प्रत्येक व्यवसाय के लिए उपभोक्ता संरक्षण के पृथक मानक निर्धारित किये, उन्होंने व्यवसाय में अनुचित व्यवहार करने वालों के प्रति दण्ड का विधान लागू किया। सल्तनत काल में उलाउद्दीन खिलजी द्वारा कम तोलने वालों का उतना ही मांस काटने का दण्ड देने की व्यवस्था की गयी थी।

उपभोक्ताओं को शोषण से बचाने के लिए अनेक कानून बनाये गये हैं जिनमें अनिष्ट कर मादक द्रव्य अधिनियम-1930, कृषि उपज (श्रेणी काल और चिह्नांकन) अधिनियम-1937, औषधि नियन्त्रण अधिनियम-1950, औद्योगिक विकास एवं नियमन अधिनियम-1951, भारत मानक संस्था अधिनियम-1952, खाद्य मिलावट निवारण अधिनियम-1954, आवयश्यक वस्तु अधिनियम-1954, व्यवहार एवं व्यवहार एवं व्यापार चिह्न अधिनियम-1958, एकाधिकार एवं प्रतिबन्धात्मक व्यापार अधिनियम-1969, माप-तौल अधिनियम-1977, चोरबाज़ारी निवारण एवं आवश्यक वस्तुओं की पूर्ति बनाये रखने की अधिनियम-1980 उपभोक्ता संरक्षण, अधिनियम-1986 तथा उपभोक्ता संरक्षण संशोधन अधिनियम-1993 पारित किये गये।

उपभोक्ता संरक्षण अधिनियम-1986 के समस्त प्रावधान जम्मू-कश्मीर को छोड़कर देश के सभी भागों में 1.07.1987 से प्रभावी हो गये हैं जम्मू-कश्मीर राज्य ने इस सम्बन्ध में अपना स्वयं का कानून बनाया है। उपभोक्ता संरक्षण कानून ने उपभोक्ताओं को निम्नलिखित अधिकार प्रदान किये हैं :

1. ऐसे माल के क्रय-विक्रय के विरुद्ध संरक्षण पाने का अधिकार, जो जीवन और सम्पत्ति के लिए हानिकारक है।
2. माल की गुणवत्ता, मात्रा, क्षमता, शुद्धता, मानक और मूल्य के बारे में सूचित करने का अधिका ताकि अनुचित व्यापार व्यवहारों से उपभोक्ताओं को संरक्षण प्रदान किया जा सके।

जहाँ भी सम्भव हो, वहाँ प्रतिस्पर्धा, मूल्यों पर माल की विभिन्न किस्मों को सुलभ कराए जाने का अधिकार।

4. शिकायतों की सुनवाई तथा उपर्युक्त मंचों पर उपभोक्ता हितों के लिए आवश्यक विचार हेतु आश्वासन का अधिकार।
5. अनुचित व्यापार व्यवहार तथा अनुचित शोषण के विरुद्ध क्षतिपूर्ति का अधिकार।
6. उपभोक्ताओं में जागरूकता लाने, ज्ञान तथा क्षमता प्रदान करने हेतु उपभोक्ता शिक्षा का अधिकार।
7. स्वस्थ पर्यावरण का अधिकार इत्यादि।

उपभोक्ताओं के लिए बनाये गये समस्त कानूनों में यह कानून व्यापक एंव प्रभावी है। इसमें न सिर्फ़ दण्डात्मक व्यवस्था है। बल्कि इसके उपबन्धों में क्षतिपूर्ति की भी व्यवस्था है। इस कानून के अन्तर्गत उपभोक्ताअें को शीघ्र सरल तथा सस्ता न्याय दिलाने के लिए तीन स्तरीय अर्द्ध-न्यायिक प्रतितोष अभिकरणों की स्थापना की गयी है। जिला स्तर पर उपभोक्ता विवाद निवारण जिला फोरम, राज्य स्तर पर राज्य आयोग तथा केन्द्र स्तर पर राष्ट्रीय आयोग अर्द्ध-न्यायिक तन्त्र के रूप में कार्य कर रहे हैं। जून 1993 में उपभोक्ता संरक्षण अधिनियमों में संशोधन के बाद जिला फोरम 5 लाख रुपये तक के विवादों का निवारण कर सकते हैं। राज्य आयोग में 5 लाख से 20 लाख रुपये मूल्य की शिकायतें तथा जिला फोरम के निर्णय के विरुद्ध अपील की जा सकती है। राष्ट्रीय आयोग के निर्णय के विरुद्ध अपील सर्वोच्च न्यायालय के समक्ष 30 दिन के भीतर की जा सकती है। सामान्यतः शिकायत का निस्तारण विपक्षी को सूचना प्राप्त होने की तिथि से 90 दिन में अपेक्षित है। शिकायत सादे कागज पर की जा सकती है। किसी वकील की आवश्यकता नहीं है। जिला मंच के निर्णय के विरुद्ध राज्य आयोग में 30 दिन के भीतर व राज्य आयोग के निर्णय के विरुद्ध राष्ट्रीय आयोग में 30 दिन के भीतर अपील की जा सकती है।

उपभोक्ता संरक्षण कानून लागू होने से उपभोक्ताओं ने बहुत राहत महसूस की है। अधिनियम द्वारा उसे कई अधिकार दिये गये हैं। उपभोक्ता संरक्षण कानून लागू होने के बाद से 1996 तक 7 लाख शिकायतें दर्ज हुई जिनमें तीन लाख शिकायतों का निस्तारण किया जा चुका है। इनमें 50 प्रतिशत फैसले उपभोक्ताओं के हित में हुए हैं। अधिनियम की धारा 14 में यह प्रावधान है कि यदि किसी वस्तु में किसी प्रकार की त्रुटि की शिकायत हो तो उपभोक्ता मंच द्वारा यह आदेश दिया जा सकता है कि दोषी व्यक्ति त्रुटिपूर्ण माल को बदले, उनके स्थान पर दूसरा माल दे, क्षतिपूर्ति का भुगतान करे अथवा कीमत वापस करे। इस सम्बन्ध में राज्य आयोग और राष्ट्रीय आयोग द्वारा कई निर्णय किये जा चुके हैं। मैसर्स डायना बनाम सुधाकर 1992 सी.पी.आर. 30 के मामले में राज्य आयोग ने उपभोक्ताओं को राहत प्रदान की है।

वास्तव में उपभोक्ताओं की अपने अधिकारों व कर्त्तव्यों के प्रति अनभिज्ञता के कारण ही वे अपने हितों के प्रति उदासीन रहते हैं। उपभोक्ताओं को जागरूक करने के लिए स्वैच्छिक उपभोक्ता संगठनों को आगे आना होगा। ऐसे संगठनों की संख्या 1990-91 में 300 थी जो 1994-95 में बढ़कर 540 हो गयी। आज अनुमानतः यह संख्या 1000 से ऊपर है। एक सशक्त उपभोक्ता आन्दोलन की संपूर्ण राष्ट्र में विकसित करने की आवश्यकता है ताकि उपभोक्ता को जारूक बनाया जा सके।

परिशिष्ट-2

विज्ञापन की आचार-संहिता

एडवरटाइजिंग स्टैण्डर्स कौंसिल ऑफ इंडिया (ASCI) विज्ञापनकर्ताओं, विज्ञापन एजेंसियों, समाचार-पत्रों आदि द्वारा स्थापित की गयी एक संस्था है और इसने जो संहिता बनाई है। उसके अनुसार विज्ञापनकर्त्ताओं का यह दायित्व है कि सभी विज्ञापन कार्रवाइयाँ सही, साफ़ और सच्ची हों और उपभोक्ता के हितों की अनदेखा न करती हों। संहिता में विज्ञापन कार्रवाइयों के बारे में निम्नलिखित पथ-निर्देशक सावधानियों की ओर संकेत किया गया है :

1. उपभोक्ता को भ्रामक विज्ञापनों के विरुद्ध सुरक्षा प्रदान करना और विज्ञापनों में किये गये सच्चाई और ईमानदारी के दावों को सुनिश्चित करना।
2. यह सुनिश्चित करना कि विज्ञापनों में सेक्स का भौंडा प्रदर्शन नहीं किया गया है और सार्वजनिक शिष्टता के सर्वमान्य स्तर को अपनाया जा रहा है।
3. ऐसी वस्तुओं के लिए विज्ञापन के बेतहाशा उपयोग के विरुद्ध सुरक्षा प्रदान करना जो समाज के लिएया लोगों के लिए हानिकार हों।
4. यह सुनिश्चित करना कि विज्ञापन प्रतिस्पर्धात्मक वातावरण बन सकें।

अगर उपभोक्ता चाहें तो कौंसिल की अशिष्ट या मिथ्या प्रतीत होने वाले विज्ञापनों के खिलाफ शिकायत कर सकते हैं। प्राप्त शिकायतों का अध्ययन करने के बाद दोषी विज्ञापनकर्ताओं के विरुद्ध कौंसिल द्वारा आवश्यक अनुशासनात्मक कार्रवाई की जाती है। यह विस्तृत विवरण वेबसाइट पर भी उपलब्ध है।

परिशिष्ट-3

सन्दर्भ ग्रन्थ-सूची

1. अर्जुन तिवारी, आधुनिक पत्रकारिता, विश्वविद्यालय प्रकाशन, वाराणसी, 1994
2. आशा पाण्डेय, हिन्दी विज्ञापनों की भाषा, ब्लेकी ऐंड सन पब्लिशर्स प्रा.लि., दिल्ली, 1986
3. एलन. एल. एडवर्ड, भारतीय संस्करण, 1969 टेक्नीकर ऑफ एटिट्यूट स्केल कंस्ट्रक्शन, 1957 बकील्स फेयर एण्ड एडवर्ड सिम्पसन, प्राइवेट लिमिटेड, बम्बई।
4. ऋतु गोठी, पत्रकारिता ज्ञानकोश, लक्ष्य पब्लिकेशन, नयी दिल्ली, 2004
5. केनफील्ड बी.आर., सेल्स एडमिनिसट्रेशन प्रिन्सीपल एण्ड ब्रोब्लम, पांचवां एडिशन न्यूयार्क प्रेन्टिस हॉल, 1950।
6. किनडाल, कोर डेविड, शेरिल केनड, हेरी हेनरी तथा गोर्डन विल्स, एडवरटाइजिंग रिसर्च पब्लिकेशन, 1947 ग्रेनफील्ड स्कूल ऑफ मेनेजमेंट, इंग्लैंड।
7. किशोर वासवानी, सिनेमाई भाषा और हिन्दी संवादों का अध्ययन, हिन्दी बुक सेंटर, नयी दिल्ली, 1998
8. कुमुद शर्मा, भूमण्डलीकरण और मीडिया, हिन्दी अकादमी, दिल्ली 2002
9. के.पी. नारायण, सम्पादन कला, मध्य प्रदेश ग्रन्थ अकादमी, भोपाल, 1984
10. कृष्णबिहारी मिश्र, हिन्दी पत्रकारिता, जातीय चेतना और खड़ीबोली साहित्य की निर्माण-भूमि, भारतीय ज्ञानपीठ, नयी दिल्ली, 2000
11. गुलाब कोठारी, फोटो पत्राकारिता, पंचशील प्रकाशन, जयपुर, 1994
12. चार्ल्स एच. सेन्डेश एण्ड बर्मन फाईबर्जर, एडवरटाइजिंग थ्योरी एण्ड प्रेक्टिस, 1985 होमवुड-12
13. जार्ज कारोना एण्ड इवा इम्यूलर, स्टडी ऑफ परचेज डिसीजन्स, 1965 न्यूयार्क सूनिवर्सिटी प्रेस, न्यूयार्क।
14. डाबर आर.एस., मार्केटिंक मेनेजमेंट इन द इण्डियन कोन्टेस्क्स्ट, प्रोग्रेसिव कॉर्पोरेशन प्रा. लि., बम्बई, 1969
15. डॉ. निशांत सिंह, विज्ञापन : निर्माण और प्रक्रिया, समय प्रकाशन, दिल्ली 2000
16. डॉ. नीलिमा राठी, रजनी राठी, जनसंचार परिदृश्य, उत्कर्ष प्रकाशन, नयी दिल्ली, 2003
17. पंत, जोशी एवं कुमार, हिन्दी पत्राकारिता की रूपरेखा, कनिष्का पब्लिशर्स, दिल्ली 1995
18. पंत, एन.सी., मीडिया लेखन के मूल सिद्धान्त, तक्षशिला प्रकाशन, नयी दिल्ली, 2005
19. पंत, एन.सी. जनसम्पर्क, विज्ञापन एवं प्रसार माध्यम, तक्षशिला प्रकाशन, नयी दिल्ली, 2004

20. भाटिया तारेश, विज्ञापन कला सिद्धान्त एवं व्यवहार तक्षशिला प्रकाशन, नयी दिल्ली, 2000
21. मधु अग्रवाल, भारतीय विज्ञापन में नैतिकता, प्रकाश विभाग, नयी दिल्ली, 1995
22. मनोज पटैरिया, विज्ञान संचार, तक्षशिला प्रकाशन, नयी दिल्ली, 2005
23. मनोज कुमार श्रीवास्तव, यथाकाल, मनस्वी प्रकाशन, इंदौर, 2005
24. मो. फीरोज़, टेलीविज़न इन इण्डिया : वैल्यूज एण्ड कर्न्सन्स, साद पब्लिकेशन्स, दिल्ली, 2005
25. डॉ. रमेश जैन, समाचार संपादन और पृष्ठ सज्जा, राजस्थान प्रकाशन, जयपुर, 1997
26. रवीन्द्रनाथ श्रीवास्तव, अनुप्रयुक्त भाषाविज्ञान : सिद्धान्त एवं प्रयोग, राधाकृष्ण प्रकाशन, नयी दिल्ली, 2000
27. रवीन्द्र शुक्ला, सूचना प्रौद्योगिकी और समाचार पत्र, राधाकृष्ण प्रकाशन, नयी दिल्ली, 2005
28. राजेन्द्र मिश्र, दृश्य-श्रव्य माध्यम लेखन, तक्षशिला प्रकाशन, नयी दिल्ली, 2005
29. राजेन्द्र मिश्र, पत्रकारिता के विविध आयाम, वही, 2004
30. राजेन्द्र मिश्र, पत्रकारिता प्रशिक्षण, वही, 2005
31. राजेन्द्र राही, समाचार पत्र : सम्पादन और प्रकाशन, संजय बुक सेंन्टर, वाराणसी, 1999
32. डॉ. वेदप्रताप वैदिक, हिन्दी पत्रकारिता : विविध आयाम, नेशनल पब्लिशिंग हाउस, नयी दिल्ली, 1976
33. डॉ. वेदप्रताप वैदिक, हिन्दी पत्राकारिता : दूरदर्शन और टेलीफ़िल्मूस, राजयूर्य प्रकाशन, दिल्ली 1998
34. सविता चड्ढा, नयी पत्रकारिता और समाचार लेखन, तक्षशिला प्रकाशन, नयी दिल्ली, 2000
35. सविता चड्ढा, नयी पत्रकारिता : सिद्धान्त और स्वरूप, तक्षशिला प्रकाशन, नयी दिल्ली, 1999
36. सुधीश पचौरी, मीडिया और साहित्य, राजसूर्य प्रकाशन, दिल्ली 2003
37. सुमित मोहन, मीडिया लेखन, वाणी प्रकाशन, नयी दिल्ली, 2005
38. सुमित मोहन, भारतीय विज्ञापनों में 'हिंग्लिश' का प्रयोग, कृष्णकान्त ब्रदर्स, माथुरा, 2007
39. सुरेश कुमार, इंटरनेट पत्रकारिता, तक्षशिला प्रकाशन, नयी दिल्ली, 2004
40. डॉ. सूर्य प्रसाद दीक्षित, भाषा प्रौद्योगिकी और जन माध्यम, तक्षशिला प्रकाशन, नयी दिल्ली 2002
41. प्रो. हरिमोहन, सूचना-क्रान्ति और विश्व-भाषा हिन्दी, तक्षशिला प्रकाशन, नयी दिल्ली 2004
42. प्रो. हरिमोहन, रेडियो और दूर-दर्शन पत्रकारिता, तक्षशिला प्रकाशन, नयी दिल्ली, 1998

पत्र-पत्रिकाएँ

1. एडवरटाइजिंग मार्केटिंग, कलकत्ता, मार्च, 1991
2. बिजनिस इण्डिया, बम्बई, अगस्त-सितम्बर, 1985-86
3. बिजनिस इण्डिया, अक्टूबर, 1-4 1980
4. द प्रेस एण्ड इडवरटाइजिंग, ईअर बुक, 1989, 2005
5. इण्डिया टुडे, नयी दिल्ली (विभिन्न अंक)

6. मनोरमा, ईअर बुक, 2005, 2006
7. अमर उजाला, आगरा। (विभिन्न अंक)
8. दैनिक जागरण, आगरा। (विभिन्न अंक)
9. दैनिक हिन्दुस्तान, नयी दिल्ली। (विभिन्न अंक)
10. नवभारत टाइम्स, नयी दिल्ली। (विभिन्न अंक)
11. हिन्दुस्तान टाइम्स, नयी दिल्ली। (विभिन्न अंक)
12. राजस्थान पत्रिका, उदयपुर। (विभिन्न अंक)
13. डीएलए, आगरा। (विभिन्न अंक)
14. दीवान-ए-सराय (मीडिया विमर्श : हिन्दी जनपद) (विभिन्न अंक) (वितरक वाणी प्रकाशन, नयी दिल्ली-2)
15. अहा! ज़िन्दगी, इन्दौर, विभिन्न अंक।

कोश

हिन्दी एवं अंग्रेजी के विविध कोश।

यथा—

1. मानक हिन्दी कोश (सं. रामचन्द्र वर्मा, पाँच भाग), साहित्य सम्मेलन, प्रयाग।
2. इनसाइक्लोपीडिया ब्रिटेनिका।
3. अंग्रेजी-हिन्दी कोश (फ़ादर कामिल बुल्के), एस. चाँद एण्ड कं., नयी दिल्ली।
4. हिन्दी शब्द सागर, ज्ञान मण्डल, वाराणसी।

❑❑